中国—马来西亚钦州产业园竞争环境分析

苏瑞竹 欧阳剑 等 著

·北京·

内 容 提 要

中国—马来西亚（中马）钦州产业园是我国与外国政府合作建设的第三个国际园区，是国家"一带一路"的海上丝绸之路重要组成部分，成为"一带一路"倡议的先行探索和积极实践，也是中国—东盟自由贸易区升级版的重要探索。本书以中国—东盟产业经济合作背景下中马钦州产业园区竞争环境为出发点，经过调研及通过SWTO、PEST等竞争情报学分析法，从产业园区与竞争环境、园区产业规划及结构和园区产业集群市场地位及优势等角度分析了中马钦州产业园在中国—东盟产业经济合作背景下园区国内及国际竞争环境现状，提出了中马钦州产业园核心竞争力提升策略，对园区的长期发展及中国—东盟产业经济合作具有一定意义。

本书可作为应用经济学的参考书，对中外产业经济园区及产业经济合作的研究和实践人员有一定的参考借鉴意义。

图书在版编目（CIP）数据

中国——马来西亚钦州产业园竞争环境分析 / 苏瑞竹等著. -- 北京：中国水利水电出版社，2021.7
ISBN 978-7-5170-9756-3

Ⅰ.①中… Ⅱ.①苏… Ⅲ.①工业园区－区域经济合作－国际合作－核心竞争力－研究－中国、马来西亚 Ⅳ.①F424②F433.84

中国版本图书馆CIP数据核字(2021)第142886号

书　　名	中国—马来西亚钦州产业园竞争环境分析 ZHONGGUO—MALAIXIYA QINZHOU CHANYEYUAN JINGZHENG HUANJING FENXI
作　　者	苏瑞竹　欧阳剑　等著
出版发行	中国水利水电出版社 （北京市海淀区玉渊潭南路1号D座　100038） 网址：www.waterpub.com.cn E-mail：sales@waterpub.com.cn 电话：（010）68367658（营销中心）
经　　售	北京科水图书销售中心（零售） 电话：（010）88383994、63202643、68545874 全国各地新华书店和相关出版物销售网点
排　　版	中国水利水电出版社微机排版中心
印　　刷	清淞永业（天津）印刷有限公司
规　　格	184mm×260mm　16开本　10.75印张　262千字
版　　次	2021年7月第1版　2021年7月第1次印刷
印　　数	001—500册
定　　价	72.00元

凡购买我社图书，如有缺页、倒页、脱页的，本社营销中心负责调换

版权所有·侵权必究

前 言

  2016年广西民族大学管理学院与中马钦州产业园区合作建立了广西研究生联合培养基地。2017年初，图书情报与档案管理一级学科师生与园区管委会开展了全面的联合培养工作。时任管理学院副院长的苏瑞竹带队赴中马产业园区进行了两次深入的实地调研，就园区的发展开展课题研究，设立了9个研究生课题和3个教师项目，本书就是3个教师项目之一。

  本书由苏瑞竹提出总体设想，欧阳剑设计总体框架，苏瑞竹对框架进行了全面修订，并对全书进行统稿和修订，包括排版、脚注、参考文献的核对以及最终的校对。正文第一章和第八章由苏瑞竹撰写，第七章由欧阳剑撰写，第二章和第六章由苏瑞竹和欧阳剑所带研究生撰写初稿，第二章由钱思晨、周添良撰写，第三章由闫静雅撰写，第四章由韦良珍、闫静雅撰写，第五章由肖龙翔、曾辉撰写，第六章由徐峥撰写。感谢同学们的辛勤研究！在本书的撰写过程由钱思晨代表同学们与老师沟通和书稿的校对，在此表示感谢。

  本书还得到了广西民族大学管理学院图书情报学教师张文彦博士和朱环新老师的支持，在研究框架上给了很多建设性的意见，在此向她们表示衷心的感谢。同时感谢管理学院的领导和信息资源管理系的老师们给予本书的支持。特别感谢中马钦州产业园区的鼎力支持，特别是在调研方面的大力支持。在本书写作过程中，还参考了许多作者的相关研究成果，在此也向他们深表谢意。

  感谢中国水利水电出版社，尤其是刘佳宜编辑对本书出版的大力支持。

  由于作者水平有限，书中难免有不妥和疏漏之处，希望读者多加指正。

作者
2021年7月

目 录

前言

第一章　中国—东盟产业经济概述 ······ 1
　第一节　中国—东盟工业和经济合作的初始阶段 ······ 1
　第二节　中国—东盟产业合作快速发展阶段 ······ 6
　第三节　中国—东盟产业合作成熟阶段 ······ 11
　第四节　中国—东盟产业合作新态 ······ 16
　第五节　中马钦州产业园区现状及发展趋势 ······ 23

第二章　产业园区与竞争环境理论 ······ 27
　第一节　中马钦州产业园区概况 ······ 27
　第二节　竞争及竞争环境理论 ······ 36
　第三节　中马钦州产业园区竞争环境 ······ 44

第三章　中马钦州产业园区产业规划及结构 ······ 49
　第一节　中马钦州产业园区总体规划 ······ 49
　第二节　中马钦州产业园区整体布局 ······ 52
　第三节　中马钦州产业园区企业构成 ······ 60
　第四节　中马钦州产业园发展中的问题及对策 ······ 64

第四章　中马钦州产业园区 SWOT 分析与产业集群构成 ······ 67
　第一节　中马钦州产业园区 SWOT 分析 ······ 67
　第二节　中马钦州产业园产业项目引入与突出产业特色 ······ 72
　第三节　中马钦州产业园区产业集群构成 ······ 80
　第四节　中马钦州产业园主要企业简介 ······ 88

第五章　中马钦州产业园国内竞争环境分析 ······ 95
　第一节　中马钦州产业园国内竞争环境概况 ······ 95
　第二节　苏州工业园区概况 ······ 95
　第三节　天津生态城概况 ······ 98
　第四节　政策对比分析 ······ 99
　第五节　区位对比分析 ······ 118
　第六节　园区的其他优势与劣势分析 ······ 123

第六章　中马钦州产业园国际竞争环境分析 ······ 125
　第一节　中国—东盟经贸合作发展概况 ······ 125

第二节 "一带一路"倡议对中国沿线经济合作的影响……………… 127
第三节 马中关丹产业园概况…………………………………………… 130
第四节 泰国罗勇工业园区概况………………………………………… 132
第五节 经验借鉴………………………………………………………… 134
第六节 对比分析（PEST 分析法）…………………………………… 137

第七章 中马钦州产业园核心竞争力提升策略……………………… 146
第一节 提升目标………………………………………………………… 146
第二节 提升思路………………………………………………………… 148
第三节 提升措施………………………………………………………… 153

第八章 总结与展望…………………………………………………… 160

参考文献………………………………………………………………… 161

第一章 中国—东盟产业经济概述

第一节 中国—东盟工业和经济合作的初始阶段

一、《中国—东盟全面经济合作框架协议》及其影响

（一）《中国—东盟全面经济合作框架协议》

2000年11月，时任国家总理朱镕基面向东盟国家提出关于建立中国东盟自由贸易区一系列议题，2002年，又参加了首届大湄公河次区域经济合作领导人会议，会议中约定了大湄公河次区域和《大湄公河次区域-金边计划》的相关合作内容，并签订了大湄公河次区域和《大湄公河次区域-金边计划》相关协议。这一协议在大湄公河次区域的人力资源开发中发挥了极其重要的作用。会议再次澄清了中国和柬埔寨、老挝、缅甸、越南等国的11个旗舰项目战略合作计划，并宣布减免柬埔寨2.2亿美元的对华债务，同时还减免了老挝、缅甸、越南、阿富汗和马尔代夫等国家的对华债务。会上，中国与老挝就建设中挝高速公路问题签署了谅解备忘录，中国向老挝提供3000万美元的高速公路建设无息贷款，此高速公路将与中国昆明及泰国北部边境各省相连接，它是大湄公河次区域经济合作的南北走廊的一部分。此前，泰国和亚洲开发银行也为该项目的建设提供了类似的贷款。

随后，我国于2002年11月4日与东盟国家签订了《中国—东盟全面经济合作框架协议》，双方对相关事宜进行了约定，并提出于2010年到建成自由贸易区建设相关时间限定。明确了"货物、服务和投资贸易"是自贸区的合作范畴，指出了自贸区的核心是"取消关税和贸易限制的货物贸易"。自此之后，双方正式开始了建设自由贸易区的一系列活动，标志着中国与东盟之间的贸易合作走向了新的征程。

框架协议包含六大方面的内容：一是中国—东盟自贸区的内容。与国家安全、人类健康、公共道德、文化艺术保护等无关的商品将逐步取消关税和贸易限制；重点合作领域为农业、信息和通信技术、人力资源开发和投资，同时扩大其他领域的发展和投资，以促进湄公河流域的发展。二是对中国—东盟经贸谈判作了时间安排。决定从2003年初开始进行货物贸易的谈判，并于2004年6月底完成；2003年开始进行服务贸易和投资谈判，并应尽快结束。三是确定建立自由贸易区建成的时限。自2005年以来，两种正常产品的关税都在逐步下降。到2010年，大多数产品基本上都会实行零关税，关税措施将不复存在，贸易将完全放开。四是大胆提出了"早期收获"计划。为了使中国和东盟国家能够更早地体验自由贸易区的优势，从2004年1月1日起，逐步减少500多种产品的税收，至2006年将实现零关税。五是给予非WTO成员国越南、老挝和柬埔寨最惠国待遇。六是制定反

倾销和反补贴保障措施和争议解决机制，保证自由贸易区经济贸易的顺利进行。

（二）中国—东盟全面经济合作框架协议的影响

1. 合作框架协议对广西的影响

广西与东盟国家毗邻，因此，合作框架协议对广西来说具有较大的影响，首先是对广西糖业的影响。我国广西地区涉及的甘蔗种植区数量非常多，共有56个，甘蔗种植占到了许多县级地区财政收入的七成以上。而泰国是自由贸易区内最大的食糖生产国，其产糖量世界排名第四，广西白糖的非税费为1850元/t，泰国的仅为1530元/t。按照协议2005年后糖关税降低50%，泰国食糖进口数量增加，致使广西食糖在国内销售受到极大影响，直接影响广西经济的发展，导致了广西地区多级财政部门出现了收入锐减的情况，广西地区有55%的人口都属于甘蔗农户，共计2600余万人，另有10万余人就职于制糖企业，这些人群的收入都发生了减少，不仅如此，进口水果的数量的增多，加大了果农的竞争压力。2004年以后，广东市场上的泰国水果随处可见，另有台湾水果大肆进军上海、福建，极大地影响了广西水果在国内的销售。龙眼、荔枝、香蕉、芒果、菠萝、西瓜等六大传统水果价格大幅度降低，果农收入大大减少。其次，促进广西与东盟农业紧密合作。框架协议下关税壁垒的减少，促进了广西利用在育种和保鲜方面的技术优势与东盟国家开展农业技术合作，许多广西企业也与在农产品深加工方面更为发达的新加坡和泰国的东盟农业企业相互对接。2005年8月，应用广西农业科技的"热正压脱水技术"的泰国皇家食品有限公司生产的脱水榴莲成功下线，开创了广西农业对外经济合作的里程碑。再次，国家鼓励多重所有权和多元化政策。民营企业大幅增加，并与东盟开展经贸合作，推动了广西与东盟之间的贸易增长，增长率达75.2%，占贸易总额的62.1%，其中出口占36.2%，增长了110%；最后，小规模边贸成为广西与东盟的主要贸易方式。协定税率实施后，农产品出口成本下降，加上广西恢复向边境出口小规模贸易的优惠政策，它大大增加了边境小规模贸易的出口。

2. 合作框架协议对云南的影响

20世纪90年代中期以来，在对华加工贸易投资方面，美、日及欧洲一些发达国家和地区的跨国公司均加大投资，推动了中国经济参与国际分工和实现产业升级。全球化的主要特征是发展高科技产业，其发展路径是"创新国—模仿国—发展中国家"，这使得高新技术产品贸易发展出现了创新国负责提供核心技术，模仿国购买核心技术仿造的高新技术新产品，发展中国家承接来料加工等国际产业结构调整和转移的现象。但是，创新型国家并未将高科技转移到发展中国家，而仅仅将加工产品交付发展中国家生产。在这方面，印尼和马来西亚表现非常突出，日本的电子产品的加工已经向这两国转移。因此，云南省政府抓住机遇促进跨国公司对高新技术产业的直接投资，并将其作为云南省政府产业结构调整的主要任务，推动加工贸易升级已成为加工贸易发展的主要方向。

3. 对双方的相互了解产生重大影响

中国与东盟山水相连、文化相融、血脉相亲的背景，使中国与东盟具有共同利益和合作的基础，开展合作时能摒弃纠纷，求同存异。但是，由于东盟国家大多国土面积小，经济欠发达，他们在21世纪初期和相当长的一段时间里，更加关注与中国合作的相对利益。

一般来说,大国与小国开展合作时,小国获取的利益必须超过平均数,才会使小国产生较大的合作意愿,大国只能选择不平衡的合作安排来促进与小国之间的合作。中国对东盟各国来说是相对的大国和强国,只有遵循这个原则才能实现合作,也就是说中国与东盟的合作时,中国愿意做出一些牺牲,以使东盟国家能够获得更多相对利益,确保中国—东盟合作能够持续稳定地发展。

罗伯特·基欧汉不仅是美国人文与科学院的著名院士,同时也是国际关系研究领域的重要学者,他认为,贸易与金融网络紧密交织深刻地体现了世界经济的相互依赖关系,这种关系能将福利效果直接在社会中相传。这允许具有自利倾向的行动者无论采取任何行动,彼此之间的利益均形成情境性的相互依赖关系。由此可见,当今世界各国谁也离不开谁,中国在维护国家利益时,也要考虑其他国家的利益,以形成双赢的局面,才能确保经济的繁荣。

即使中国与东盟国家相互依赖程度很深,但是中国国家利益与东盟国家利益以及国际社会的利益之间的矛盾仍然存在,中国政府奉行的原则是利己及人,在国际合作中强调双赢。因此,在双方合作的21世纪初,中国—东盟的经济合作以东盟的绝对获益为主,支援东盟国家的基础设施,发放无息贷款,零关税进口水果等,使东盟各国获得极大的收益,双方处于蜜月阶段。但是,经过一段时间的蜜月,中国也将扩大合作的相对利益。

二、中国—东盟全面经济合作框架协议的成效

(一)自由贸易区的基本制度安排

中国与东盟国家曾于2004年签署了《中国—东盟自由贸易区货物贸易协定》,同时为了发展需要又签署了《中国—东盟全面经济合作框架协议》,这主要是为了解决贸易中存在的争端而建立的解决机制。使中国—东盟自由贸易区(China - ASEAN Free Trade Area,CAFTA)有了法律依据和保障,成为自由贸易区生存和发展的基本制度安排。《中国—东盟自由贸易区货物贸易协定》对促进和推动中国—东盟全面经贸合作将发挥重要作用,争端解决机制对中国—东盟贸易体系的稳定性和可预测性将发挥核心作用。

2007年,《中国—东盟自由贸易区服务贸易协定》签署,中国和东盟间的服务贸易有了应对的法律保障。2009年,《中国—东盟自由贸易区投资协议》签署,为自贸区创造了一个自由、便捷、透明和公平的投资环境,为投资者提供了法律保护。自此以后,我国和东盟国家在自由贸易区问题上的相关事宜均达成了一致意见,顺利搭建了中国—东盟自由贸易区。

(二)广西收获的成效

2005年广西全面实施《中国—东盟全面经济合作框架协议》,零关税进口水果受到了公众的欢迎。2005年6月30日,广西商务厅、国际事务博览局、农业厅、出入境检验检疫局、农垦局和南宁海关等部门联合召开《中国—东盟自由贸易区减税计划和广西》的新闻发布会,介绍了《中国—东盟自由贸易区货物贸易协定》正式实施的情况。

发布会上各部门介绍了如何抓住减税机会,协助企业调整营销策略的措施。南宁海关

宣布所属的所有口岸执行节假日加班制，商家还可预约通关，诚信守法的企业可便捷通关，东兴口岸对鲜活、易腐货物实行限时通关服务，规定通关时间不超过1小时。会议阐述了关于"中国—东盟自由贸易区优惠原产地证书"获取方式的相关事宜，出入境检验检疫局对申请单位采用简单的登记方式，登记工作可以当场完成。

中国和东盟国家降低关税，使双方的商品进入对方市场变得非常容易，鉴于广西产品和东盟产品的相似性，如果广西企业只关注广西或中国市场，将受到东盟产品的影响。因此我国广西地区需要抓紧对相关协议内容进行了解和学习，并对中国—东盟自由贸易区的发展建设进程进行深入的了解，遵循国际规则，迅速占领市场，这是广西在发展路径中必须抓住的机遇。

在"早期收获"计划里，广西人民受益良多，他们可以花更少的钱购买到质量更好、数量更多的东盟农产品。自该协议正式步入实施后，我国广西地区的农产品市场出现了巨大的压力，不过我国广西地区也向东盟国家出口了大量的农产品，且出口比例还在逐年增加。2004年，农业部参加首届中国—东盟博览会取得了丰硕成果，广西农垦集团成为最大赢家。与除缅甸外的九个东盟国家建立了贸易合作关系，并继续参加2005年的中国—东盟博览会，继续依靠地缘优势，在更多的领域开拓东盟市场。

（三）云南收获的成效

《中国—东盟全面经济合作框架协议》的签署为云南果蔬产业带来了发展机遇，增加了高效农业的种植面积。大型农产品加工企业如雨后春笋般地建立起来，企业加强科学研究，实行科学种植，开展深加工生产，美化包装和装饰，开发多渠道销售，实施一体化运作。并利用自身与东盟国家文化习俗的相似性，降低了市场准入和商品成本，扩大出口规模，用特色产品占领东盟市场，获得贸易利益。

自贸区的建立使云南与周边国家的民间贸易大幅增加，给云南旅游业的发展创造了机遇。云南利用其独特的人文景观、自然环境，将旅游业建设成为云南的重要支柱产业，使昆明成为旅游和会展相当发达的国际化大都市。而国际旅游业的发展能增加服务贸易和对外贸易的比例。云南旅游业的"联系效应"推动了金融、信息、交通、通信、餐饮娱乐、房地产等行业的发展。在我国与欧盟国家签署的相关经济框架协议中，其主要目的是从最大程度帮助双方对跨境服务贸易风险可能产生的风险进行合理规避。

（四）中越合作"两廊一圈"的建设

时任越南总理潘文凯曾于2004年5月来我国进行访问，当时接待他的是时任我国总理温家宝，这次访问期间潘文凯提出了"两廊一圈"的建设建议，这一建议的范围主要围绕着西廊和东廊以及"北部湾经济圈"，其中西廊指的是"昆明—老街—河内—海防—广宁"，而东廊则指的是"南宁—谅山—河内—海防—广宁"。

1. 西廊建设

我国云南省昆明市是整个西廊的建设中心，因此在昆河经济走廊内促进双方经济合作非常重要。西廊的主要经济建设共涉及以下几点，第一，将王家营国际集装箱中心站以及新机场作为西廊的建设重点项目，在"昆明—河内—海防"部分经济走廊中加大物流中心的建设力度；第二，在西廊范围内构建工业制造基地，重点项目是将昆明国家高新技术产业区建设成西廊保税仓库，将昆明国家经济技术开发区建设成西廊经济开发区，将昆明机场经济区建成西廊出口加工区；第三，集中力量在"昆河经济走廊"部分创建人力资源集中地和人才高地，在教育方面不断进行全面深化改革，支持高校的发展和建设，扩大高校规模和实施高校搬迁；第四，构筑信息平台，在昆明建成商贸中心、中心集物流、加工制造、商贸和人力资源于一体，成为西廊的中心。

建设的成效在交通运输方面尤为突出：2008 年孟河高速公路建成通车；2006 年 10 月，蒙自到越南老街的客货运公路开通；2006 年蒙自至河口电气化铁路开工；2004 年兴建的文山机场于 2006 年竣工通航；2006 年 9 月，红河的 220kV 输电线路开始向越南供电，日均供电 170 万 kW·h，极大地解决了越南北部六省的用电问题。

2006 年 8 月河口北山国际口岸区建设启动，中越边境的金水河、天保口岸也加紧建设。为了帮助经济走廊统揽人才，云南省与东盟国家的各大高校共同组建了人才培养机制，并频繁的进行教师资源互换，以及生源互换，促进留学生和研究生等人才的交流，顺利搭建了东盟人才培养基地，成功地帮助越南以及多个东盟国家提供了大批的高复合型人才，这些人才不仅对国际金融有着详细的了解，同时对国际投资、贸易合作均有着非常丰富的知识储备。

2006 年 7 月，中越专家组发布了《中越经贸合作两条走廊合作研究报告》。这一报告从发展战略的角度指出了中国和越南进行中长期经济合作的工作重心在昆明—河内—海防部分的经济走廊建设中。而西廊建设的主要内容如下：一是重点建设基础设施，加强金融、投资、贸易以及产业合作和社会事业合作等；二是重点开发西廊建设的节点城市，重点建设蒙自、开远、个旧三个口岸城市，提高边境口岸城市的综合发展水平；三是建立健全市场经济体制，倡导边境贸易，发展原材料加工，吸引出口，不仅如此，同时需要加强转口和服务贸易的发展，促使双边贸易完成多元化的发展；四是西部走廊建设的切入点是中国红河—越南老街经济合作区的建设；五是中越联合申请联合国援助项目，为昆明—河内—海防经济走廊建设筹措更多的资金，推进项目的快速发展。

地理位置的优越和便利的交通提供了与劳动密集型加工贸易的劳动力优势相当的发展机会。国家大力发展交通运输等基础设施建设，为云南与东盟各国的贸易建立了良好的疏通渠道，加上中国与东盟国家良好的经济互补性，推动云南与老挝、缅甸等国家建立强大的物流、人流、资金流、信息流网络，打造双边贸易和投资平台，扩大了贸易的规模，提升了贸易的层次。随着中国经济建设的发展，东部工业已经从低技术劳动密集型加工转变为高科技资本密集型。根据贸易分工的接力棒原则，劳动密集型加工企业将不可避免地向西部转移，云南将以此为契机，加强劳动密集型产业的软硬件建设。利用云南和周边东盟国家人力资本相对低的优势，发展针对东盟各国的互补性加工贸易，实现华丽的转身。

2. 东廊及环北部湾建设

"两廊一圈"的东廊是中国连接越南北部重要经济区域的纽带。东廊从广西南宁开始，经过越南谅山、北江、北宁、河内、海阳、海防、广宁等 7 个省（市），包括越南的"河内—海防—广宁"三角洲。由于越南的这个三角洲在越南的地位与我国的长江三角洲、珠江三角洲有相似的地位，并且与广西的北部湾位于同一个区域。因此这条经济走廊的建设加深了广西与越南的合作。

东廊的建设以建立"一个枢纽,两个港口,三个渠道,四个辐射"的国际航道为中心,为北部湾经济发展奠定基础,规划于2020年完成南宁国家级综合交通枢纽的建设。该项目涵盖以下几方面的工程,一是环北部湾的海上通道;二是南宁到新加坡陆路;三是南宁到东盟国家航空通道;四是通往广东、湖南、贵州、云南四个方向的运输路线;五是推进与越南的"两路一铁"土地合作项目("两路"指南宁—友谊关—河内高速公路和防城港—东兴—芒街—海防—河内高速公路;"一铁"指南宁—凭祥—凉山—河内铁路干线);六是加强与GMS所属的越南、柬埔寨、泰国等主要港口的合作,加强对国际航道和运输路线进行优化,开展国际运输多式联运和物流配送,大力发展邮轮客运。

2005年12月中国第一条通往东盟国家的高速公路南友高速通车。与此同时,防城港—河内高速公路的防城至东兴路段动工兴建,南宁—凭祥—河内铁路扩建工程也与越南进行了沟通协调。至2005年底,广西已有10条货运公路直通越南,南宁和桂林直达河内、南宁直达海防、崇左直达广宁的铁路运输线开通,从而实现了货物"点到点"的汽车和火车的直达运输;在海空联运方面,将防城港、钦州、北海港口整合为一体,建设区域性现代化联合港口;航空运输方面:为开辟和增加东盟航线,扩建了南宁国际机场和桂林国际机场,至2007年南宁和桂林国际机场已开通了10条东盟国际航线,其中包括南宁至金边、胡志明市和宿务,桂林至曼谷和吉隆坡等航线。

环北部湾地区既包括我国经济发达的珠江三角洲,香港和澳门地区,也包括经济相对落后的西南地区和越南北部地区,并且海洋资源、矿产资源和旅游资源非常丰富,经济上具有互补性。相关政府领导人以及经济领域的相关人员曾在第九届东亚经济合作论坛中对北部湾经济圈发展的过程进行了回顾,全面总结了合作的成果和影响,并充分探讨了东亚经济合作的发展趋势。

2008年1月,具有国家战略意义的《广西北部湾经济区发展规划》通过了国务院的批准,国家开始在北部湾投资建设一系列的大项目。实施了七个"一千万"和两个"一千亿"工程,例如,中国石油在钦州的1000万t炼油项目,武钢在防城港的1000万t钢铁项目,66.7万公顷快速生林项目,其中大豆、水泥以及粮油等项目的年产量达到1000万t,而电力项目在总装机容量方面设计1200万kW;新增吞吐量1500万t的9个深水公用码头建设项目等7个"一千万"工程和电子产业、铁路改造等两个"一千亿"项目。并投入1000多亿元建设"出海、出境、出省"的通道,南宁到钦州、防城等地动车车程均在1小时之内,实现了北部湾"一小时经济圈"。

第二节 中国—东盟产业合作快速发展阶段

一、中国—东盟博览会的举办

中国—东盟博览会于2004年正式召开,自此为双方搭建了新的经济发展平台。世博会将南宁作为常设场地,每年举办一次。它旨在扩大中国的国内需求市场和全球市场,并为大型国际集团提供交易平台。其特色体现在五个方面:一是为各国优势产品提供展示平

第二节 中国—东盟产业合作快速发展阶段

台,加强外贸业务,促进进出口交易,中国东盟博览会是东盟商品进入中国市场的桥梁;二是发布招商信息,推介投资环境,扩大投资合作,联手吸纳国际资本,促进招商引资;三是提供技术成果和管理经验交流平台,促进旅游、电信、物流、金融、工程承包等领域的深入合作;四是举办自贸区建设热点问题研讨会,聚集中国和东盟政府官员、专家、学者和企业家,聚焦热点问题,充分阐明自己的观点,进行交流和分析,为中国—东盟经贸合作问诊把脉;五是举办国际民歌艺术节,展示中国和东盟国家的民族文化和艺术。

中国—东盟博览会具有对东盟各国各种经济因素的引进作用,引进的项目包括资金、技术、产品与旅游服务。随着中国内地经济的强劲发展和相对成熟的金融业务,为东盟国家提供资金支持可以避免出现新一轮的"金融风暴";为东盟国家提供相对先进的技术支持;为东盟产品提供更大的市场容量;为中国的闲置资本在东盟寻找投资市场;利用两地开发的"剪刀差异",为中国的部分产品和技术寻找新的市场,缓解中国产业结构调整的危机,让中国的产业结构调整适应"软着陆";让各有特色的中国旅游资源和东盟旅游资源,共同成为吸引其他大陆游客的亮点。中国—东盟博览会的最大优势是充分重视东盟的利益,实现真正的双赢,为保障区域经济长期合作奠定基础。

2004年11月4—6日举行的首届中国—东盟博览会上签署了多项重要合作项目。中国与东盟国家合作项目60多个,总投资15.65亿美元。合作项目的规模充分体现了中国与东盟是相互投资的重要来源,该合同涉及除缅甸和文莱以外的八个东盟国家,投资的领域主要是基础设施、工业、旅游开发等。在矿产、轻工、能源、化工、建材、机电、房地产项目等方面,中国企业已与包括越南在内的6个东盟国家签署了10个投资项目。中国中达(泰国)土木工程有限公司在泰国曼谷开发了房地产项目,投资额超过1亿美元。国内公司与东盟国家的广泛合作表明,该市场已受到了广泛关注。中国—东盟博览会也为其他国家的合作提供了平台,来自美国、英国、法国、德国、意大利、日本等国家和中国香港、中国台湾的公司也在博览会上与中国内地的公司签署合作项目。

2005年,28场投资活动在第二届中国—东盟博览会中举办,会上促成了126项国际投资合作项目的签署,项目涉及工业、农业、林业、畜牧业和渔业等领域,矿产、贸易物流、房地产、能源、旅游等基础设施建设和高科技产业也赫然在列,亚欧22个国家和地区和国内22个省(自治区、直辖市)均有投资。博览会专业观众比上年增加不少,博览会秘书处与东盟国家的经贸主管部门和商业协会,还一同征集了6655个贸易与投资项目,并以此为基础建立数据库,方便商家进行交易配对。博览会期间,每天有近1000人通过信息中心搜索合作伙伴信息,促成100多对合作伙伴成功配对。以"中国与东盟国家:市场的开放及开发"为主题的中国—东盟商务与投资峰会,充分体现出了中国与东盟国家的相互开放的趋势,会上官员就"政府:营造互利共赢的合作空间"进行演讲,许多企业家和该领域的研究人员仅根据"企业与商会"进行了开放式合作发展方向的谈话,并达成了一致意见,明确了推动中国—东盟自由贸易区建设的八大举措,提出了以信息交流和建设商务网络为合作重点进而签署了中国—东盟国家工商会的《南宁宣言》。

2006年,中国—东盟博览会开始表现出"走出去"的姿态,并举行了中国—东盟对话15周年纪念峰会,发布了中国—东盟纪念峰会的"联合声明",总结了中国与东盟关系15年发展的经验,指出了未来在政治、安全、经济、社会文化、区域和国际合作的方向。

2007年中国—东盟博览会出现了中国与东盟国家贸易单笔交易额超过1亿美元项目，也就是深圳进口泰国香米项目，交易额达1.1亿美元。中国—东盟产业合作的基础在于制造业，这一年东盟博览会上的产业合作已初露端倪，"走出去"项目继续加强。而中国—东盟商业和投资峰会关注的重点是服务贸易协议的各种前瞻性问题，如中国金融业的国际化、出口信用保险及贸易发展问题。

2008年中国东盟—博览会期间，虽然国际经济受美国次贷危机的影响较大，但是由于东盟国家汲取了10年前东南亚金融危机的教训，为应对危机做了充分的准备，因此他们以博览会为渠道加强与中国的合作，避免了美国金融危机的不利影响，博览会的成交量也稳步上涨。博览会期间的商务与投资峰会更加强了对中小型企业的关注，以"广阔的视野，积极的行动"作为主题，就中小企业合作和投资合作相关问题进行深入探讨。会议呼吁自贸区各国政府、商协会和企业审时度势，把握机遇，开阔视野，积极行动，合作互利，实现共赢。

2009年第六届中国—东盟博览会成就了广西外贸史上最大的出口合同，与越南10家企业达成了20亿美元的正式交易，这也是中国—东盟博览会开展以来最大的出口合同。中标单位是广西万缘东盟商品进出口展示交易有限公司。而该公司集中国内知名企业和优质品牌联手进军东盟市场并取得很好的成效。项目向越南出口运输、消防设施、建筑机械和建筑材料、农业和农业设备、船舶和船舶设备、陶瓷餐具和餐饮卫生设备。博览会还举办了一系列中国—东盟合作论坛，包括海关与商业合作论坛、金融合作论坛、农业合作论坛以及亚洲商品开发等高层论坛。论坛认为应扩大中国—东盟合作"南宁渠道"，明确"南宁渠道"合作的内容，提高了合作的水平，有力地推动了中国—东盟自由贸易区的建设。当年的商业和投资峰会上，李克强总理提出中国和东盟要"全面深化贸易合作，突出加强投资合作，积极推进次区域合作"的三点建议引起了广泛的共鸣。这次峰会在多个领域中促成了许多项目的顺利洽谈，其中包括价值26亿美元的高速公路建设项目、化工电信项目，同时还包括多种金融项目和能源领域的项目合作。

2010年，我国与东盟联合举办的博览会主题是围绕"自由贸易区和新机遇"展开的。这里涉及的项目共有五个：第一个项目为商品贸易；第二个项目为投资合作；第三个项目为服务贸易；第四个项目为先进技术；第五个项目为建设魅力城市。期间举行的三场大型贸易对接会，参加配对的公司多达376家。东盟各国采购团首次以集团采购方式与中国企业对接，近60家中外机构组织采购团组参会，购买意向涉及机械设备、电子电器、建筑材料等领域。2010年商务与投资峰会也曾就"中国—东盟自由贸易区与区域经贸合作"相关事宜进行了深入的研讨。与会专家和政要认为，国际金融危机使中国与东盟的关系得到了加强，共同的利益、责任和选择决定了共同担当，中国与东盟的关系会愈加紧密。会议中，我国与印度尼西亚就多种贸易合作达成了一致的合作意见，其中包括水利设施建设、电子通信建设、能源建设、清洁能源开发以及农业建设等，共涉及合作资金为50亿美元，不仅如此，我国与东盟在会议现场签署了重要采矿合作项目，涉及资金65亿元。作为政府主导型会展，在广西南宁举办的中国—东盟博览会，具有鲜明的特色：一是以进口贸易为特色，为东盟商品进入中国开辟新的渠道；二是建立中国企业投资东盟的交流平台；三是促进免税商品交易，促进服务贸易合作；四是展览的组合；五是展览既是贸易活动,也是外交舞台;六是促进经贸活动与文化交流的融合。2004—2010年期间的活动充分体现了以下特点。一是博览会现场十分盛大,不仅有11个国家牵头组织,还有来自世界许多国家的客户参与,这一盛况实现了11国共同收获合作成果,推进新的合作目标;二是广西获得了无数发展机遇,成为投资热点;三是参加展览会的各个国家加强了沟通,建立了共识;四是商务与投资峰会促进了中国与东盟商界、学术界和政界的交流,推动了中国—东盟经贸合作;五是引起了中外媒体的广泛关注,获得了巨大的影响(表1-1、表1-2)。

表1-1　　　　　2004—2010年中国东盟博览会主要经贸合作成效表

年份	贸易成交额/亿美元	同比增加/%	国际项目数/个	国际项目投资额/亿美元	国内项目数/个	国内投资额/亿元人民币	走出去项目数/个	走出去投资额/亿美元
2004	10.3		129	49.68	102	475	1	
2005	11.5	6	126	52.9	263	501.8		
2006	12.7	10.2	132	58.5	301	553.7	41	26.6
2007	14.2	12.1	182	61.54	138	582.14	59	15.8
2008	15.97	12.18	136	63.64	216	612.01	44	27.64
2009	16.54	3.8	136	64.4	204	618.45	48	18.92
2010	17.12	3.5	135	66.9	156	671	58	26.63

注　根据中国—东盟博览会官网信息整理。

表1-2　　　　　2004—2010年中国东盟博览会参展情况表

年份	国家和地区数	客商/人	参观人数/人	参展企业/个	参展展位/个	东盟展位/个	峰会人数/人	报道媒体/个	媒体人数/人	国内媒体/个	国(境)外媒体/个
2004	52	1800	350000	1505	2506	626	800				
2005	60	25000		2000	3300	696	1500	183	848	138	45
2006	80	30000		2000	3663	837		215	1356	172	43
2007	89	33480		1908	3400	1124	1400	171	1106	114	67
2008	97	36538	100000	2100	3300	1154		153	1347	123	30
2009	96	48619		2450	4000	1168	1500	171	1419	114	67
2010	102	49125		2200	4600	1178		49	81	35	14

注　根据中国—东盟博览会官网信息整理。

二、建立服务于中国—东盟自贸区的保税区

(一)钦州保税港区

2008年5月经国务院批准成立钦州保税港区。钦州保税港区位于广西北部湾,是中国西部唯一的保税港区,面积$10km^2$,旨在服务大西南、中南和华南,面向东南亚。港区

以建立一个效率高、功能齐全、开放性高的国际物流中心和资源配置中心,即中国—东盟区域国际航运中心,物流中心和出口加工基地,成为北部湾经济区的核心平台为目标。钦州保税港区的建立意味着北部湾经济区正在逐步走向经济全球化。广西政府引进中国远洋运输(集团)公司、中国海运(集团)总公司以及马士基集团等国内外知名公司对保税港区港口的建设和运营进行投资。保税港区有码头业务,保税物流,保税加工和管理服务等。在4.6km长的深水岸线上,目前已建成10个集装箱泊位,港口建成后成为大陆唯一具备整车进口的口岸,且成为距东盟最近的保税港区。港口营运后基础设施不断完善,保税业务愈显特色,招商引资效果突增,通关效率节节攀升,成为中国—东盟经贸合作及区域外向型经济的新平台。

虽然中国和东盟之间交易的大部分商品都是零关税,并且受到保护、需要征税的敏感产品进入保税区也可免征关税,这对双方贸易有很大的促进作用。保税港区多方政策相叠加,使钦州保税区的中国—东盟经济合作从贸易型向产业全方位合作转化。2008年钦州保税港区启动了42个重大项目,包括钦州1000万t炼油项目,金瑞林纸浆一体化项目主厂房及配套设施,防城港1000万t钢铁基地项目,投资超千万元项目共76个。有些项目投资达数十亿元甚至上百亿元。北部湾3口吞吐量2181.41万t,同比增长35.5%;集装箱吞吐量达到86900t,增长33.9%。

(二)凭祥综合保税区

凭祥市曾于2005年最先提出了相关构想,也就是创建中越凭祥—同登跨境经济合作区。我国的广西地区曾于2007年1月与越南谅山达成一致意见,签订相关协议,预备在连接地分别准备8.5km^{2}的土地搭建跨境经济合作区。越南政府曾于2008年4月建立了相关经济区,面积8.5km^2,名为同登—谅山口岸经济区,这里有丰富的交通资源、商业资源、金融资源以及旅游资源等。2008年12月,位于内陆边境凭祥南山工业园区的广西凭祥综合保税区成立。这一保税区功能完备,有负责管理服务的区域,有负责管理口岸的区域,有负责保税物流加工的区域。区域间的通道是专用的封闭通道,使友谊关口岸与越南得以直接互通。这一保税区的占地面积与凭祥—同登跨境经济合作区的占地面积一致,均为8.5km^2。保税区管理委员会与中国凭祥-越南同登跨境经济合作区管理委员会合署办公。在我国和越南的一致努力下,成功搭建了中国凭祥-越南同登跨境经济合作区,不仅如此,我国的保税区管委全部参加了这一次的建设活动,使跨境经济合作区各项工作都可以按部就班的发展。保税区第一期工程于2011年6月18日通过了国务院的验收,于9月30日建成并封关运营。

从各个方面来看,凭祥综合保税区都拥有着强大的功能,属于世界级别的国际经济合作区,其中不仅包括了口岸业务和保税加工业务,同时也提供了国际分销以及国际贸易等。保税区外贸活跃、进出口加工旺盛、物流功能齐全,成为吸引外国投资的特殊渠道。不仅中国—东盟自由贸易区的所有成员国家可以在这里开展多种业务,全世界的国家都可以来到这里开展贸易加工以及保税物流等业务,同时还能参与国际贸易,这一保税区处于陆路口岸,具有可为中国—东盟自由贸易区提供全面服务的优点,不仅参与了东盟市场的产业分工,同时也融入了欧美市场的产业分工中,建立了两大中心:一是新型节能材料和环保产品出口加工基地;二是机械、电子信息产品、矿产品中转交易物流中心,该中心服务于内地和世界的国际过境,国际分销,国际采购和国际转口贸易。

由于从整体中越跨境经济合作区看,这一保税区属于我国建设的母体部分,我国政府出台了许多支持性政策以加强双方的协作。在这里开展跨境贸易即可享受到十分优惠的政策,比如《促进广西北部湾经济区开放发展的若干政策规定》等。不仅如此,这里还同时具备了以下几种政策,第一种是针对西部大开发的优惠政策;第二种是针对边境贸易发展的优惠政策;第三种是针对大湄公河次区域合作的优惠政策。进入该区域的产品享有国内货物出口退税,保税区内外国原料保税,保税区内企业建设所需外国货物享受免征关税和进口环节税等政策。进出该地区的海外货物免征许可证和出口配额,保税区内企业在广西销售的产品可通过保税区运往海外的产品免征加工增值税。该保税区在外汇方面需要遵循的政策非常宽松,不仅可以免除企业的增值税,同时也能免除企业一部分的交易税。

凭祥保税区的建立,极大地促进了中越经贸合作。我国曾于2010年10月与越南共同制定了"中越跨境经济合作区框架"相关规划。2011年10月,越南和中国签署了六项重要的经贸合作文件,包括《2012—2016年中越经贸合作五年发展计划》《中越两国政府"公路运输协定"实施协议书》等。

目前,凭祥综合保税区有企业260余家,涉及贸易、物流、加工等领域,2018年进出口总额达300多亿元人民币,在广西的外向型园区中占据了主要部分,涉及比例高达58%,我国共有综合保税区共计65个,而该保税区在整体中排名13位,我国共涉及沿边综合保税区10个,而该保税区在整体中排名第一。

越南社会科学院中国研究所前主任阮贵辉认为,中国凭祥—越南同登跨境经济合作区的合作模式,为中国与其他东盟国家之间的合作提供了可资借鉴和模式,对于越南与其他东盟国家之间的合作也完全适应。中越边境的贸易合作模式积极地推动了中国与东盟邻国,东盟国家的相互联系,对加快国家间贸易,促进地区稳定与繁荣具有重要意义。

在东盟国家中,广西始终与越南合作关系最为密切,合作范围也最大。2010年,中越贸易总额超过300亿美元,广西与越南的双边贸易额超过50亿美元。我国曾在2018年与越南地区的合作贸易中获得了很好的成绩,涉及资金高达1060亿美元,相较于上一年增长了14%。中国也成为与越南双边贸易额达1000亿美元的首个贸易合作伙伴。

第三节 中国—东盟产业合作成熟阶段

一、中国—东盟自贸区的建成

2010年1月1日,中国和文莱、印度尼西亚、马来西亚、菲律宾、新加坡和泰国等六个东盟成员国率先建立了中国—东盟自由贸易区。"中国—东盟自由贸易区"为发展中国家带来了巨大的经济效益,同时这一贸易区也是发展中国家共同建造的首个最大的贸易区,这里的商品有九成以上都可以享受零关税政策,不仅如此。我国向东盟产品涉及的相关关税税率从 9.8% 降至 0.1%。来自东盟六国的中国产品出口平均关税税率从 12.8% 降至 0.6%。关税水平的大幅度下降促进了双边贸易快速增长,东盟和中国的贸易总额占世界贸易的 13%。

我国与东盟国家在中国—东盟自贸区顺利建成后加深了合作力度,开始了非常频繁的贸易投资,使全国经济都可以受益,顺利实现了双方的共赢目的。2010 年双边贸易额达到了 2928 亿美元,2011 年达到 3629 亿美元,同比增长 24%,东盟成为我国第三大贸易伙伴。从此之后,我国与东盟成为了合作范围最广泛的同盟伙伴,在中国所有的贸易伙伴中,东盟位列第三,这意味着我国与东盟的合作已经开启了新的篇章。据海关总署公布的统计数据,2019 年上半年,我国对东盟进出口总值为 1.98 万亿元人民币(下同),增长 10.5%,占我国对外贸易总额的 13.5%,超越美国(占比 12%)和日本(占比 7%),成为我国第二大贸易合作伙伴,至 2020 年上半年,我国与东盟进出口总值为 4533 亿美元,同比增长 5.6%,占我国外贸总值的 14.7%,其中出口 1497.45 万亿美元,增长 3.4%;进口 1467 亿美元,增长 8.5%。2020 年上半年东盟已取代欧盟,成为我国第一大贸易伙伴。

二、中国—东盟工业园区建设

(一)中马双园(中马钦州产业园区和马中关丹工业园区)的建立

2010 年,中国—东盟博览会在钦州白海豚大酒店举行了马来西亚(钦州)产业园推介会,参会人员有 100 多人,与会者为来自钦州市政府、中国—东盟博览会、马来西亚驻广州总领事馆的官员,中国的多个企业、60 家马来西亚公司的企业代表以及媒体记者等。我国钦州和马来西亚进一步规划共同建设中马(钦州)工业园区的蓝图。中马(钦州)工业园区位于市区和港区之间,占地 45km², 产业布局涵盖电子信息、机械加工、出版印刷、汽车及零部件制造、食品加工等行业。会后,马来西亚工业局率团赴钦州进行考察和交流,并详细评估了钦州经济发展的有关情况,特别是工业园区的合作建设情况,进一步探索工业园区的发展方向和模式。双方决定将园区建设成为马来西亚工业投资中国的重要载体和示范窗口,成为中马经贸合作的标志性项目,成为中国—东盟自由贸易区合作示范区和北部湾新的综合制造基地。

国务院于 2012 年 3 月批准了双方建立钦州产业园区的申请。产业园区合作协议于 2011 年 11 月 21 日与马来西亚签订,这一合作协议是在两国总理的共同见证下签订的。2012 年 4 月 1 日,温家宝总理和纳吉总理出席了中马产业园区的开工仪式,并为园区奠基。至 2013 年,第一批进入园区的 16 个工业项目总投资 121 亿元,包括生物制药、粮油加工、清真食品和其他工业项目。开局的成功意味着产业合作可以为中国—东盟自由贸易区注入新的活力,中马产业合作可使自贸区达到了互利共赢目标。

2012 年 6 月我国与马来西亚就《马中关丹工业园区合作协议》达成了一致意见,并共同签订了相关合作协议,建立了相关产业园区,促成了全球首个互相在对方建立工业园区的姊妹园区。"两国双园"的建设,进一步加快了中国与东盟国家跨国(经济)经贸合作区建设步伐。"两国双园"创造了双边产业合作的新模式,推动了两国双园区平台的演

第三节 中国—东盟产业合作成熟阶段

变,深化中国—东盟区域经济合作。"两国双园"是跨国、跨境经济园区,是中马产业发展的载体,使关丹港到钦州港仅需3天的时间,其融合度和开放度吸引了强势优势产业聚集,能推动双边合作取得更大成效,是中国—东盟经贸合作和投资合作的试验田,开创了国际产能合作的新时代。2013年2月,政协主席贾庆林和马来西亚总理纳吉在马来西亚出席了关丹马中关丹工业园的启动仪式。

2013年10月,习近平主席和李克强总理先后访问东盟,会见了马来西亚总理纳吉,进一步促进了钦州和关丹工业园区的建设,使之成为两国投资合作的旗舰项目。自此,国家和地方加快研究和制定优惠政策,国务院连续三年批准中央政府补贴资金8亿元,支持园区的开发建设。

2015年在广西十二大三次会议上,自治区政府主席陈武表示,合作园区建设将迎来新的机遇,通过创新机制,深化内容,必将推进中国与印尼经贸合作园区的建设,加快马中关丹工业园的建设,使中国—东盟合作达到新的高度。中马钦州产业园区和马中关丹工业园区的建设将得到政府的更多支持,进入腾飞阶段。

为推动"两国双园"的建设进程,中马钦州产业园区与苏州工业园区中衡设计集团联合设立规划设计院,以"产业空间城市化、城市空间产业化、产城空间旅游化"的理念强化全域城市设计,推进"多规合一",确保"一张蓝图干到底",同时以片区开发理念统筹推进了海峡两岸产业合作区钦州产业园、马来西亚创新城等片区的整体开发建设。

(二) 广东东盟产业园建设和发展

我国国务院曾于2012年3月安排国务院侨务办公室与广东省政府共同研究了《关于促进侨务优势,推进广东加快转型升级合作备忘录》相关事宜,自此建立了我国湛江奋勇高新区的"东盟产业园"。随后,广东省将奋勇高新区列为2012年重点省级建设项目,湛江还发布了专项文件,决定建设奋勇高新区"东盟产业园"。园区总面积138km²,重点发展高端制造业。2013年4月,奋勇高新区东盟产业园区挂牌成立,并举办投资环境推介会,会上签署了17个投资项目,总投资超过60亿元。2013年6月,完成了第一期3.6km²的开发,总投资超过25亿元。12家医药、食品和能源供应公司进驻园区,这些企业年产值近45亿元,年纳税额超3亿元。

奋勇高新区聚集了13个国家和地区3600多名归侨,不仅享受广东省级高新区优惠政策,而且享受国家对侨区的特别政策,在土地、税收、人才引进、科技研发、金融投资、房产置业等方面均有倾斜。园区内众多东盟国家归侨与东盟各界广泛的亲缘关系,使园区发展向东盟各国辐射如鱼得水,非常便利。因此,政府致力打好侨务、东盟、科技、创新、效益"五张牌",重点发展新海洋、新能源、新医药、新电子产品,新材料"五个新产业"。这里的主导产业和重要产业就是高新技术制造业,它主要基于现代服务集中了多个项目,比如生活娱乐项目、工作项目等,打造了著名的示范区产业合作试点区:中国—东盟自由贸易区与中国侨乡农垦改造示范区,促进了双方经济贸易合作,对湛江经济的发展有着极大地推进作用。

我国的奋勇高新区东盟产业园区的发展曾于2016年6月顺利进入了国家级别的发展高度,中国—东盟商务理事会将它规划成了"中国—东盟经济开发区"。

（三）中国—东盟保税贸易工业园区建设

我国的昆明国家高新公共保税监管区曾于2013年进行了大规模的改造，其中包括扩建工程和异地迁建，同时他们凭借这一机遇在这里建立了国际保税物流中心，这一物流中心主要是由云南信亿进出口贸易有限公司出资建设，属于中国东盟保税贸易产业园项目一期工程，这一工程的开展为地区经济带来了很大的效益，使其成为云南省现代保税物流的"领跑者"和连接中国与东盟的高效便捷"通道"。该项目连续三年（2012—2014年）被列入云南省发展改革委重点建设项目。我国的昆明市高新技术产业基地内建造了国际保税物流中心，它的面积非常大，涉及面积约196公顷，投资方共投入了100亿元作为建设资金。园区按照功能划分为七个部分：第一功能划分为国际综合物流园区；第二功能划分为产品加工区；第三功能划分为铁路专区；第四功能划分为国际金融商务区；第五功能划分为休闲娱乐服务区；第六功能划分为住宅区；第七功能划分为国际保税物流园区。这里不仅拥有庞大的中心规模，享有高规格发展待遇，同时与东盟、南亚市场有着密切的联系，还能紧密关联中国西部地区市场，并且融合了工商管理、税务金融、海关关口以及电子商务发展中心等，使这里的发展规模极具复合性。该项目的第一阶段——国际保税物流园区于2012年7月启动，占地242亩，建筑面积超过37万 m^2，总投资超过11亿元。园区的主导产业是物流，以国际贸易报税物流为核心，通过贸易带动物流，形成产业集群。该项目于2015年底完成并投入使用。至2025年，云南省和东盟国家将分别实现保税物流156亿美元和120亿美元的贸易额。这一园区使我国与东盟之间的合作越来越密切，顺利成为了两方经济发展的利器和强大动力。

中国与东盟的深化合作成为云南保税物流发展的大创新的保障。一是从物流角度来说进行了革新，将物流发展进行了简化和同步化，同时实现了自动化，例如使用卡车和保税列车。二是为制造企业开展物流外包服务，建设高水平的物流和仓储信息化平台，提升物流和仓储的经济规模。三是采用大数据管理模式进行智能化管理，使园区企业监控实现智能化，商贸物流数据采集自动化，业务数据传输电子化，海关、检验检疫、工商、税务等业务网络审批，区域物流信息可通过查询系统查询。

这一保税中心的功能很多，其中就包括口岸功能，这里施行了封闭监管制度，包括A、B两种类型。A类中心是海关授权的监管场所，由中国企业法人经营，开展保税仓储物流服务；B类保税物流中心是海关授权的集中监管站点。

我国昆明市高新技术保税物流中心（B类）于2015年12月10日开始运营工作，这一工作的开始是由海关总署联合财政部、国家税务总局以及国家外汇管理局共同确认和批准。在云南的外贸企业可以在家门口享受保税服务。该中心属于中国—东盟保税贸易工业园的核心，具有进口，出口，结转，转口贸易等基本功能。中心为保税货物提供展示平台，为跨境电子商务提供新兴贸易仓储物流，为进口的东盟水果，蔬菜等食品和木制品提供保税仓储服务，有力地推动云南融入"一带一路"建设。

昆明高科技保税物流中心（B类）的启动，使云南实现了智能仓储、跨境电子商务、跨境运输、保税展示交易、全球采购和国际贸易。是云南建设大通道，组织大型物流，培育大市场与大产业，实现大发展的又一里程碑。

（四）其他中国—东盟产业园

苏州工业园区是20世纪90年代中国与新加坡政府合作建立的工业园区，堪称两国经贸合作的典范，也为中国—东盟经贸合作提供了宝贵的经验。广西中国—东盟青年产业园于2004年9月列入《中国—东盟青年合作北京宣言》，是东盟各国政府认可的第一个中国—东盟青年产业园；2006年3月，泰中罗勇工业园在泰国开工建设，同时许多中国企业入驻园区，这是中国政府建在泰国的首家中国工业园区，它是中国首批海外经贸合作区之一。而世界上第一个两个国家合作建设的生态城（中新天津生态城）也在天津诞生。它利用创新生态理论和先进的节能、环保技术，将生态园建设成为生态文明建设方面的国际范例，成为中国与东盟工业合作的又一里程碑。

泰国曼谷曾于2018年10月25日举行过"一带一路"相关会议，湄公河流域国家发展机遇研讨会也在这里举行，中泰两国的多名政界人员和商界名流及知名学者都参与了这次会议，并就双方的合作积极开展了协商，虽然我国在湄公河流域国家中拥有非常丰富的资源，但是在商品部分存在着许多空白，我国的产业可以与他们进行相互补充，弥补对方的技术缺失和产品缺失问题，加快湄公河流域的工业化发展。

三、跨境贸易电子商务产业的建设和发展

（一）中国—东盟（南宁）跨境电子商务产业园

我国海关总署曾于2014年8月批复了南宁地区关于跨境贸易电子商务的相关申请，准许该地区成为全国跨境贸易电子商务服务试点城市，并顺利开展了中国—东盟（南宁）跨境电子商务产业园跨境贸易电子商务零售出口的相关工作。这一产业园区被中国—东盟信息港划分为了首要工作目标。该园区的位置处于南宁保税物流中心内。该中心在线下于广西电子口岸建立跨境电子商务监管仓库，线上搭建跨境贸易电子商务综合服务平台，打造线上线下综合新型工业园区，优化跨境电子商务的服务链、数据链和监管链。共同参与园区投资及运营的公司有很多，第一个参与投资、运营的公司为广西壮族自治区邮政公司；第二个参与投资、运营的公司是广西大白鲨网络科技有限公司；第三个参与投资、运营的公司是南宁新达斯电子有限公司，他们中有的是电子商务公司，有的是物流，有的是金融企业。

南宁保税物流中心管理委员会与广西大白鲨网络技术有限公司共同创建了南宁跨境贸易电子商务综合服务平台，该平台有三个子系统：一是通关服务平台；二是政府公共服务平台；三是企业服务平台。综合服务平台于2015年6月完成并投入使用。

南宁跨境电子商务服务的一般零售出口采用"在线平台＋离线园区"和"清单核放，汇总申报"的模式，通过各检查部门在网上各自开展执法检查，各营运部门开展联合运输等全程信息化管理和线下集中监管的形式开展业务。应用信息技术，降低了通关成本，提高了通关效率。

在南宁市政府的首要工作建设目标中，中国—东盟（南宁）跨境电子商务产业园区占据的位置非常重要。一方面，通过构建电子商务产业集群，使园区形成了一批具有生产

性、智能（知识）型和公共性的现代服务业。另一方面，引进具有较强竞争力和影响力的知名服务企业，整合第二、三产业的发展，形成制造业和服务业的"两轮驱动"态势。将跨境电子商务产业园建成现代服务业的新高地，更好地服务"一带一路"建设、中国—东盟经贸合作以及西南、中南经济建设。截至2017年5月，南宁跨境贸易电子商务综合服务平台已完成3068种商品的备案，顺利达成了1万余个跨境电子商务零售出口的目标。大量中国轻工产品已通过报关、通关、支付、仓储、物流、客户服务等环节实现"一站式"出口通关，销往东盟、欧洲以及美国、日本和韩国等国家和地区。

（二）北部湾东盟O2O跨境电子商务产业园

北部湾东盟O2O跨境电子商务产业园是我国著名的跨境电子商务产业园区，它的发展核心是大数据，同时也是我国首个将大数据跨境电子商务产业园区。它主要涵盖了以下几个部分：第一个产业区为中国—东盟（南宁）跨境电商产业区；第二个产业区为中国—东盟大数据产业区；第三个产业区为国际物流基地，这三个产业园区发展都非常迅速。不仅如此，这一地区还建立了东盟跨境电子商务展示体验中心，为了实现全方面发展又建立了东盟大数据交易中心。产业园位于北海国家高新区，它集合了我国第一批小型微型企业创业示范基地，同时还涵盖了我国的电子商务示范基地。O2O跨境电子商务产业园区第一阶段的核心区域内至少有一家国内排名前五的电子商务平台公司入驻，并与至少三家全球跨境电子商务巨头建立合作伙伴关系。园区建立了东盟大数据研究所，开设东盟10国精品展厅，并引进了100家跨境电子商务公司。深圳市亿达通企业服务有限公司在广西设立了分公司，阿里巴巴在南宁建立了完善的外贸服务平台；钦州保税港区内成功搭建了跨境电子商务交易孵化中心，这一中心是由敦煌网建设的，主要为了面向东盟提供服务；南宁地区内也建立了仓储中心，由杭州美丽传说会展有限公司与越南国家签订了相关协议；广西商务厅与浙江聚贸电子商务有限公司签订合作框架协议，聚贸广西正式开业。随着这些电子商务领先公司如雨后春笋般出现，国内和国外商品通过跨境电子商务进入了普通百姓的家中。不仅如此，它在极大程度上促进了广西北部湾经济区的发展，为该地区打开了新的跨境电子商务发展的大门。

第四节 中国—东盟产业合作新态

一、互联网＋和跨境电子商务的发展

广西北部湾经济区的快速发展受到了电子商务很大的影响和助力，国务院曾于2017年2月批准《北部湾城市群发展规划》（以下简称《规划》），并在该规划中强调，中国—东盟信息港南宁核心基地的发展需要紧密结合高新技术产业，同时也要牢牢把握大数据和云计算的发展机遇，此外还要做好跨境电子商务以及互联网金融类服务，促进信息服务企业的发展。不仅如此，该规划还为北部湾经济区未来的跨境电子商务产业指明了发展的目标和方向，所以，该经济区的城市群已经开始投入到制定跨境电子商务产业的一系列转型升级工作中。2017年3月，电子商务模式被写入《玉林市电子商务发展十三五规划》，根

据该市的产业特点提出了采用相应的电子商务模式的规划。在玉林市与北部湾城市群的共同努力下，建造了一个高度集中的电子商务中心，在这里人们可以享受到在线商品体验店和交付点，同时还配备了配送站和服务中心，顺利实现了线上、线下的融合。电子商务平台与检验检疫、税务、国外管理等部门联系，充分利用平台的一站式服务功能，开展"线下显示＋线上交易"等业务，实现线上"保税显示＋交易"，线下"保税仓储＋一般贸易进出口"的 M2B2C 商业模式。在该平台的设计和软件开发中，东盟语种翻译软件始终是开发和应用的重点项目。在在线交易的过程中，人们可以使用电子合同完成合约签订，使用电子发票办理相关手续，同时还能通过在线支付完成交易和账款结算，促进了跨境电子商务 B2B 出口的快速发展。

2017 年 4 月，南宁市人民政府发布了《南宁跨境电子商务发展规划（2016—2020）》。该规划为南宁跨境电子商务发展提出了更高的要求，要求其不断完善跨境电子商务综合服务平台的所有项目，在中国—东盟（南宁）部分搭建一定规模的跨境电子商务产业园区，同时还需要将南宁地区作为我国电子商务发展的示范基地，全面推进中国—东盟电子商务产业园区向新的方向发展建设，使该地区的机场跨境电子商务产业园区获得更好的发展环境，保证武鸣新区电子商务城镇的健康发展，顺利推进南宁跨境贸易中心的发展。不仅如此，它还涉及了多个项目的建设和改造：第一个项目是中国邮政东盟跨境电子商务监管中心；第二个项目是广西云图全球供应链平台；第三个项目是南宁电子商务服务平台；第四个项目是南宁国际邮件互换局搬迁改造项目；第五个项目是南宁百货跨境电子商务生活中心，第六个项目是谷歌 AdWords 广西体验中心。同时还需要通过创建孵化示范基地完成电子商务创业的各种项目，在国内外进行资源吸引，吸引具备高水平、高竞争力的重要电子商务企业入驻，同时还需要联系它的上下游产业一同入驻，搭建电子商务产业链覆盖网，建立多种产业集群，比如第一种产业集群为"整个商业区的免费 Wi-Fi 网络"；第二种产业集群为"大数据智能 O2O 商城"；第三种产业集群为"电子数据公共数据库"，在最大程度上获得强有力的市场竞争力。使市民获得更良好的消费环境，同时还有丰富的娱乐环境，使人们可以在商圈里随时随地地使用免费上网功能，促进跨境电子商务进出口业务的发展，使其业务量获得明显提升，每日的订单量安排在 10000 件左右，年交易额超过 100 亿元。

2018 年 11 月 16 日，南宁举行"新思辨、新机遇、新格局——中国—东盟科技合作与跨境电商发展论坛"。东盟各国政要及专家学者聚集探讨中国—东盟跨境电商的发展路径，在模式、制度、管理、服务等方面提升科技产业合作层次，开创中国—东盟跨境电子商务合作新局面，走向全球跨境电子商务。使我国的南宁地区在所有的跨境电子商务综合实验区中成为中国—东盟合作中的人才培养基地，并实现先进制造业跨境聚集地的搭建和培养。

2019 年我国跨境电商零售进出口额达到 1862 亿元，是 2015 年的 5 倍，年均增速 49.5%。我国跨境电子商务产业不断创新业务模式，衍生出多业态、多形式的产业格局。一是从空间上中国跨境电商综合试验区已设立 105 个，几乎覆盖了中国大中城市；二是在跨境电商行业标准与制度创新上，首批跨境电商综合试验区已形成 12 个领域中 36 个有成熟经验并面向全国复制推广；三是产业链逐步完善，国内涌现出一批跨境电商龙头企业，产业链配套逐步完善；四是跨境电商模式不断更新，以国际市场需求为导向，借助不同交易主体和互联网信息传导模式，加速多元化的跨境经济发展格局。

当前，南宁市大数据中心、监管中心、直购中心、公共保税仓等一批重点项目建设完成，跨境电商保税仓储和企业办公区顺利启用，为企业快速落地和开展跨境电商进出口业务提供了有力支撑。已建成南宁跨境电商综合试验区跨境电商大数据中心和跨境电商"单一窗口"平台，实现了与海关金关二期系统的对接，在第三批综合试验区中率先实现跨境电商保税进口模式和跨境电商进出口货物的"秒通关"，实现了线上平台秒通关。陆续与阿里巴巴、京东、顺丰等国内主要电商企业建立了战略合作关系，广西新线科技、广西千里光科技、广西全速达供应链、南宁市易路赢供应链等80余家企业陆续入驻南宁跨境电商综合试验区，跨境电商招商工作取得新突破。2020年上半年，东南亚知名跨境电商平台Lazada在南宁跨境电商综合试验区设立创新中心。航空运输方面，以南宁为枢纽，已开通23条通往东盟各国的直达航线，顺丰的南宁—胡志明全货机航线开通。在铁路运输方面，中越（南宁—河内）跨境电商班列关务流程初步理顺。公路运输方面，中越跨境电商公路运输通道通关环境稳定，南宁跨境电商综合试验区面向东盟的跨境电商物流货运通道体系逐步形成。跨境电商监管模式不断创新，建成全国首个集国际邮件、跨境电商、国际快件监管于一体的集约式监管场所，"三合一"集约式监管新模式获海关总署备案通过，作为广西自贸试验区重要制度创新在全国推广。

2020年疫情期间，电商贸易取得了空前的发展，作为中国—东盟的数字经济年，在防疫抗疫、复工复产、保障人民生活等方面正发挥着前所未有的作用。

但电商贸易也仍然存在一些问题。如市场开拓能力弱，产业聚集尚未形成；公共平台已建成，服务能力有待提升；面向东盟的跨境电商物流通道线路不多，费用过高，周转时长；B2B交易模式相对落后，专业人才严重不足等。

为此，2021年2月南宁市人民政府发布了"中国（南宁）跨境电子商务综合试验区发展规划（2021—2025）"。提出了5年规划目标和实施的办法。为中国—东盟的经贸合作指明了新的发展方向。

二、新兴产业合作发展迅速

（一）中国与东盟旅游合作发展迅速

广西与东盟山水相依，与东盟的旅游合作非常紧密。2016年，广西过夜游客超过482.5万人次，其中来自东盟的游客超过200万人次，接近一半的入境旅客来自东盟。可见，广西旅游客源主要是东盟国家。广西人民出境旅游的主要目的地也是东盟国家，2016年赴东盟旅游的广西人近350万人，2018年，仅东兴口岸出入境就达到1219万人次。广西与东盟国家在旅游产品、航线推广、人员培训、景区开发等方面均有合作。作为中国—东盟人才培养基地，广西民族大学和桂林旅游学院为东盟累计开办了19期旅游人才培训班，培养了和数百名东盟高级旅游管理人才（含政府官员和企业高管）。

2017年，在中国—东盟商业领袖论坛举办的"深化旅游产业合作，促进区域经济一体化"会议上，与会人员共同探讨了"美丽经济"的发展。会议吸引了200多位包括中国和东盟国家政要、旅游行业协会、旅游企业家代表等人士。

在中国—东盟商务与投资峰会组委会副主任陈洲的眼中,中国与东盟所能够获得的最大的海外收入就是旅游。在中国与东盟国家当中,其在一周之内所推出的航班数量已经达到了2700个。2017年,"一带一路"正式开始推进,中国与东盟之间的合作也变得越来越密切。建立旅游合作开放平台,加强旅游资源推荐和信息共享,可以促进旅游业双方在更大规模,更广阔领域和更高层次上的合作。

老挝全国工商联副主席詹塔宋表示,老挝拥有丰富的自然和文化旅游资源,希望中国和其他国家的投资者能够访问老挝,探索旅游业发展的商机。马来西亚国家工商总局副局长刘瑞裕发表看法,希望成立一个中国—东盟旅游委员会,针对各国旅游业的发展予以切实的评估,并真正构建起一个完善且独特的世界旅游品牌。泰中友好协会会长认为应该贯彻落实"一带一路"的发展与建设,从而推进旅游文化合作更加深入。

在游客人数不断增加的过程当中,东盟国家和地区的航空设施本身就处于较为饱和的状态,因此已无法满足人们的日常需求。旅游接待不尽如人意,成为制约旅游业发展的瓶颈。在推进"一带一路"建设过程当中,应该要将多个项目的当地旅游硬件予以改良。特别是对于当前的中国—东盟港口城市而言,在开展合作的过程当中,还应该促进网络核心项目的建设与发展,实现钦州港与东盟港口城市之间航运物流信息的互联互通,以及钦州港与东盟五大港口航线的开通,为东盟国家提供了航运配套服务。

(二)中国—东盟金融领域深化合作升级

"一带一路"倡议使中国与东盟金融业实现了深入合作。特别是在近些年的发展当中,中国与东盟国家还专门开展了一项切实的金融业务活动,并获得了巨大的成就。截至2017年东盟国家在中国建立了30多家银行机构,中国则是在东盟地区设置了11家分行,代理行数量则是已经超过了116家。中国与东盟国家的外汇兑换总额高达5500亿元人民币。东盟国家人民币的合格境外机构投资者(RQFII)总额已经超过了2700亿元人民币。

正是因为如今的"一带一路"建设开展得如火如荼,中国在东盟国家还专门设置了大量的银行网点。国家开发银行在10个东盟国家承诺投资项目共228个,投资额为635.02亿美元,合同总额为474.53亿美元。共发放贷款288.45亿美元,贷款余额214.39亿美元。

在金融服务护航这一方面,中国与东盟之间的合作深度也在不断加深,东盟国家发展经济也得到了一定程度的提升,柬埔寨国家银行副行长桑尼盛还专门说道,他们希望越来越多的中国商人入驻进来。从而提高地方投融资效率,促进对外贸易和投资。

中国和东盟国家应该基于当前的发展境况不断深入交流,从而推动金融机构的网络布局进程不断加快。2010年10月成立的中国—东盟银联体于2018年11月在新加坡举行了第八次会议,深入探讨如何加强基础设施建设,加强互联互通,深化金融合作,并签署了《金融支持中国—东盟命运共同体建设的联合声明》。在金融合作、深化产能合作和基础设施建设合作、促进东盟国家经济发展、提高人民生活水平等方面达成共识。基于当前的这一银联体,中国和东盟公司还应该将基础设施不断地予以完善,从而推进可持续融资合作不断予以深化。实现中国—东盟的互联互通,共同发展和繁荣。

在得到了国务院、中国人民银行等多个部门的批准之后，在 2018 年 12 月 28 日，《关于印发〈广西壮族自治区建设东盟金融开放门户总体规划〉》正式出现在大众的视野范围当中，这也直接预示了一点，广西金融开放门户已经开始逐步实施。

东盟金融开放门户网站将进一步提升广西的工业环境竞争力。将当前的这种跨境人民币业务模式不断予以创新，人民币在东盟贸易当中也会得到极为良好的运用，人民币在对外投资、跨境融资等多个方面都能够得到运用。只有在与东盟商业银行构建起一种人民币代理银行关系之后，人民币资金才能够被迅速的整合到一起，人民币清算与结算工作才能够真正完成。广西银行分行将按照外汇管理制度和相关法律法规建立与东盟银行及金融机构加强合作的体制和机制，扩展东盟金融业务，使国内金融机构在"走出去"的过程中达到有序、高效。广西地方法人金融机构才能够真正推进强股权的合作。另外，还应该在广西开设一个金融开放门户网站，并准备一种专项资金，从而促进银行、保险等多个合格金融机构的不断完善与发展。广西在发展的过程当中，还应该要促进融资租赁工作的开展，货币兑换、跨境信用报告等诸多服务才能够真正推广到位。

规划支持中国—东盟商品交易中心和贸易物流中心建设，建立中国—东盟黄金产业园区。广西与东盟的期货交易所正式成立之后，交割仓库的出现才能够更好地推动其与东盟地区证券开展切实的合作，加强与东盟债券市场合作，保险机构必须要设立起一个专门从事跨境保险的区域总部，在这种情况之下，跨境保险服务体系才能够得到不断的健全与发展。东盟保险公司在广西设立起一个相应的机构，并推进一系列业务的完成。只有让中国—东盟互联互通项目被建设起来之后，金融机构规范政府与社会资本（PPP）才会开展切实的合作。

为了能够促进当前的社会资本能够直接参与到铁路、公路等重大项目当中，应该对"一带一路"国际合作予以支持，从而让中国—东盟银行财团得以构建起来。将具备跨境公园特色的金融服务体系构建起来之后，广西的绿色金融改革创新试点工作才能够真正被落实到位。

规划支持广西为东盟建设国际金融大数据中心，建立海外信息港，建立中国—东盟金融信息数据库。在将数据库予以利用之后，还应该将中国—东盟货币指数，广西金融发展指数等一一明确下来，整个金融的发展水平才能够得到迅速提升。在进行跨境征信合作的时候，还要直接构建起一个完善的中国—东盟跨境重大项目信息平台。针对于当前的这一商业环境，还要专门构建起一个完善的金融风险防范机制，对于一切违法犯罪活动都应该要予以严厉打击，绝对不给犯罪分子一点可趁之机。与此同时，还应该将当前已经构建起来的中越金融消费者权益保护合作机制不断地优化、升级，从而再推动整个化金融人才的工作机制的完善，切实的解决社会当中所出现的每一项问题。让各类金融人才进入、留住和使用。

广西在将一个完善的东盟开放金融门户构建起来之后，还应该基于此来做出切实地调整，这本身就是由中国共产党第十九次全国代表大会正式批准的一项战略。广西为"南翔，北联，东荣，西河"新格局建立了重要支撑。这能够很好地促进《广西壮族自治区东盟金融开放门户建设总体规划》的有效推进，中国与东盟二者之间的金融合作也会得到不断地深化。在这一过程当中，中国与东盟国家的经贸关系也会更加趋向于良好状态，整个

"一带一路"的进程也会持续加快,意义非凡。

至 2020 年 9 月,中国与东盟国家间办理跨境人民币收付合计 2.9 万亿元,10 月末,广西跨境人民币结算总量达 1.2 万亿元,结算规模在中国排名前列,人民币已成为广西与东盟第一大跨境支付货币。中国—东盟金融城已入驻金融机构(企业)147 家,是 2018 年末的 7 倍。

(三)中国—东盟能源领域深化合作升温

在电力合作领域,中国电力行业的管理能力和服务水平处于世界领先地位,并获得了"一带一路"沿线国家的认可。中国与东盟国家的电力产业也发展成为一个日益密切的合作局面。在第十四届中国—东盟电力合作与发展论坛之上,东盟国家首先对中国和东盟这些年的电力合作成就予以肯定,并推动其合作愈发深入。

中国电力工业想要强大,就必须要采用"一带一路"的战略布局,从而真正达到东盟国家推广中国技术、中国服务的一种良性循环,整个电力产业链也会更加完备。在推进"一带一路"倡议的这一过程当中,我国的电力工业本身就具备极强的生产能力,在资源整合方面的能力也能够得到提升。可补充东盟国家的电力发展需求和资源禀赋,实现互利。2016 年,中国主要电力公司在东盟 10 国投资 3000 万美元及以上项目的实际投资额为 14.8 亿美元。新签 3000 万美元及以上项目的合同金额为 24 亿美元。例如,截至 2018 年,中国大唐电力在泰国、越南、印尼等国家有超过 10 个电力工程承包项目正在实施,在印尼、马来西亚、柬埔寨等国家开展电力运行维护业务,已投产的三个项目包括:缅甸太平江一期水电站,柬埔寨 Stenvodai 水电站和柬埔寨首个国家电网金边至马德望输变电网。在役总装机 36 万 kW,三座 230kV 变电站和 300km 输电线路,其中柬埔寨电网项目被柬埔寨政府誉为"中资企业与柬埔寨政府合作的典范"。此外,印尼米拉务 2×22.5 万 kW 火电项目仍在建设中。印度尼西亚电力协会秘书长 Helu Dewanto 在论坛上说:"中国的电力管理模式和效率值得我们引进"。

近年来,广西正奉行绿色、低碳、清洁、高效、安全的原则,积极探索现代能源体系建设,充分发挥广西国际大通道、开放发展战略支点、"一带一路"重要门户的区位优势,大力发展清洁能源建设,形成"西部电东送"的骨干通道和"一带一路"能源合作通道,以及北部湾能源生产和储存基地,广西东北新能源产业基地与桂西桂中水电基地能源建设与发展新格局。

(四)中国—东盟科技产业合作

1. 科技产业合作潜力大

中国和东盟十国在航空航天,互联网,云计算和大数据等科技产业方面具有很强的互补性。清洁能源与自然资源在进行深加工的时候,其中仍然具备更大的合作空间,发展目标、发展方向也能够一一明确下来。中国与东盟在开展科技产业合作的时候,还应始终根据"一带一路"的方针来予以执行。

东盟人口超过 6 亿人,市场巨大。东盟的经济增长率高于世界大多数经济体,预计将发展成为世界第四大经济体。作为世界上最大的制造国和第二大经济体,中国与东盟之间的科技合作空间和潜力巨大。

对于大部分的东盟国家而言，一般都会直接执行一项科技产业政策，在经济发展规划当中也会深刻的落实于行动。确定合作的切入点，政府部门应积极应对各国之间的技术产业政策。对于一些行业而言，本身就保持着一种高度的敏感性，各国在这一过程当中还会对自身的产业优势产生深刻的担忧。所以，政府部门还是应该在政策沟通、对接等多个方面保持联系，从而真正推动产业识别与创新。

一直以来，文莱国家工商会都对科技领域当中的中小企业的发展予以极大的重视，同时提供了诸多帮助，特别是在技术、能力开发这一方面文莱在"2035愿景"当中，还专门提出了三个主要目标，具体如下：到2035年的时候，人民已经开始不断地推进这一种教育活动；人民的生活质量也开始正式进入到世界前十的这一范畴当中；只有不断地促进经济走向一条可持续发展道路，人均收入才会越来越高。为了能够促进这一目标的达成，文莱还专门推进了教育战略，经济战略等的实施，这些政策为中国与文莱的科技合作带来了机遇。

中国与印尼在达成了切实的合作之后，还要在知识共享、科技合作等多个方面开展切实的合作，从而促进中国—东盟科技产业的合作与发展。

2. 建立科技产业的合作新生态

基于当前每一个国家的实际发展情况看来，还要充分利用中国—东盟科技产业合作委员会这个平台，并真正构建起一道适合中小企业发展的完善化生态系统。建立产业合作的生态体系，这种跨行业跨领域的合作机制，将全球资源进行整合，协同推进双方的科技产业发展。

中国与东盟在科技产业合作的过程中，表现出了明显的层级性。例如，东盟国家拥有丰富的农业资源和广阔的农产品市场，中国可以帮助东盟农业科技企业的发展；东盟国家有独特的自然条件盛产生物质能和水能，可以在能源领域拓展科技合作空间，从技术支持、资本投入到产品贸易等产业链帮助东盟国家发展可再生能源，这意味着中国与东盟拥有科技合作的前景广阔。

为中国和东盟企业建立智库，智库建设经费由企业投入，企业与智库紧密合作，智库承担培养人才和开展咨询决策服务的重任。这种密切合作不是某个专题的临时研究项目。

2017年11月，中国—东盟科技产业合作论坛正式召开。在这届委员会中包含了大学、科研机构、商业领袖等多个领域的人才。在这一会议当中，还明确一点，中国—东盟科技产业合作委员会已经成为了非正式非营利性的一项商业合作组织。中国—东盟商务理事会由启迪控股有限公司直接发起，并做好一系列的运营与监督工作。委员会也会直接投入到开展一系列促进双边合作的活动当中，在各个会议之上还会做好信息的交流与沟通工作，并定期举办会议。委员会在南宁正式挂牌，使科技城真正走上一条汇聚产、学、研成果转化的道路。该委员会与东盟共建人才、教育、科技和科研的"硅谷"，建立创新示范基地。2018年，中国—东盟战略伙伴关系已经超过了15年。中国—东盟科技产业合作委员会正式成立之后，中国与东盟10国还开展了一系列切实的科技交流与合作活动。

在科技产业合作方面，还应推进"一带一路"愿景行动的不断落实，从而掌握其中的多个要素。政府应积极开展双方的相关政策沟通和产业规划沟通，以确定创新的切入点，将共商、共建、共享转向共赢。

习近平 2020 年在中国—东盟博览会上视频致辞指出要"顺应新一轮科技革命和产业变革趋势，统筹国内外创新资源重点推进与东盟国家在数字经济领域科技合作；打造广西科技开放发展新格局，着力构建面向东盟的区域创新中心；统筹国内国际双循环下科技开放合作，加快建设面向东盟的高水平科技创新平台；发挥中国—东盟技术转移中心主导作用，加强与国内兄弟省市大联合，共同开展全方位深度合作；以建设中国—东盟科技城为新抓手和突破点，实现全球、全国科技创新资源的大汇聚；加强中国—东盟人力资源开发合作，深化科技人文交流。"为中国—东盟的科技合作酌定了基调，为广西与东盟的科技合作指明了方向。

第五节 中马钦州产业园区现状及发展趋势

一、中—马产业经济合作的发展机遇

中马钦州产业园区与马来西亚—中国关丹工业园区开展了一系列的合作之后，开启了一种全新的模式。它已成为建设"一带一路"服务国家战略的标志性项目。中马钦州产业园区在第 15 届中国—东盟博览会当中，还专门将这对姊妹园区最新的开发建设成果展现了出来，并预示了其发展前景。

中马钦州产业园区在大力推进战略性新兴产业布局的时候，还是应该推进电子信息、生物医药等多项产业发展。如进入园区后，园区合作伙伴还应推出燕窝、药品等。与此同时，还应该将马来西亚与东盟的传统优势产业全部都结合到一起，从而促进中国顺利的"走出去"。

在钦州和关丹工业园区开放后的五六年里，"两国双园"的开发建设取得了良好的效果，逐渐成为了"中马投资合作旗舰项目和中国—东盟合作的典范"。双园总投资超过 900 亿元，已有 10 多个具有规模和发展前景的战略性新兴产业项目投产。

马中关丹工业园的入园项目包括钢铁生产、轮胎制造、NPK 肥料、石油炼化和造纸等行业。6 km^2 的内部基础设施已经完成。钢铁、陶瓷、铝型材加工、电子信息、太阳能设备制造基地等项目正在逐步进入园区。2017 年，园区共引进工业项目 26 个，投资促进投资额 107.6 亿元。2018 年，第一个进入园区的项目——年产 350 万 t 联合钢厂试生产，10 多个工业产业落户园区。

为促进该计划的实施，中马钦州产业园区和苏州工业园区中恒设计集团设立了规划设计院。以"工业空间城市化，城市空间产业化，生产城市空间旅游化"为理念加强城市设计的全球思维促进"多规合一"的落实，使中马钦州产业园的经济建设与园区社会发展、城乡建设、综合交通、土地利用、环境保护、文化遗产保护、山林与耕地保护、水资源保护、文化与生态旅游资源、社会事业规划等各类规划综合协调、有效衔接，优化空间布局和土地资源配置，提高政府空间控制和治理能力，实现"蓝图到底"的愿景。同时也促进了钦州工业园区和马来西亚创新城市的整体开发建设，加快了园区的开发建设。中马钦州产业园区正致力于在中国建设新一代国际创新发展园区。园区的总体规划和修改工作已经完成并获得自治区人民政府的批准。

二、中马钦州产业园区的产业特色

新能源与新材料产业的出现,吸引了广大群众的目光。已落户中马钦州产业园区的DIALEV汽车,其生产的新能源汽车产品外形酷似跑车,色彩酷炫、外观霸气;广西科依新能源公司生产的新能源充电桩产品可在短短8分钟内完成新能源汽车的能源装配。广东恒源公司在正式入驻到了园区之后,其生产出来的新一代新能源物流车辆才被真正派上用场。广西大西中动新能源科技股份有限公司在进行新能源汽车生产的时候,还应该将汽车驱动电机、汽车座椅电机全部予以应用,从而构建起一项完善的新能源汽车产业集群,并发生出切实的效应。

在当前的这一智能制造业当中,中马钦州产业园区还专门将发展"智能"产业放在首位。由广西蛋壳机器人有限公司自主研发生产的蛋壳机器人产品,外形可爱,更适合随行老人,具有语音通话、视频通信等功能;广西由你造科技有限公司所生产的光固化3D打印机从提供3D技术研发、生产等多项服务开始着手;多智五金电子科技有限公司可生产一系列儿童游戏教具。园区正在开发高端技术和智能制造,以促进中国智能制造业向东盟市场的发展。

生物医药产业是当前中马钦州产业园区的一项集聚产业项目,广西天昊生物科技有限公司还专门将ACM活性的有效复合微生物群落产品全部都集中到一起,并将工业污水、生活垃圾处理领域一一明确;广西汇宝源医药科技有限公司还专门开发1.1类抗癌新药曲沙他滨,该药物不易产生耐药性,与传统抗癌药物相比具有明显的优势;广西智爱医疗科技有限公司的超声波洁牙机与市场上大多数压电陶瓷技术产品相比更有特点。在掌握了多项专利之后,大多数产品所遇到的技术弊端也能够更加直观的展现到大众的眼前,这也会促进天然药物和植物药的标准化,医疗保健服务得到大力发展。

电子信息产业在中马钦州产业园区当中已经真正将集聚效应发挥出来。广西鑫德利科技有限公司生产的三维弯曲热弯玻璃始终保持着领先地位。对于手机制造商而言,主要与美国苹果、韩国三星等厂商开展了切实的合作。中马凯利数码有限公司的SEIK超高清智能电视产品的市场一般为北美地区,自2017年落户园区至2018年8月进出口总额已经超过了3亿美元;广西杭开智能科技有限公司的汽车遮阳板和电子行业专用设备采用液晶光电技术解决汽车行驶中遇到的许多安全问题。如眩光,视觉疲劳,源头辐射等,开创了汽车智能防眩光的先河。

对于马来西亚和东盟国家而言,保健食品产业集群才是其中一项传统优势产业,具体包括了燕窝、清真食品等。当园区正式将马来西亚、东盟国家的毛燕开发燕窝跨国产业链引进来后,清真食品与棕榈油等传统东盟产业才真正形成了统一化的发展格局。精燕(广西)燕窝有限公司、大马原盏(广西)食品有限公司等生产的燕窝较为优质,深受大众的欢迎。在未来的时间当中,这种优势也不会被行业内的其他企业所取代,这才是其精妙所在。

中马钦州产业园区(南宁)科技基地是产业与教育融合的孵化基地,该基地是中马钦州产业园区管理委员会创建的第一个苗圃式众创空间。科创基地展区被定位为新兴产业与中马钦州产业园区相接的桥梁和载体,是人才培养和创业辅导体系,将为中小企业培育创新型人才，孵化高科技项目，推动园区高新技术成果转化。华为技术有限公司、广西蓝鲸网络技术有限公司、广西奥罗拉虚拟视觉显示技术有限公司等企业落户中马钦州产业园区（南宁）科技基地，使基地的高新产业更具特色。

三、"两国双园"的互动发展，齐头并进

对于中马钦州产业园合作的未来，不仅政府会出台更多政策进行推动，园区也会自己创造各种便利条件，促进园区向多元化发展，实现了园区内部经济良性循环，让园区企业获得更高的收益，使中外企业发现更多投资机会。

未来中马钦州产业园的发展应该是成为中国和马来西亚两国共建的旗舰基地，为"两国双园"信息共享打造中马数据公共服务平台，利用中马国际科技园区和中国—东盟国际医药创新园等科技创新平台将"研发＋孵化＋应用"融为一体。"两国双园"还可以利用中国和马来西亚的优质高等教育和职业教育资源，共同建设国际大学和国际技术学院，促进国际产能合作和国际贸易发展。中马钦州产业园将建立"两国双园""点对点"的金融开放实验区，拓展"两国双园"合作领域。

广西各地政府积极争取国家保税港区、整车进口口岸等相关配套政策的支持，每年在中国和马来西亚招商，正规划将科创基地建立在我国苏州、深圳等地，循序渐进引进园区急需的高新技术产业，中马钦州产业园区将建成国际能力合作示范园区。

四、中马产业园发展趋势

为了推动中马产业园的良性发展。未来，中马钦州产业园区将加强产业结构调整，加强产业链和基础设施建设。利用产业园研发企业现有的科技资源优势，建立起与先进制造园共享的信息交流中心和信息服务平台，使科技资本流入到生产活动之中。园区将特别关注现有产业集群的经济效益，培育产业链，改善和支持产业链的发展，转移集群效应，延伸产业链，促进产业转型升级。同时，针对市场需求进行资源配置，提高产业集群效率，避免供过于求，更好地发挥滚雪球式集聚效应。基础设施是产业园发展的核心，加快交通基础设施建设，加强配套服务以满足南南通道建设的需求，使未来几年园区内各项基础设施建设更趋于完善。

广西区政府制定并实施了《广西北部湾经济区升级和发展行动计划》（以下简称《计划》）。《计划》提出建设六个"千亿级"集群，打造战略性新兴产业集群发展示范区，培育和扩建一系列10亿元左右的公司，围绕中马钦州产业园、中国—东盟信息港南宁核心基地等，打造一批注重创新、有量更有质的高端化的超500亿元园区，并积极推进产业园区循环生态化改造。计划将重点推进北部湾的规划建设，从经济开放、能动发展、产业升级、基础设施和城市化等五个方面进行升级和发展。建设开放的北部湾、品质的北部湾、通畅的北部湾、同城北部湾、智慧北部湾、蓝色北部湾。这些政策为中马产业园的发展描绘了更美好的蓝图。使新能源及新材料产业发展有了更高的目标。

围绕钦州稀土高铁铝合金电缆新材料基地，钦州石墨烯和超高压输配电设备产业基地及钦州石化产业国家循环化改造示范园区等重大项目的建设，中马钦州产业园区形成了巨大的科技辐射。新能源汽车推广计划的实施，形成了新能源汽车生产和研究战略联盟。钦

州卓能新能源锂电池生产基地和钦州保税港新能源汽车基地建设，推动新能源汽车产业发展，促进了以中马钦州产业园区、国家级经济技术开发区以及高新技术产业开发区为主体的智能制造基地建设和高端装备制造业集群建设。

中马钦州产业园区将重点建设加工中药养生产业园区，建设国家高科技生物产业基地，沿海海洋生物产业基地，注重高端、品牌、系统化的目标，发展和壮大中马汇宝源等龙头企业。中马钦州工业园将建立以电子元器件，计算机，通信设备，数字电视和软件开发服务为基础的电子信息产业集群，以打造"北部湾绿色健康产品"品牌为发展方向，实施品牌推广和产业链延伸战略，促进轻工业食品产业与高新技术产业和互联网的融合，使中马工业园区燕窝和清真食品的建设向产销一体化、集群化发展，形成国内一流的棕榈油、橡胶以及磷酸、柠檬酸、碳酸等钙镁系列饮料的轻工产业集群。

第二章　产业园区与竞争环境理论

第一节　中马钦州产业园区概况

一、产业园区的内涵及特征

(一)产业园区的概念

产业园区（industry park）这一概念最早起源于20世纪50年代，在美国有很多大学创办的科技产业园，在日本被称为"工业园地"，在中国香港被称为"工业村"，在英国被称为"企业区"，在我国内地则有"工业园""工业区""产业园""经济技术开发区"等多个翻译和称呼。相较于工业园地、工业村、工业园区等译法，"产业园区"中的产业概念涵盖的领域更广，已经包含了工业的概念。同时，国外产业园区也更加突出某种产业的集聚概念，并非单纯指向工业。

国内外学者对产业园区的概念尚未有统一的认识，就其一般性理解而言产业园区是指由政府或企业为实现产业发展目标而创立的特殊区位环境。联合国环境规划署（UNEP）认为，产业园区是在一大片的土地上聚集若干个企业的区域。它具有如下特点：开发较大面积的土地；大面积的土地上有多个建筑物、工厂以及各种公共设施和娱乐设施；对常驻公司、土地利用率和建筑物类型实施限制、有明确的准入条件；详细的区域规划对园区环境规定了执行标准和限制条件；制定长期发展战略与相关政策；为履行合同与协议、控制与适应公司进入园区、制定园区长期发展政策与计划等提供必要的管理条件。我国学者在定义产业园区时，更加强调产业园区的规划建设主体，如根据政府部门等机构的规划和要求而设置的产业聚集区域。《中国产业园区持续发展》报告认为产业园区是一种特殊的经济区域，指一个国家或地区根据经济发展的需要，以具有一定发展基础的城市为依托，划出一定范围的区域，政府通过行政或市场化等多种手段，制定长期战略规划，统一建设和运营，提供良好的基础设施，实行一些特殊的经济政策，集中大量优质企业并形成特色、集约化产业，以促进本国或地区经济发展。

无论是工业园地、工业园、工业村等称呼，从本质上而言产业园区是一个涉及企业、产业经济发展的区域空间范畴。本书在参照多种定义的基础上，将产业园区定义为国家、地方政府、大型企业等主体根据经济发展阶段和自身经济发展要求，通过行政或市场的多种手段，集聚各种生产要素，并在一定的空间范围内进行科学整合，使之成为功能布局优化、结构层次合理、产业特色鲜明的工业企业聚集发展区或者产业集群区域。

（二）产业园区的起源与发展

早在20世纪20年代，产业园区就在英国和美国初具雏形。1945年第二次世界大战之后，一些发达国家为了促进经济发展、改善城市布局，关于产业园区的地产开发建设逐渐成为各个国家的经济发展战略。各国制定了多种工业区域开发建设策略，建立了多种类型的特殊经济区域。20世纪50年代中期之后随着信息技术的出现和高速公路的发展，选择在城市之外开发产业园区的成本越来越低，加之城内工业污染严重，城市产业转移到郊区便成为可能，在城市周边进行产业园区建设会大幅降低地价成本，同时又能发挥产业集聚效应。企业入驻产业园区不仅可以共享基础设施和各类公共服务，还可凭借配套企业或合作企业的地理位置邻近而降低物流成本甚至交易成本，形成一整条的产业链。尤其对中小企业来说，进入优良的产业园区更有利于发挥集体效益，享受产业园区整体性的制度创新、服务整合、技术富集、产业集聚的红利，因此产业园区便成为发达国家一种普遍的产业集聚方式。

自20世纪70年代开始，产业园区这一空间形式和发展模式被推广到全球，并得到迅速发展。早期建立的产业园区如美国硅谷、中国台湾新竹、印度班加罗尔、英国剑桥、法国索菲亚·安蒂波利斯、韩国大德、以色列拉玛特—霍瓦乌和爱尔兰国家科技园等八大工业园区都得到了世界的普遍认可。它们共同的特征就是发展迅速，拥有在全球处于领先地位的产业领域，关注技术创新和产业升级，同时建立了一套适合园区自身发展的模式。1978年中国在改革开放之后，产业园区在中国各地不断涌现，现在已经成为经济发展的重要空间形式。但是，中国的产业园区具有一定的行政性安排，更加强调国家政府在产业布局与调控方面的作用，与国外发达国家的产业园区实行产业地产形式有明显的区别。

（三）产业园区的主要类型

自产业园区诞生以来，产业园区这一发展模式已被世界各国所采用以促进社会、经济发展，因此不同发展目的、发展主题以及不同形态、不同层次的产业园区层出不穷，国内外对产业园区的划分尚无统一标准，其分类方式和标准也具有多样化、多元化特点。国外学者大多从产业聚集方式、产业结构类型、发展轨迹等方面有三分法、四分法和五分法等，在实际中由于产业园区的产业类型、规模、结构等涉及方方面面，难有界限明确的产业园区分类，国内学者大多从产业园区的建设主体、功能特征、产业结构、层次级别等方面进行分类。

1. 按照园区主导力量方式分类

产业园区主导力量即产业园区的建设主体，这也是产业园区的形成方式，在国外产业园区主要由某一大型企业的几组分支工厂建立，在此基础上吸引其他工业企业不断完善产业链条实现产业聚集而形成，国内产业园区大多由政府规划建设，因此可分为政府组织型产业园区和自主组织型产业园区。

政府组织型园区由政府及相关部门规划建设和管理，充分体现了政府对社会经济发展的设计、调控和部署意志，政府对园区在管理、资金、人力等方面一般会给予一定的政策优惠措施，我国绝大多数经济技术开发区、高新技术区等均属于政府组织型园区。自主组织型园区由一定的企业及产业依据区位特定优势、产业关联、文化传统及资源配置等因素，自然形成产业集聚区，此类园区产业关联度高、企业竞争力强。

2. 按照园区功能特征方式分类

产业园区的功能特征是产业园区规划建设主体对产业园区赋予的一定的功能以及产业园区发挥的作用，一个产业园区的功能特征取决于建设主体的规划设计，同时也受园区内的产业结构的影响，按照园区的功能特征分类，可分为经济技术开发区、高新技术产业开发区、出口加工区、保税区、边境经济合作区等。《中国产业园区持续发展》报告中列出了上述产业园区的特征和示例，具体见表2-1。

表2-1　　　　　　　　　　按照功能特征划分产业园区类型

类型	特征	示例
经济技术开发区	经国务院或地方人民政府批准设立的，具备相应的基础设施，以创办工业项目为核心，集中吸引境内外资金、先进技术和现代管理经验，实施减免税收等特殊经济政策	广州经济技术开发区
高新技术产业开发区	经国务院批准设立的，依托于智力密集型产业，促进高新技术和其他生产要素的优化组合，创办高新技术企业，进行科研成果转化和高新技术产品生产经营，实施与高科技产业有关的各项优惠政策	中关村科技园
出口加工区	为利用外资、发展出口、扩大对外贸易，专为制造、加工、装配出口商品而开辟的、自海关监管的特殊封闭区域，其产品全部或大部分供出口	天津出口加工区
保税区	经国务院批准设立的，由海关实施特殊监管的，中国对外开放程度最高、运作机制最便捷，以发展国际贸易、加工以及仓储为主的特殊经济区域，目的是充分利用港口和陆地口岸的地缘优势，发展我国对外贸易，扩大出口创汇	上海外高桥保税区
边境经济合作区	为繁荣内陆边境和少数民族地区经济，发展同周边国家的经济技术合作而设立的贸易区域，加速边境地区的工业化进程，带动边境地区城市发展	伊宁边境经济合作区

3. 按照园区产业结构方式分类

产业园区的产业都涵盖多个范围，如农业、工业、服务业、高新技术产业等，绝对的、完全的以某种产业作为经营对象的产业园区是不存在的，因此此种分类方式主要是根据园区的主导产业或主要的经营活动来分类。依据园区产业结构特征，可分为以现代农业为基础的农业园区，以工业生产为主导的工业园区，以文化、旅游为主要经营活动的旅游园区、文化产业区，以物流、信息、商贸、外包等服务业为主导的商业园区、服务园区等。

4. 按照园区层次级别方式分类

在我国，产业园区一般都是由国家或地方政府进行规划建设，并设置园区管理委员会承担公共性行政管理职能，因此根据产业园区建设主体级别的高低，可以将产业园区划分为国家级产业园区、省级产业园区和地市级产业园区等，与我国现行的行政级别相对应。

国家级产业园区即由国务院批准设立的经济技术开发区、高新技术产业园区、保税区、自由贸易区等，是我国产业园区中级别最高的园区，由国务院在土地、财政、技术等方面给予一定的优惠政策，不同的产业园区所实行的优惠政策也具有差异。省级产业园区即由省级政府批准在地县级城市设立的，由所在地地方政府直接管辖的，实行特殊经济政策，进行集中开发建设的特定区域，这一类型的园区主要集中以某个具体的产业为主，如江西南昌县汽车及零部件产业园等，与国家级产业园区相比，省级产业园区的软硬件条件、区域水平、优惠政策各方面都有一定差距。地市级产业园区是基层园区，以部分经济技术开发区、部分高新技术产业开发区、部分工业园区、部分农业园区为代表。这类园区同中、小城市的联系更为密切，是国家级园区和省级园区经济发展布局的后备区域。

（四）产业园区的基本特点

从产业园区的建立条件、功能作用等角度而言，一般产业园区都具有4个方面特点。

一是产业园区以地理集中和产业集聚为条件。它实质上是一个经济区域的概念，而不是单一的项目或单一的行业。一般来说，产业园区占据大面积的土地，需要在上面建设多个建筑物、厂房以及各种公共设施和娱乐设施，园区在区位选择上优先考虑已形成或有条件形成产业集聚的地段。

二是兴办产业园区必须具备合适的条件，如交通、通信、资源等基础设施条件、前期经费投入和招商引资等。园区还要有详细的区域规划，都是当地政府在认真研究的基础上统一规划、设计、建设、管理的，园区配备标准厂房，提供完善的公共基础设施和创新平台，管委会提供统一的服务。政府对园区环境设置执行标准和限制条件。

三是产业园区必须实行体制创新并实行适当的扶持政策，为履行合同与协议、控制与适应公司进入园区、制定园区长期发展政策与计划等提供必要的管理条件。园区是以相关政策为依据，在政府的引导下规划建设的，尽管园区发展以市场为导向，但其比自发形成的产业集群更有政府色彩，也更容易享受到政府的优惠措施。

四是产业园区不仅要引进外商投资，而且要积极吸引国内各类企业的投资，产品要适应国内外市场的需求。

（五）产业园区的主要功能作用

产业园区在宏观层面，对于推动一个地区乃至一个国家的产业、经济和社会发展具有重要作用，在微观层面，产业园区可以加强产业聚合、资源整合，从而促进园区内企业效益提升，同时对于管理机构、政府部门等主体也具有积极作用。

1. 企业集聚功能

产业园区规划建设的目的之一即形成企业集聚效应，企业可以自发入驻或由政府引进园区。随着产业园区的发展，众多的科技人才、创业者纷纷涌向产业园区，这种集聚效应将会越来越强烈。

2. 资源整合功能

产业园区凭借其特殊的政策、地理位置、文化氛围、服务支撑体系和管理体制等，能够整合各类社会资源，发挥协同作用。资源的整合主要表现在人力资源、资本、信息资源、组织资源、政策资源等方面。

3. 培育孵化功能

国家级产业园区拥有孵化企业的创业中心,起到孵化器的作用,扶持高新技术创业创新,为中小企业的成长和发展提供必要条件,对创新科技成果、科技小企业及科技创业者进行孵化培育,使其逐渐成熟起来参与市场竞争。

4. 技术渗透功能

产业园区在技术产品开发和技术成果利用方面一旦获得成功,新技术就会向传统产业及相关产业扩散,并向社会其他领域如文化、教育、日常生活等渗透,从而促进技术进步和经济发展。

5. 辐射带动功能

产业园区在企业运行机制和管理体制改革方面的卓越成效,为园区外企业提供了示范,并对所在城市及周边区域的商业、交通、科技、教育、文化等事业起到辐射作用,带动地方传统产业改造升级,扩大劳动就业机会,有利于城镇化进程,是区域经济发展的重要引擎。

二、我国产业园区的发展历程

(一)我国产业园区发展的概况

从1979年我国第一个产业园区——蛇口工业区成立至今,我国产业园区发展已有40年的历史。产业园区在我国被作为发展现代工业、吸引外资、扩大外贸、促进经济发展的主要途径,经过40年的发展,产业园区在改善投资环境、利用外资、引进技术、扩大出口、参与分工、促进就业等方面发挥着积极的集聚、引领、示范作用,成为中国改革开放的窗口、区域经济发展的增长极和产业集聚发展的重要引擎。我国产业园区在最初吸收借鉴国外发展经验,到后来与国外合作创办产业园区,再到现在去国外创办产业园区,经历了从"引进来"到"走出去"的过程,其发展规模和结构渐趋成熟和完善。调查显示,我国产业园区在规模上,国家级的产业园区(包含经济技术开发区、高新技术产业园区等)就已有375家,省级产业园区达到1991家,覆盖了全国各省(自治区、直辖市);在结构上,除上述经开区和高新区外,还有自由贸易区与边境合作区,以及科技园、生态园等各类形式;在经济效益上,截至2016年,仅国家级经开区、高新区的GDP就创造了170816.3亿元,税收为29627.3亿元,出口创汇9080.9亿美元,其GDP占全国近四分之一、工业总产值占全国近二分之一、税收占全国近五分之一、出口创汇占全国近五分之二。

(二)我国产业园区发展的主要阶段及特点

梳理产业园区发展脉络、分析产业园区发展阶段对产业园区发展研究具有重要意义,国内不少学者对我国产业园区发展的阶段划分已有较多研究,如五阶段说、四阶段说、三阶段说等。参考相关研究,并依据产业园区在我国深化、普及发展的重大历史事件和重要政策文件,将40年发展历程可以分为产业园区孕育期(1979—1983年)、初始培育期

(1984—1991年)、高速发展期（1992—2002年）、稳定整顿期（2003—2010年）和创新发展期（2011年至今）。

1. 孕育期（1979—1983年）

1978年底，党的十一届三中全会做出"以经济建设为中心"和"改革开放"的重大决定，实现了中国历史上的伟大转折。在此背景下，1979年初，深圳蛇口工业区正式成立，蛇口工业区的成立是我国转入以经济建设为中心的标志性事件之一。随后，党中央、国务院决定对广东、福建两省在对外开放经济活动中实行特殊政策和灵活措施，根据这一决定，从1980年开始，先后兴办了深圳、珠海、汕头、厦门4个经济特区。产业园区在我国从无到有、由点及线，正是我国面对社会经济建设资金短缺、技术落后、农村劳动力剩余等发展问题的必然选择。

在园区发展孕育期，我国产业园区的创建、规划、管理等都是一步一步摸索着发展的，这是一个艰难曲折的过程。可以说，蛇口工业区的创立为我国改革开放找到了一个"点"，而此后的深圳、珠海、汕头、厦门等则是经济特区"试点"，产业园区的孕育期则是由一个"点"到一条"线"的过程，在慢慢摸索中，我国看到了对外开放的力量，此后这种聚集外资企业、吸引外资投资发展地方经济的模式在全国范围内迅速复制推广，并在一定程度上影响了我国改革开放的进程。

2. 初始培育期（1984—1991年）

在慢慢摸索掌握经验后，1984年国务院决定开放天津、秦皇岛、大连、烟台、连云港、南通、宁波等14个沿海城市，实际上就是在14个沿海城市划定一个明确地域界限的区域，兴办国家级经济技术开发区，并且国务院对经济技术开发的任务、要求、发展方向、优惠政策、支持措施等都作了原则规定。这14个城市的开放经历了一个过程，大连经济技术开发区最早设立，这也是我国第一个冠名以经济技术开发区的产业园区，随后秦皇岛、烟台、青岛、宁波、广州、湛江、天津、连云港、南通九个城市的经济技术开发区相继设立，产业园区被作为推动改革开放的切入点和突破口。1987年，我国宣布在北京、天津、上海、深圳和武汉五个城市兴办新技术产业开发试验区，1988年，我国第一个国家级高新区——北京市新技术产业开发试验区成立，依托北京大学、清华大学、中国科学院等著名学府和研究机构。这个高新区的成立，极大推动了我国高新技术的发展，加速了高新技术的转化和变现成效。

从20世纪80年代末到90年代初，我国每年都批准设立各种产业园区，从东部沿海城市，到中部大中型城市，再到西部内陆地区城市，从新兴技术开发区，到台商投资区，再到金融贸易区、保税区，我国产业园区发展进入了由国家逐步推动的初始培育期，这一时期的产业园区发展明显具有国家推动的特点，其主要发展动力来自宏观对外开放政策的深入实施，也是我国在产业园区孕育期中摸索和积累了一定的经验后，利用国家优惠政策大力推动产业园区形成投资吸引力和影响力。

3. 高速发展期（1992—2002年）

1992年，邓小平同志发表了南巡讲话，推动了我国进一步对外开放，掀起了我国吸引外资、促进发展的新一轮高潮。同年，国务院在黑河、绥芬河、满洲里、珲春等沿边城市设立了首批国家级边境经济合作开发区，发展同周边国家的经济技术合作，推动边境地区的经济和社会发展，标志着我国产业园区从沿海到内陆再到边境地区的发展，边境经合区不仅带动我国经济发展，更加强我国同边境地区邻国的经贸往来。1994 年，我国与新加坡签署协议批准成立苏州工业园区，这是我国第一个与国际合作的产业园区，通过借鉴新加坡的发展经验，推动我国产业园区发展及改革开放进程，此后苏州工业园区的快速发展，也赢得了"中国改革开放的重要窗口"和"国际合作的成功范例"的美誉。

在高速发展期，我国产业园区数量、类型和规模发展速度空前，从 1992 年到 2002 年，我国先后设立了 14 个国家级边境经济合作区、39 个国家经济开发区、25 个国家高新技术区、20 个国家级保税区或出口加工区、17 个国家级旅游度假区或科技工业园区等。这一时期，我国产业园区跨大步快速发展，不仅在数量上达到了飞跃式地增长，在类型上也是膨胀式地丰富，到 2002 年末，我国产业园区在层次级别上从国家层面扩展到省、市、县及乡镇地区；在地域空间中从沿海地区扩展到延边地区，从中部大中型城市扩展到内陆省会、大中型城市；在产业领域内，从生产加工领域到服务领域和高新技术领域。

4. 稳定整顿期（2003—2011 年）

2001 年 12 月，中国正式加入世界贸易组织（WTO），成为其第 143 个成员。我国与世界的联系尤其是经济联系变得更加紧密，而产业园区从诞生之初就肩负着利用外资、引进技术、扩大出口的使命，是我国对外开放的一大窗口，因此产业园区的建设与发展也受国际经济环境的影响。加入世界贸易组织后，我国的外向型经济在招商引资方面出现了无序竞争，各地产业园区纷纷希望利用外资带动本地经济和社会发展，对我国产业园区的政策、体制等提出了更高的要求。2003 年，《关于暂停审批各类开发区的紧急通知》《关于清理整顿各类开发区加强建设用地管理的通知》《清理整顿现有各类开发区的具体标准和政策界限》等多部文件的出台，标志着我国产业园区进入了稳定整顿期。

2006 年 12 月，我国第一个综合保税区在苏州工业园区设立，综合保税区集保税区、出口加工区、保税物流区、港口的功能于一身，可以发展国际中转、配送、采购、转口贸易和出口加工等业务，而苏州工业园区综合保税区也成为目前我国开放层次最高、优惠政策最多、功能最齐全的特殊功能区。2007 年，我国又与新加坡签署协议批准建立中国—新加坡天津生态城，这是一座以资源节约型、环境友好型、社会和谐型为建设目标和发展特点的产业园区，也是我国政府与外国政府合作建设的第二个国际园区，为中国乃至世界其他城市可持续发展提供样板，也为生态理论创新、节能环保技术使用和展示先进的生态文明提供国际平台，为中国今后开展多种形式的国际合作提供示范。

经过稳定整顿，我国产业园区实现了新一轮升级，此后出台的多部国家级规划，都对产业园区进行了明确规范，对产业园区的发展提供了有效的战略和技术指导。在这一时期，我国主要针对产业园区过度扩张和盲目开发进行规范调整，对产业园区的土地市场秩序做出了一系列的规范，并对原有的各类型产业园区进行清理整顿，在审批等方面进行条件限制，对各类园区的政策进行规范。产业园区发展逐步走向成熟，管理体制更加规范，符合国际化管理标准；发展模式更加开放合作，从带动地区发展走向国际合作；行政体制更加顺畅，理顺了政府企业的关系，形成了多种中介机构；产业发展方面，园区内的各种产业、业务领域等也更加细化，具有明确的核心功能和主导产业，特色鲜明，产业园区由扩张发展转变为可持续发展。2003—2011 年，国家经济技术开发区的数量没有增加，国家高新技术产业区增加了1个,国家级出口加工区增加34个,国家级经济合作区增加了1个。

5. 创新发展期(2012年至今)

之所以将2012年作为我国产业园区创新发展的起始之年,是因为2012年我国设立了中国—马来西亚钦州产业园区,这是我国第三个与外国合作创办的产业园区。2013年,我国又与马来西亚在马来西亚的关丹设立了马来西亚-中国关丹产业园区,开创了"两国双园"模式。"两国双园"模式标志着我国产业园区发展逐渐走向成熟,真正从"引进来"转向"走出去"。

在创新发展期,我国先后出台了多部产业园区发展政策,促进产业园区发展转型升级,2014年,国务院办公厅专门发布《关于促进国家级经济技术开发区转型升级创新发展的若干意见》,2016年又颁发《关于完善国家级经济技术开发区考核制度促进创新驱动发展的指导意见》,标志着我国国家级开发区正式进入转型升级和创新发展的新的历史时期。2017年《国务院办公厅关于促进开发区改革和创新发展的若下意见》(以下简称《意见》)进一步指出,当前全球经济和产业格局正在发生深刻变化,我国经济发展进入新常态,面对新形势,必须进一步发挥开发区作为改革开放排头兵的作用,形成新的集聚效应和增长动力,引领经济结构优化调整和发展方式转变。该《意见》从优化开发区形态和布局、加快开发区转型升级、全面深化改革、完善开发区土地利用机制、完善开发区管理制度五个方面对开发区的建设和发展提出了具体的意见。

在这一时期,我国产业园区的创新发展体现在多个方面,由"引进来"转向"走出去",产业园区的建设经验逐渐向外推广,其主要发展特点可以概括为"创新、转型、特色、多元"。首先,在国家创新驱动发展战略的背景下,产业园区实际上被赋予了新的战略内涵,由过去的生产要素驱动发展转变为创新驱动发展,由过去的引进外资,利用外资进行生产加工转变为引进先进的技术,更加注重高新技术产业的发展,由招商引资为主向招商引技引智为主转变,同时加快国家自主创新示范区建设,建设"创新环境"的政策体系,促进园区内企业的自主创新能力。其次,在具体产业方面,加快发展战略性新兴产业、现代服务业,促进传统产业升级,由工业制造业为主向制造业和服务业融合发展转变,先进制造业与现代服务业并重,进一步优化开发区产业结构升级,促进产业园区发展理念、兴办模式、管理方式等方面升级转型。此前的产业园区发展大多千篇一律,在创新发展时期则由同质化竞争向差异化发展转变,由硬环境见长向软硬综合营商环境取胜转变,推进特色园区建设,促进园区特色发展,形成独特的、有竞争力的园区产业集聚,进一步强化园区的开放意识、创新意识、服务意识、统筹意识、法治意识、民生意识和生态意识,使开发区功能趋向综合化、经营趋向专业化,促进国家级产业园区经济保持中高速增长,产业技术迈向中高端水平,更高层次参与国际经济合作和竞争。

三、中马钦州产业园区的创立及发展

(一)中马钦州产业园区的创立背景

经济全球化和区域经济一体化是当今世界经济发展的两大显著特点,经济全球化一大显著特征就是经济超越国界,各国经济彼此之间的联系更加紧密,而区域一体化则通过优

惠贸易安排、自由贸易区、关税同盟、共同市场、经济联盟等形式实现完全的经济一体化。从1991年中国与东盟国家正式开展对话起,中国与东盟国家的交流已有近30年的历史,中国与东盟国家的交流与合作,促进了亚洲经济全球化和区域经济一体化的进程,在政治、经济、文化等各个方面具有显著影响和特点。2002年11月中国与东盟国家正式签署《中国与东盟全面经济合作框架协议》,标志着中国与东盟的经贸合作进入了一个新的历史阶段。此后经过多轮谈判和协商,到2010年1月,中国—东盟自由贸易区正式建立,这是中国与东盟十国组建的自由贸易区,也是世界上三大区域经济合作区之一。在政治交流与合作方面,中国与东盟形成三个方面的新局面和相互尊重、和平共处、"睦邻、安邻、富邻"等多种机制;在经济上的交流与合作,营造了三大板块和"早期收获""中国—东盟博览会""中国—东盟自由贸易区"等多种创新机制,加强彼此的经济联系,共同推动区域经济一体化,实现互利共赢;在社会文教上的交流合作,则以公共卫生、地区安全、文化教育、科学环保等为交流合作的重点。政治、经济、文化教育等多领域的不断深入交流合作,使得中国与东盟国家的联系不断加强。

马来西亚有人口3270万,面积33万km^2,是东盟国家传统经济、政治大国,也是一个新兴工业化国家。近年来,中国与马来西亚双边贸易大幅增长,2011年贸易额突破900亿美元,中国已成为马来西亚第一大贸易伙伴,马来西亚则是中国第八大贸易伙伴,是中国在东盟的第一大贸易伙伴。在这样的背景之下,双方合作建设中马钦州产业园区,不仅有利于丰富中国—东盟经贸合作的内容,而且有利于深化中国与马来西亚以及东盟国家的战略伙伴关系,对于促进中国与东盟的进一步交流合作也具有示范意义。同时,广西作为我国面向东盟国家的桥头堡,其首府南宁也是中国—东盟博览会的永久举办地,一直发挥着重要的经济贸易、文化交流纽带作用,在广西设立中国与马来西亚合作共建的产业园区对于进一步扩大对外贸易合作,带动我国西部地区经济发展也具有重要意义。

(二)中马钦州产业园区的发展现状

中国—马来西亚钦州产业园是中马两国投资合作的重大项目,是继中新苏州工业园区、中新天津生态城之后,我国与外国政府合作建设的第三个产业园区。

中马钦州产业园区位于钦州市南部,毗邻广西钦州保税港区、国家级钦州港经济技术开发区,按照"政府搭台、园区支撑、企业运作、项目带动、利益共享"的合作模式,建成高科技、低碳型、国际化的工业园区。园区规划总面积$55km^2$,规划人口50万人,园区分为工业区、科技研发区、配套服务区和生活居住区。其中,工业区占地$30.2km^2$,重点发展装备制造、电子信息、食品加工、材料与新材料、生物技术等产业。

作为中国与外国政府合作的第三个国际园区,中马钦州产业园区正利用园区的区位、交通、港口、开放平台等多重优势,积极拓展与东盟国家贸易、投资、港航、金融、人文等领域的合作,在融入"一带一路"建设中率先迈出步伐、收获成果。经过近几年开发建设,园区现已从"三年打基础"转向"五年见成效"的关键发展阶段,国际产能合作加快推进,产业加速集聚。

(三)中马钦州产业园区的发展历程

从2012年创立至今,中马钦州产业园区已经走过八个年头,而在其创立之初就定下了"三年打基础、五年见成效"的发展目标。

1. "三年打基础"阶段

零起步、高起点、快发展,这是中马钦州产业园区历经的开发建设历程。2013年,中马钦州产业园区开发投资主体——中马合资公司正式组建设立。2013—2015年三年时间里,在中国和马来西亚双方共同努力下,启动区7.87km²"七通一平一绿"和城市配套功能初步形成。至2015年9月,园区启动区基础设施框架基本形成,"三纵三横"主干路网已经打通,基本形成环型道路框架,水、电、气及绿化配套设施同步推进,园区公共服务中心、公租房、国家燕窝及保健食品检测重点实验室等项目已建成,首批产业工人配套用房、目标厂房、标准厂房已封顶,初步形成园区城市规模和服务功能,基本实现"三年打基础"目标任务,为中期各项工程项目建设奠定和完善了基础设施。三年时间,中马钦州产业园区从荒山野岭到完成超过55个项目的布局,并且布局的55个项目集中了大量的高科技项目。与同样是中外合作园区的苏州工业园区用了六年的时间打基础相比,中马钦州产业园的发展速度很是惊人,这和东盟以及"一带一路"等利好的促进不无关系。

2. "五年见成效"阶段

经过8年多开发建设,中马钦州产业园区已从"三年打基础"向"五年见成效"新阶段迈进,园区开发建设范围已拓展到23km²。在转入"五年见成效"阶段,中马钦州产业园区进一步明确建设内涵和目标定位,建设第四代开发园区。在项目选择上更加注重战略性新兴产业布局,在基础设施建设上更加注重产城融合发展,在产业培育上更加注重产业平台化构建,在开发动力上更加注重实施资本化战略,在体制机制上更加注重政府职能转变,在国际合作上更加注重双向投资便利化和贸易自由化。2016年,中马钦州产业园管委会认真落实"两国双园"联合合作理事会议定事项,集中精力抓好招商引资和项目服务工作,园区重点建设项目共85项,合计总投资371亿元,进入了产业项目、城市项目全面推进的阶段。至2017年4月,园区土地供地率从2015年初的不足40%提高到73%,资金使用率从不足45%提高到91%,完全具备产业和城市项目集中入驻的便利条件。从2017年开始,园区积极探索统一开发主体、统一规划设计、统一林地报批、统一征地安置、统一布局项目为主要内容的"片区开发"新模式,通过组建农民合作社与老百姓共同推进征地搬迁工作,大大加快了园区开发建设的进度。园区强化与龙头商、集成商和先导商合作,重点布局包括特色扶贫小镇、台湾产业园启动区、国际教育集聚区、中盟新能源产业园、文化博览园等一批"片区开发"项目,加快构建产业集聚发展的新局面。2019年,金谷大街、云顶大街两大项目被列入今年广西第二批统筹推进重大项目,加快推进园区基础配套设施建设,完善园区路网体系,提升园区基础配套设施服务水平,将加快园区开发建设步伐。

第二节　竞争及竞争环境理论

一、竞争及其理论

(一) 竞争的内涵及要素

竞争(competition)普遍存在于自然界和人类社会,从某种意义上讲,人类社会的发展史就是竞争的发展史,正是在这种竞争中人类社会才得以进步和发展。竞争的基本含义是两方或两方以上的个体或群体在一定范围内为了夺取他们所共同需要的对象而展开较量的过程,这种较量过程包含着力图胜过或压倒对方的心理需要和行为的活动。竞争可分为个体间竞争与群体间竞争两种类型,由竞争者、竞争目标和竞争场三要素构成,竞争者是竞争的主体要素,竞争目标对竞争者的吸引力构成了竞争的刺激因素,而竞争场则为竞争者的竞争提供了环境。

英国著名生物学家达尔文在《物种起源》中指出"物竞天择,适者生存",揭示出竞争的实质及基本规律就是优胜劣汰,在竞争中强者得以保存和发展,而弱者则被淘汰和灭亡。竞争是一种动态的行为过程,追求利益的最大化是竞争的内在动力,同时竞争又是一种市场资源配置的机制,由此达到社会资源的有效配置。

(二)竞争的特点

从竞争的内涵要素而言,竞争是竞争者在一定竞争环境中,针对同一竞争目标而采取的较量的活动过程,其特征具有目标的同一性、对象的稀缺性、关系的间接反对性以及行为的规范性。

1. 竞争目标的同一性

竞争是竞争者针对同一目标而开展的较量活动,如果目标并非同一目标,则对于两个(或以上)的竞争者而言,就不构成竞争。

2. 竞争对象的稀缺性

如果竞争者的竞争对象数量很多,轻而易举即可获得,则个体或群体之间就不会产生竞争。

3. 竞争关系的间接反对性

竞争的目的在于获取竞争对象,竞争本身也是围绕竞争对象开展的一系列较量活动,竞争者之间的关系并非一种直接的相互排斥、相互反对的关系,而是一种间接性的反对关系,是围绕竞争对象产生的排斥和反对,因此竞争者的竞争关系是一种间接性的反对关系。

4. 竞争行为的规范性

竞争必须遵守一定竞争规则,这个规则来自法律、制度的约束,否则不按照规则竞争,不择手段地竞争就会变成暴力、抢夺等违法行为,尤其是涉及政治、经济领域的一些大规模竞争,更加需要法律、制度的约束,因此规范性也是竞争的一个重要的特征。

(三)竞争研究相关理论

竞争相关理论研究大多属于经济学,这是因为竞争一直伴随着市场经济的发展。对于竞争理论研究,大致可以分为两个阶段,古典竞争理论和现代竞争理论。18世纪下半叶,英国著名经济学家亚当·斯密(Adam Smith)就提出了古典竞争论,古典竞争理论也称自由竞争理论,主要是针对重商主义限制市场自由进入的国家干预政策而形成的一种经济学理论,亚当认为自由竞争机制下的市场机制是最佳的经济调节机制,主张国家应该实行放任自由的经济政策,不应对市场加以干预。到19世纪下半叶以意大利帕累托(Vilfredo Pareto）为代表的新古典竞争理论即完全竞争理论（完全竞争理论基于价格理论和市场均衡论而建立）认为完全竞争必须具备完全信息、资源流动、商品可分及同质、不存在共谋行为等条件。生产者和消费者在互相博弈作用过程中，实现市场和国民经济的均衡发展，资源配置也达到最优状态。事实上古典竞争理论与其说是竞争理论，不如说是完全的经济理论，因为古典学派既没有对竞争进行明确定义，也未深入研究竞争的机制，其所研究重点在于竞争存在的条件和影响因素，并且这些条件和因素也局限于经济领域，并未能深刻阐述竞争的本质内涵及其作用机制。

20 世纪 30 年代兴起的以英国经济学家罗宾逊（Joan Robinson）为代表的不完全竞争或垄断竞争理论（不完全竞争理论与完全竞争理论相对）认为现实中不存在所谓的完全竞争，其研究的重点转向在现实的垄断竞争或不完全竞争下，生产行为、消费价格以及如何均衡等方面。罗宾逊认为，市场存在大量不完善因素，所谓古典竞争理论中的完全竞争状态并不存在，不完全竞争才是一种常态。20 世纪 20—80 年代陆续出现的以奥利地学派熊彼特（Joseph Alois Schumpeter）等为代表的现代竞争理论，经历了近百年的历史。现代竞争理论抛弃了把完全竞争作为现实和理想的竞争模式的教条，转向对现实市场竞争动态过程的研究，这一转变其实更加注重对竞争过程的研究，将竞争过程看作是一个演化的动态过程，是一个创新与技术进步的动态过程。现代竞争理论最大特点是将竞争作为一个动态变化的过程来研究，侧重于现实市场竞争过程中各种竞争要素的组合形式以及如何实现技术创新和发展。哈佛商学院迈克尔·波特（Michael Porter）教授于 20 世纪 80 年代相继发表了《竞争战略》（1980）、《竞争优势》（1985）、《国家竞争优势》（1990）以及《竞争战略案例》（1992）等著作，将现代竞争理论研究推向了高潮，其本人也被商业管理界称为"竞争战略之父"。

波特在《国家竞争优势》一书中提出并完善了竞争优势理论，认为一个国家之所以能够兴旺发达，其根本原因在于这个国家在国际市场上具有竞争优势，这种竞争优势源于这个国家的主导产业具有竞争优势，而主导产业的竞争优势又源于企业由于具有创新机制而提高了生产效率。由此，波特提出了国家竞争优势"钻石模型"，包括生产要素、国内需求、相关支撑产业、企业战略、结构和竞争、政府作用、机遇。

二、竞争环境及其理论

（一）竞争环境的内涵及特征

竞争环境（competitive environment）是组成竞争的三要素之一，由于竞争环境研究主要集中在经济管理领域，因此竞争环境的定义也从企业视角出发，是指制约和影响企业经营活动的一切内部、外部因素，竞争环境又称经营环境（business environment），主要包括由社会、经济、政治、技术和生态领域等构成的宏观环境和由用户、竞争者、供应商、替代者、互补者、潜在进入者、行业发展态势等构成的行业环境两大部分。

由于国际竞争和经济全球化的发展，企业竞争环境已经发展成为一个高度复杂和多变的大系统，而且对于企业来说，这些外部因素是不可控的和不确定的。环境变化的不确定性是当今企业经营面临的重大问题和挑战，因此，竞争环境是企业生存与发展的关键因素，是竞争情报研究的主要内容之一。竞争情报研究的主要目的是为企业提供科学的战略决策服务，对竞争环境进行分析是为企业竞争情报服务研究的首要环节，企业要根据竞争环境的改变不断调整自身的发展战略以适应不断变化的竞争环境。监视竞争环境的变化、分析这些变化给企业发展带来的机遇和威胁，是企业管理和竞争情报从业者的重要使命。

竞争环境是一个复杂的综合体，会随着社会经济、企业间的竞争等因素而不断产生变化，给企业带来机遇与挑战，是决定着企业生存与发展的重要因素，是与企业经营活动由现实和潜在关系的各种力量和相关因素的集合，它会直接影响企业的生存和发展。竞争环境具备以下特征：

（1）竞争环境的客观性。竞争环境的客观性是指竞争环境普遍存在于自然界和人类社会之间，是一种客观存在，这是由竞争的普遍性决定的。

（2）竞争环境的动态性。随着竞争者和竞争目标的不确定性对企业产生的影响，竞争环境也会不断改变，需要竞争者对竞争环境进行不断的跟踪为科学决策做基础。

（3）竞争环境的系统性。竞争环境的系统性是指竞争环境是一个连续、系统的过程。

（4）竞争环境的可控性。竞争环境的可控性是指竞争者在掌握竞争环境的基础上能够预测和控制未来企业发展态势。

（5）竞争环境的不可控性。竞争环境的不可控性是指随着企业竞争环境的发展，竞争者不能够预期未来竞争环境的变化，企业是否能够适应这种变化。若能顺应竞争环境的变化，企业就得以生存和发展；反之，则被淘汰。

（二）竞争环境的类型及相关研究

从不同角度对竞争环境有不同的划分，有学者将竞争环境分为内部竞争环境和外部竞争环境。内部竞争是指企业内部的资源、能力、组织等构成的空间。外部竞争环境是指企业和其他组织机构生存发展的共同空间。有学者在二分法的基础上，把外部竞争环境叫作任务环境或围观环境，是指企业存在的特殊空间，主要涉及本企业所在地成投资地的环境空间。

另外有学者以时间、空间、层次为依据对竞争环境进行划分以从不同角度认识竞争环境。从时间上把竞争环境分为过去的竞争环境、现在的竞争环境和未来的竞争环境；从空间上把竞争环境分为国内竞争环境、国际竞争环境和地区竞争环境；从层次上把竞争环境分为一般竞争环境和作业竞争环境，前者即宏观竞争环境，包括经济、政治、技术等因素，后者即微观竞争环境，如同行竞争、用户的状况等内容。人们将这种从时间、空间、层次为依据对竞争环境的划分也称为竞争环境的系统结构。

按照内部、外部的划分方法，竞争环境分析由内部环境分析和外部环境分析两部分共同组成。内部环境分析的目的是明确企业具备什么样的能力，能够做什么；外部环境分析的目的是企业可以碰到哪些机会，可以去做什么。

企业内部环境分析主要是分析企业的资源与核心能力。企业资源包括无形资源、有形资源和人力资源。其中无形资源是不可见的，极易被忽略，如专利、企业文化等内容。相比无形资源，有形资源是可见的，比较容易评估和确认，如企业的财务报表。随着人们意识改变，越来越多的企业开始重视人力资源的价值，使人力资源在企业中最大化发挥自身价值。内部环境分析可以帮助企业了解本企业到底拥有哪些资产与核心竞争力,帮助企业定位,明确自身的优势与劣势。核心能力是指企业的核心竞争力,是企业获得竞争优势的基础。这种竞争优势可以是在特定的业务工作中,也可以体现在某项特定技术或产品当中,也可以是在价值链各个环节中等。

企业外部环境分析的目的在于明确企业可以做什么,企业的机会与威胁。企业的外部环境涉及内容广泛,包含宏观环境与微观环境,其中关键因素包括经济因素、政治因素、社会文化因素、自然因素、技术因素、市场因素等几大类,通过对企业外部环境分析可以明确竞争环境性质并进行结构分析与竞争位置分析,最后得出竞争环境中的机会与威胁。

三、竞争环境主要研究方法

(一)竞争环境监视法

1967年美国学者阿吉拉(F. J. Aquilar)在《经营环境监视》(*Scanning The Business Environment*)一书中首先提出了环境监视的概念。经过几十年的发展,环境监视演化成竞争环境监视并成为竞争情报研究的主要内容之一,其目的主要是随时了解企业当前所处的竞争环境状况,以便于分析竞争态势,把握竞争对手的动向,为决策层的战略决策提供及时的支撑。目前竞争环境监视方法已建立了相当完善的理论和技术,形成了以流程研究为主体,由搜集、分析和预测三个核心环节构成的微观监视模式和由实施方式为主体,由临时型、反应型、预警型和创新型四种类型构成的宏观监视模式。

竞争环境微观监视模式是针对企业内部各组成部分从事环境监视时搜集和捕捉信息并研究规律而言的模式,分为操作要素型和操作规程型两种。操作要素型是指根据波特的行业竞争力模型,将行业竞争结构划分为5种力量,即供应商、消费者、替代品、潜在进入者以及行业内竞争对手,并采用市场信号检测的方法来监视这5种力量的动向;操作规程型模式是指将竞争环境监视活动编制为一定的规程,并按此规程组织实施,主要包括六个步骤:①根据企业经营目标,明确具体的情报需求;②根据所了解的需求,制订竞争环境监视计划;③按计划实施监视活动,搜集原始数据;④对搜集来的数据进行整理和分析,并对有效数据进行存储;⑤对监视活动的成果化,通过一定的方式展示出来,并投入应用层;⑥对监视活动的效果进行评估。

竞争环境宏观监视模式分为临时型、反应型、预警型和创新型四种类型。临时型监视模式是一种低层次模式,无正式的监视机构,当竞争环境变化时,临时组织人员进行突击研究,其范围较小仅限于特定环境,并且多是针对特殊事件的应急措施,由于监视行为较为仓促,该模式适用于外部环境相对稳定、采取维持现状为目标的企业;反应型监视模式需要事先确定一个监视范围,将监视活动分散在各职能部门,不定期地对出现的问题进行研究,并提出解决问题的建议供决策层参考,该模式适用于环境变化较少,采取稳定发展战略的企业;预警型监视模式是在企业认识到环境监视对其生存的重要性后,而设立了专门的监视机构定期地对外部环境进行全面监视,并及时向决策者发出预警信息,这种模式反应灵活,成本也较大,适用于强调规划管理的企业;创造型监视模式是一种先进的监视模式,特点在于监测活动实现了网络化,采用系统结构化的方法对整个环境进行长期跟踪研究，为决策层提供各种有价值的备选方案，该模式风险较大、成本过高，多用于创新型、在行业中处于领先地位的企业。

（二）SWOT 分析法

SWOT 分析法是一种基于内外部竞争环境和竞争条件下的态势分析方法，并非严格的竞争环境分析方法，但 SWOT 在分析过程中将组织机构的内部外部竞争环境都纳入到研究范围，因此也经常被用于竞争环境的分析。SWOT 分析法也称道斯矩阵，20 世纪 80 年代初由美国旧金山大学的管理学教授韦里克提出，自提出以来，经常被用于企业战略制定、竞争对手分析等场合，成为战略管理和竞争情报的重要分析工具。其中 S（strengths）表示优势因素、W（weaknesses）表示劣势因素，这两者属内部因素；O（opportunities）表示机会因素、T（threats）表示威胁因素，这两者属外部因素（图 2-1）。这种方法是将是与研究对象密切相关的

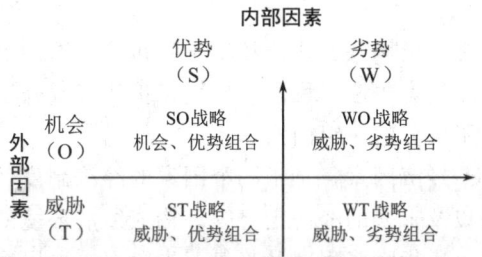

图 2-1 SWOT 分析方法矩阵

各种主要内部优势、劣势和外部的机会和威胁等，通过调查列举出来，并依照矩阵形式排列，然后用系统分析的思想，把各种因素相互匹配起来加以分析，从中得出一系列相应的结论，而结论通常带有一定的决策性，为决策咨询奠定良好的基础。

1. 优势与劣势分析（SW）

由于企业是一个整体，并且由于竞争优势来源的广泛性，所以，在做优劣势分析时必须从整个价值链的每个环节上，将企业与竞争对手做详细的对比。如产品是否新颖，制造工艺是否复杂，销售渠道是否畅通，以及价格是否具有竞争性等。如果一个企业在某一方面或几个方面的优势正是该行业企业应具备的关键成功要素，那么，该企业的综合竞争优势也许就强一些。需要指出的是，衡量一个企业及其产品是否具有竞争优势，只能站在现有潜在用户角度上，而不是站在企业的角度上。

2. 机会与威胁分析（OT）

比如当前社会上流行的盗版威胁：盗版替代品限定了公司产品的最高价，替代品对公司不仅有威胁，可能也带来机会。企业必须分析，替代品给公司的产品或服务带来的是"灭顶之灾"呢，还是提供了更高的利润或价值；购买者转而购买替代品的转移成本；公司可以采取什么措施来降低成本或增加附加值来降低消费者购买盗版替代品的风险。

SWOT 分析法具有分析直观、使用简单的优点。即使没有精确的数据支持和更专业化的分析工具，也可以得出有说服力的结论。但是，正是这种直观和简单，使得 SWOT 不可避免地带有精度不够的缺陷。

（三）PEST 分析法

PEST（politics economy society and technology）分析法是宏观环境分析的常用方法之一，P 是政治（politics），E 是经济（economy），S 是社会（society），T 是技术（tech-

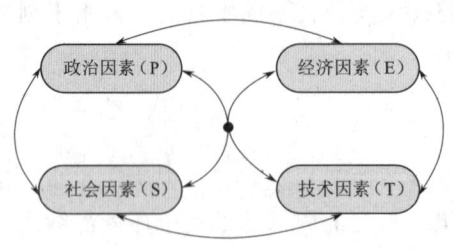

图 2-2 PEST 分析模型

nology)。该方法是指从政治法律、经济、社会、文化和技术的角度分析环境变化对本企业的影响（图 2-2）。

政治因素，是指对组织经营活动具有实际或潜在影响的政治力量和有关的法律、法规等因素。当政治制度与体制、政府对组织所经营业务的态度发生变化时，当政府发布了对企业经营具有约束力的法律、法规时，企业的经营战略必须随之做出调整。法律环境主要包括政府制定的对企业经营具有约束力的法律、法规，如反不正当竞争法、税法、环境保护法以及外贸法规等，政治、法律环境实际上是和经济环境密不可分的一组因素。

经济因素，是指一个国家的经济制度、经济结构、产业布局、资源状况、经济发展水平以及未来的经济走势等。构成经济环境的关键要素包括 GDP 的变化发展趋势、利率水平、通货膨胀程度及趋势、失业率、居民可支配收入水平、汇率水平、能源供给成本、市场机制的完善程度、市场需求状况等。由于企业是处于宏观大环境中的微观个体，经济环境决定和影响其自身战略的制定，经济全球化还带来了国家之间经济上的相互依赖性，企业在各种战略的决策过程中还需要关注、搜索、监测、预测和评估本国以外其他国家的经济状况。

社会因素，是指组织所在社会中成员的民族特征、文化传统、价值观念、宗教信仰、教育水平以及风俗习惯等因素。构成社会环境的要素包括人口规模、年龄结构、种族结构、收入分布、消费结构和水平、人口流动性等。其中人口规模直接影响着一个国家或地区市场的容量，年龄结构则决定消费品的种类及推广方式。

技术因素不仅仅包括那些引起革命性变化的发明，还包括与企业生产有关的新技术、新工艺、新材料的出现和发展趋势以及应用前景。在过去的半个世纪里，最迅速的变化就发生在技术领域，像微软、惠普、通用电气等高新技术公司的崛起改变着世界和人类的生活方式。同样，技术领先的医院、大学等非营利性组织，也比没有采用先进技术的同类组织具有更强的竞争力。

（四）波特五力分析模型法

波特五力分析模型，又称波特竞争力模型，是美国战略管理专家、哈佛大学商学院教授迈克尔·波特于 20 世纪 80 年代初提出的。"五力模型"的理论基础是产业组织理论，波特将在企业投入—产出过程中可能面临的直接影响因素划分成五种竞争作用力，这五种力量综合起来影响着行业的竞争能力和企业的生存能力，五种力量分别是购买者议价能力、供应商协议能力、潜在进入者、替代品威胁以及现有企业间的竞争。这五种基本竞争力量的状况及综合强度，决定着行业的竞争激烈程度，从而决定着行业中最终的获利潜力以及资本向本行业的流向程度，这一切最终决定着企业保持高收益的能力，并指出企业战略的核心，应在于选择正确的行业以及行业中最具有吸引力的竞争位置，该模型的意义在于五种竞争力量的竞争中蕴含着三类战略思想：总成本领先战略、差异化战略、集中化战略（图2-3）。

现有企业间的竞争是指在一个行业内的企业为市场占有率而进行的竞争。企业可在价格和非价格等方面进行竞争。价格竞争通过压低价格—成本差而侵蚀利润；非价格竞争通过抬高成本（比如新产品开发成本）而侵蚀利润。由于高成本可能通过高价格的形式转移到顾客身上，因此非价格竞争并不一定像价格竞争那样会导致利润的减少。

潜在进入者能够在两个方面减少现有企业的利润：第一，进入者会瓜分原有的市场份额获得一些业务；第二，进入者减少了市场集中，从而激发现有企业间的竞争，减少价格—成本差。

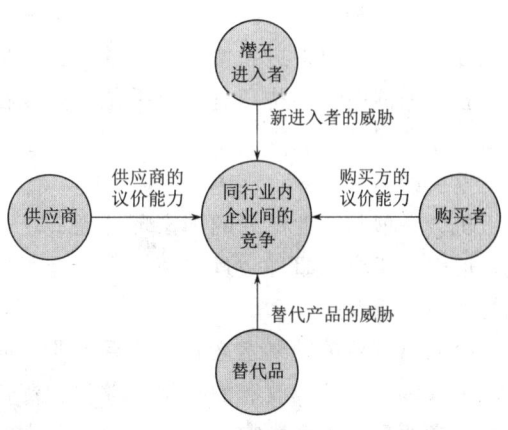

图2-3 波特"五力"分析模型

与潜在的进入者一样，替代品能够夺取业务和加强现有企业间的竞争。

供应商的力量是指投入要素的供应者通过价格谈判从它们的客户中榨取利润的能力。

购买者的力量是指客户在购买中对价格的谈判能力，通过这种谈判能力来减少销售者的利润。

（五）波特"钻石模型"分析法

"钻石模型"是迈克尔·波特在20世纪90年代提出的，该模型被用于分析国家产业或企业获得竞争优势的完整的竞争力，也称钻石理论。"钻石"模型体系以四大关键要素和两个辅助要素为支撑点，彼此相互作用，组成动态的竞争模式。其中四大要素为：生产要素、需求条件、相关和支持性产业，以及企业的战略、结构和竞争对手，这些要素创造了企业竞争的一个基本环境，每个决定因素都会决定产业国际竞争优势的形成。两个辅助要素为：机会和政府（图2-4）。

生产要素是指一个国家在特定产业竞争中有关生产方面的表现。主要包括：人力资源、天然资源、知识资源、资本资源和基础设施。在分析的过程中，生产要素的分类又有两种：一是将生产要素分为：初级生产要素和高级生产要素；二是根据生产要素的专业程度将它们分为一般性生产要素和专业性生产要素。

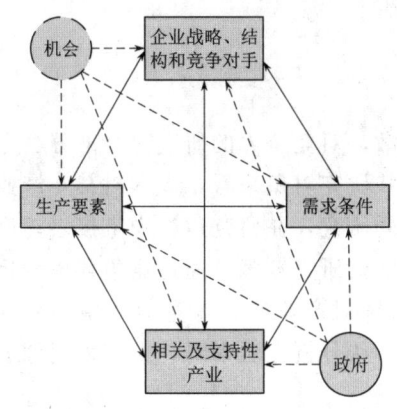

图2-4 波特"钻石"分析模型

需求条件是指本国市场对该项产业所提供产品或服务的需求如何。由于本国市场对每一种产业都具有影响力，因此内需市场借着它对规模经济的影响力而提高了效率。同时，本国的预期需求可能催生产业的国家竞争力，而市场规模和成长模式则有强化竞争力的效果。

相关与支持性产业的存在为国家竞争优势提供了一个优势网络，该网络通过由上而下的扩散流程和相关产业内的提升效应而形成。因此，特定产业的相关和支持性产业是否具有国际竞争力，对促进和增强产业的国际竞争优势，具有重要意义。

企业的战略、结构和竞争对手是指企业在一个国家的基础、组织和管理形态，以及国内市场竞争对手的表现。企业怎样创立、组织和管理，国内竞争程度如何，是决定其竞争力的重要因素。

机会一般与产业所处的国家环境无关，也并非企业内部的能力，甚至不是政府所能影响。但引发机会的事件一旦出现，产业能否借助这些事件的影响，形成和提升产业的竞争优势就非常重要。

政府与其他关键要素之间的关系既非正面，也非负面。政府和其他关键要素之间具有互动关系。一方面，政府的补贴、教育和资金等政策会影响到生产要素；政府也能对上游和相关产业环境产生影响。另一方面，政府的政策也受到环境中其他关键要素的影响。波特的钻石体系是一个动态的、双向强化的系统。

上述几种竞争环境研究方法都较为经典和著名，在实践中也有较多应用，但在相关研究中，不少学者对上述几种研究方法提出了不少改进措施，如将 SWOT 和 PEST 结合起来形成 SWOT-PEST 分析法，SWOT-PEST 分析将一个组织所面对的内部微观环境和外部宏观环境整合起来进行系统的分析和研究，避免了两种方法的缺陷；也有对"五力"分析模型进行修正改进的，在"五力"模型中尽可能增加了多种影响因素，构建动态的竞争过程分析模型，较好地完善了"五力"模型；还有研究对"钻石"分析模型进行改进，将分析视角扩大到两个不同的组织，构建了"双钻石"分析模型等。总而言之，对于机构组织竞争环境的研究，其基本思路大多是将竞争环境划分为内部竞争环境和外部环境，并对两种竞争环境的影响因素、涉及领域进行列举，将组织外部环境影响和内部能力变化进行比较和分析，从而对提高机构组织竞争力提出针对性的建议对策。在考虑影响因素的过程中，可以尽可能多地列举相关因素，也可以针对主要的影响因素进行分析，选择性分析次要的、影响较小的因素。

第三节　中马钦州产业园区竞争环境

一、相关研究综述

目前国内对于产业园区竞争环境的研究大多比较零散，对竞争力的研究只有部分、零星涉及，尚无直接针对产业园区竞争环境进行的研究。从研究对象来看，大多对某一产业或企业的竞争环境进行研究，以及对产业园区战略环境的研究，在研究过程中直接表述产业园区竞争环境的较少。从研究形式来看，相关研究以案例研究较多，通过竞争环境分析方法对某一产业或企业的竞争环境进行分析评价，同时针对产业或企业竞争环境的研究中，也缺乏对产业竞争环境或企业竞争环境内涵的表述。从分析方法来看，大多采用"五力模型"、SWOT、PEST、SCP 等分析方法。

关于产业园区竞争环境概念的研究，较为相关的有：李拓晨在研究高新技术产业竞争力时将高新技术产业竞争环境定义为竞争主体不可控的发展条件,说明其研究期间产业外部影响产业未来竞争力的因素,主要表现为产业孵化环境、贸易环境、技术环境、相关产业发展环境及产业政策。相关研究中对于战略环境和竞争环境的概念区分并不明显,对竞争环境的分析也即对战略环境的分析,有张欣旻等以苏州太湖科技产业园为例研究城市空间竞争环境时,认为竞争环境即狭义的外部战略环境,外部环境因素是指存在于城市组织外部的、影响城市活动及其发展的各种客观因素和力量的总和,而对于城市组织竞争环境的研究需要考虑其所在区域中的竞争地位的分析。

关于产业园区竞争环境分析方法,张欣旻、陈天认为产业园(城市)是一个复杂的系统,应用"五力"模型分析城市空间发展战略的竞争环境,不能完全照搬,只能借鉴其思路。但在大部分产业或企业竞争环境的研究中,大多运用SWOT、PEST、波特五力模型等分析方法对某一产业或企业的竞争环境进行分析,并未对所研究的产业或企业竞争环境进行明确的定义,仅仅是按照分析模型按部就班地进行分析。

关于钦州产业园区竞争环境的相关研究有:黄建英利用SWOT分析方法对中马钦州产业园区竞争力进行了分析,明确了钦州产业园区的优势和劣势;郑华良运用SWOT对钦州产业园区建设第四代产业园区的环境进行了分析;唐玉龙等运用SWOT分析法研究了中马钦州产业园区、马中关丹产业园区的优势、劣势、机遇和挑战;与此类似,张涛也运用SWOT分析法研究中马钦州产业园、马中关丹产业园的发展环境,认为两个园区在发展环境方面拥有中国—东盟一体化进程加快、泛北部湾经济区建设、新兴产业发展等机遇,同时也存在周边港口物流竞争、体制不健全、公共基础设施落后、外汇管理限制等挑战。从实际研究看,虽然目前并没有直接对钦州产业园区竞争环境进行分析研究,但相关研究中都围绕竞争环境对钦州产业园区的竞争力、优势、劣势等进行分析。

通过梳理,目前对于产业园区竞争环境的研究大多围绕产业园区竞争力评价进行,在评价竞争力中将竞争环境作为其中一项因素,除此之外,不少研究将竞争环境等同于战略环境,认为竞争环境即是狭义的战略环境。在研究方法方面,以SWOT、PEST、五力模型等方法居多。事实上,产业园区作为产业集聚区域是产业和企业的综合体,所研究的对象包含多个产业和企业,既不能简单照抄产业、企业竞争环境的分析方法,也不能脱离竞争环境分析的思路,而应将不同方法整合起来,从不同角度对产业园区的竞争环境进行研究。

二、中马产业园区竞争环境基本内涵及特点

(一)产业园区竞争环境内涵

目前相关研究中对产业园区竞争环境的概念尚无明确定义,产业园区由产业集聚形成,因此产业园区竞争环境的概念相比于产业竞争环境而言具有一定的复杂性,并不能直接套用产业或企业竞争环境的概念,只能借鉴其概念定义的思路。

在企业视角下,竞争环境指制约和影响企业经营活动的一切内部、外部因素,又被称为"经营环境",这是以企业的生产活动特征为出发点进行定义的,但经营与竞争比较而言,其竞争性并不强烈,似乎更强调一种发展的意义。从"经营"角度而言,产业园区并

不能直接生产或者经营某种产品和服务，其所"经营"的对象应该是对整个园区的建设、管理和发展。同时，需要考虑的是，产业园区的存在并非一个单独的个体，而是一个产业集聚、企业综合的集体，是一个区域空间的综合体概念，相关研究认为区域竞争环境是指影响一个特定区域的竞争（竞争优势、竞争能力、竞争机制等）的各种要素以及各种要素相互作用所构成的有机环境系统，这一定义将竞争环境作为区域参与竞争的影响因素看待，同时明确环境并非简单的影响要素，还包括由此形成的有机环境系统，充分体现了一种整体观、系统观。

综合两种竞争环境的定义，本书认为产业园区竞争环境是指制约和影响产业园区作为一个区域进行建设、管理和发展的内部和外部因素以及各种要素相互作用所构成的有机环境系统，对产业园区的竞争能力具有直接的、重要的影响。

（二）中马钦州产业园区竞争环境内涵

基于对产业园区竞争环境内涵的分析，结合中马钦州产业园区的实际，本书将中国—马来西亚钦州产业园区竞争环境定义为制约和影响中马钦州产业园区作为一个区域进行建设、管理和发展的内部和外部因素以及各种要素相互作用所构成的有机环境系统，对钦州产业园区的竞争能力具有直接的、重要的影响。

（三）中马钦州产业园区竞争环境特点

中马钦州产业园区竞争环境具有竞争环境的一般的共性特点，即客观性、动态性、系统性、可控性和不可控性。除此之外，中马钦州产业园区竞争环境又有其差异的特性，首先，作为我国与马来西亚合作建设的产业园区，其竞争不仅面向国内还面向国际；其次，中马钦州产业园区、马中关丹产业园区的"两国双园"模式给其竞争环境带来一定的交流合作。

1. 中马钦州产业园区竞争环境具有国际性

中马钦州产业园区是我国与马来西亚政府合作的第一个园区，也是两国政府合作的重点项目和两国经贸合作的标志性项目，对于中国—东盟经贸合作具有重要的示范意义，因此钦州产业园区创建之初就备受国际瞩目。虽然经济全球化是世界性的发展趋势，但中马钦州产业园区与一般产业园区不同，其所面对的经济全球化趋势更为突出和明显，因此其竞争环境具有国际性特点，主要表现在，园区由国际合作创建，所面临竞争也从区域转向国际，并且以国际为主。

2. 中马钦州产业园区竞争环境具有合作性

中马钦州产业园区的竞争环境也是其建设、管理和发展的环境，而园区的创建、管理和发展均来自于中国政府与马来西亚政府的合作推动，并且园区也是由中国与马来西亚有实力的企业共同组建合资公司开发建设，按照"中马合作、全球招商"的原则，既为中马两国企业服务，又面向东盟其他国家和全球招商，中马钦州产业园区与马中关丹产业园区可以说"一荣俱荣，一损俱损"。因此中马钦州产业园区竞争环境具有明显的合作性，主要表现在园区的建设和发展离不开中国与马来西亚的合作，同时中国和马来西亚乃至于东盟的经贸合作也离不开中马钦州产业园区的示范和探索。

三、中马钦州产业园区竞争环境分类及要素

中马钦州产业园区竞争环境包含内部竞争环境和外部竞争环境,其中外部竞争环境按照产业园区所处区域空间的不同又可以分为国内竞争环境和国外竞争环境。

(一)中马钦州产业园区内部竞争环境

中马钦州产业园区内部竞争是指园区内部的资源、能力、组织等影响因素构成的空间,代表了园区对于资源调动、组织管理等方面的其自身可控的影响因素。按照内部竞争环境的概念,从内部竞争环境组成要素角度,本书将内部竞争环境划分为以下三个要素:规划建设、运营管理、投资吸引(表2-2)。首先,一般区域规划所持续的时间都有十年左右,因此规划建设影响要素代表了一个产业园区对区域内整体性、全局性的规划布局能力,属于产业园区开发建设、谋求发展的起点;其次,运营管理重点分析园区具有政府职能的管委会这一机构,这是园区主导和服务机构,具有调动园区一切资源的能力;最后,投资吸引要素代表了整个园区对外的吸引能力,这种吸引能力包括园区投资政策、税收政策、土地政策等优惠条件等。

表2-2 中马钦州产业园区内部竞争环境及要素

内部竞争环境	要素
规划建设	产业园区对于园区定位、目标、产业等进行区域的规划、设计、布局,代表产业园区对区域内整体性、全局性的规划布局能力
运营管理	产业园区政府职能部门的机构设置、组织管理、运营机制、管理服务等,代表产业园区对资源组织、管理和协调的能力
投资吸引	产业园区的投资政策、税收政策、土地政策等优惠条件,同时还有企业入驻数量、结构、产业方向、竞争能力等,代表产业园区对于投资的吸引能力

(二)中马钦州产业园区外部竞争环境

中马钦州产业园区外部竞争环境是指由产业园区外部的政治、经济、技术、文化、生态等因素构成的能够影响中马钦州产业园区竞争能力的因素,是中马钦州产业园区存在的特殊空间,代表了中马钦州产业园区外部不可控的影响因素。除了一般性的政治、经济等影响因素,还有同类的产业园区的竞争影响等。

本书将中马钦州产业园区外部竞争环境划分为六个要素:包括政治环境、经济环境、技术环境、社会环境、自然环境、同类产业园区竞争。政治环境即产业园区所处的政治环境,包括影响产业园区发展的国家及地方的政策法规、法律条例等;经济环境是产业园区所处的经济环境,包括国家和地方经济制度、经济结构、产业布局、资源状况、经济发展水平、发展速度、经济需求等;技术环境代表产业园区所处的技术环境,包括与产业园区建设发展有关的新技术、新工艺、新材料的出现和发展趋势以及应用前景等要素;社会环境是产业园区所处的社会环境,包括民族特征、文化传统、价值观念、宗教信仰、教育水平以及风俗习惯等;自然环境是产业园区所处的自然环境,包括地理位置、气候环境、交

通运输等要素;同类产业园区竞争是与中马钦州产业园区同类型的国内外产业园区的竞争,包括投资吸引、园区企业产品和服务等方面的竞争(表2-3)。

表2-3　　　　　　　　中马钦州产业园区外部竞争环境及要素

外部竞争环境	要素
政治环境	产业园区所处的政治环境,包括影响产业园区发展的国家及地方的政策法规、法律条例等
经济环境	产业园区所处的经济环境,包括国家和地方经济制度、经济结构、产业布局、资源状况、经济发展水平、发展速度、经济需求等要素
技术环境	产业园区所处的技术环境,与产业园区建设发展有关的新技术、新工艺、新材料的出现和发展趋势以及应用前景等要素
社会环境	产业园区所处的社会环境,包括民族特征、文化传统、价值观念、宗教信仰、教育水平以及风俗习惯等
自然环境	产业园区所处的自然环境,包括地理位置、气候环境、交通运输等要素
同类产业园区竞争	与中马钦州产业园区同类型的国内外产业园区的竞争,包括投资吸引、园区企业产品和服务等方面的竞争

由于中马钦州产业园区是我国第三个与国际合作的产业园区,备受瞩目,因此其外部竞争环境又可以划分为国内竞争环境和国际竞争环境。国内外部竞争环境主要是与国内政治、经济、技术、社会等相关的影响因素,国际竞争环境是与国际政治、经济、技术、社会等相关的影响因素。

通过对产业园区、竞争环境等理论的梳理,本书归纳了产业园区竞争环境的概念,并对中马钦州产业园区竞争环境进行了定义,分析了中马钦州产业园区内部、外部竞争环境的组成要素。在后续章节中,本书将对中马钦州产业园区的竞争环境进行分析,对中马钦州产业园区内部环境分析的目的是明确园区功能,能够做什么;而外部环境分析的目的是中马钦州产业园区可以有哪些机会,能做做什么。

第三章 中马钦州产业园区产业规划及结构

第一节 中马钦州产业园区总体规划

一、中马钦州产业园区发展目标

中马钦州产业园区毗邻广西钦州保税港区和国家级钦州港经济技术开发区,规划面积 55km^2,规划人口 50 万人。主要布局有居住区、港口新城中心区、科技研发区、配套服务区、工业区等功能分区。园区计划分三期建设,首期 15km^2,其中启动区 7.87km^2。目前首批入园的生物医药、粮油加工、清真食品等产业项目已经开工建设,有 16 个产业项目意向入园,总投资 121 亿元,正在开展洽谈的项目还有 29 个,总投资 550 亿元。根据计划,2015 年已完成园区启动区 7.87km^2 开发建设,2020 年基本完成第一期 15km^2 开发建设。届时大量的产业集聚,人口集聚将给中马钦州产业园经济发展,甚至钦州市及广西的经济发展带来不可估量的效益。这就要求在该区建设一个集商业、住宅、办公、三星级酒店、精品公寓、商业中心于一体的大空间,形成一个新的商业中心、人口集居中心。

园区以打造中国—东盟合作的示范区域——"中马智造城,共赢示范区"为发展目标,突出中马投资合作,发展特色产业,推进产城一体化生态新城建设,创建自治区改革创新先行园区,将产业园区打造成为中国和马来西亚两国投资合作旗舰项目。从中马钦州产业园区建设发展的现实意义来看,主要包含以下战略目标:

(一)合作示范区,建设具有全球开放特征的国际化经济发展实体,以天津的滨海新区、上海的浦东新区、重庆的两江新区为参照目标,构建两国政府合作项目示范区。

(二)创新试点区,抓住北部湾纳入国家战略的机遇,利用西部大开发的政策平台,探索中国—东盟经贸合作新体制,努力将中马钦州产业园区打造成中马两国务实合作新模式的试验基地。

(三)新兴产业基地,积极构建以东盟各国,尤其是马来西亚的传统产业为切入点,战略新兴产业为增长点的产业体系,将中马钦州产业园区打造成中国—东盟战略新兴研发生产基地。

(四)发展先导区,强化与北部湾各经济实体的分工与协作,并以广西为总平面图,加强与广东战略新兴产业的高效对接,将中马产业园区打造成中国西南战略新兴产业的国际启动区[1]。

---

[1] 蓝天立,广西北部湾经济区规划建设管理委员会办公室. 泛北部湾产业合作:共享与共建[M]. 南宁:广西人民出版社,2013:61.

二、发展思路

六个总体要求：塑造品质、产城融合、创新机制、开放共赢、富民和谐、绿色生态。坚持四个优先：坚持规划先行，基础设施优先，产业发展优先，生态建设优先。

三、发展策略

产业与新城融合发展，产业链与服务链共同打造，科技兴园，绿色发展，培育开放包容的特色文化。

四、功能定位

1. 先进制造基地——延伸北部湾产业链条的聚集区

利用区位优势和东盟的资源优势，深化传统产业合作，积极发展新兴战略产业，延伸主导产业链条，生物、多媒体等先进制造新兴产业聚集区。

2. 信息智慧走廊——具有国际竞争力的研发先导区

借鉴马来西亚"多媒体超级走廊"计划的成功经验，发挥各自优势，互惠互利，共同发展生物、多媒体技术交流和研发试验基地，构筑产学研一体化的智慧园区。

3. 文化生态新城——展现东南亚风情的宜居山水城

将中马钦州产业园区的城市空间与周边的自然山体、主要水系（金鼓江）有机融合，创造绿色生态的山、水、城相融合的艺术空间。同时，在城市景观的塑造中尽量展现东南亚风情特色。

4. 合作交流窗口——开放的产业园区

依托临近东盟的区位优势，将中马钦州产业园区打造成服务中国—东盟自由贸易区的信息发布平台、贸易往来平台、项目展示及商务合作窗口。

五、规划建设方案

中马钦州产业园区产业规划主要围绕两个方向：一是立足现有基础，深化特色优势产业合作，作为园区近期发展的切入点；二是着眼未来发展，培育战略性新兴产业，作为园区中长期提升竞争力的着力点。在产业布局方面，围绕重点产业，合理布局，打造产业链，形成产业集群，塑造产业特色。

中国—马来西亚钦州产业园区规划面积 $55km^2$，园区功能分别包括居住区、港口新城中心区、科研服务区、工业区和启动工业区。首期开发建设 $15km^2$，其中启动区 $7.87km^2$。在中马钦州产业园区启动区控制性详细规划方案❶中，钦州产业园区主要围绕"一城""一湾""双轴""两片"进行规划建设，园区划分为工业区、科技研发区、配套服务区、生活居住区四大功能片区（图 3-1）。

---

❶ 中国—马来西亚钦州产业园区管理委员会. 中马钦州产业园区启动区控制性详细规划（调整）批前公示 [EB/OL]．[2019-07-08] http：//zmqzcyyq.gxzf.gov.cn/zwgk/gsgg/t5490631.shtml.

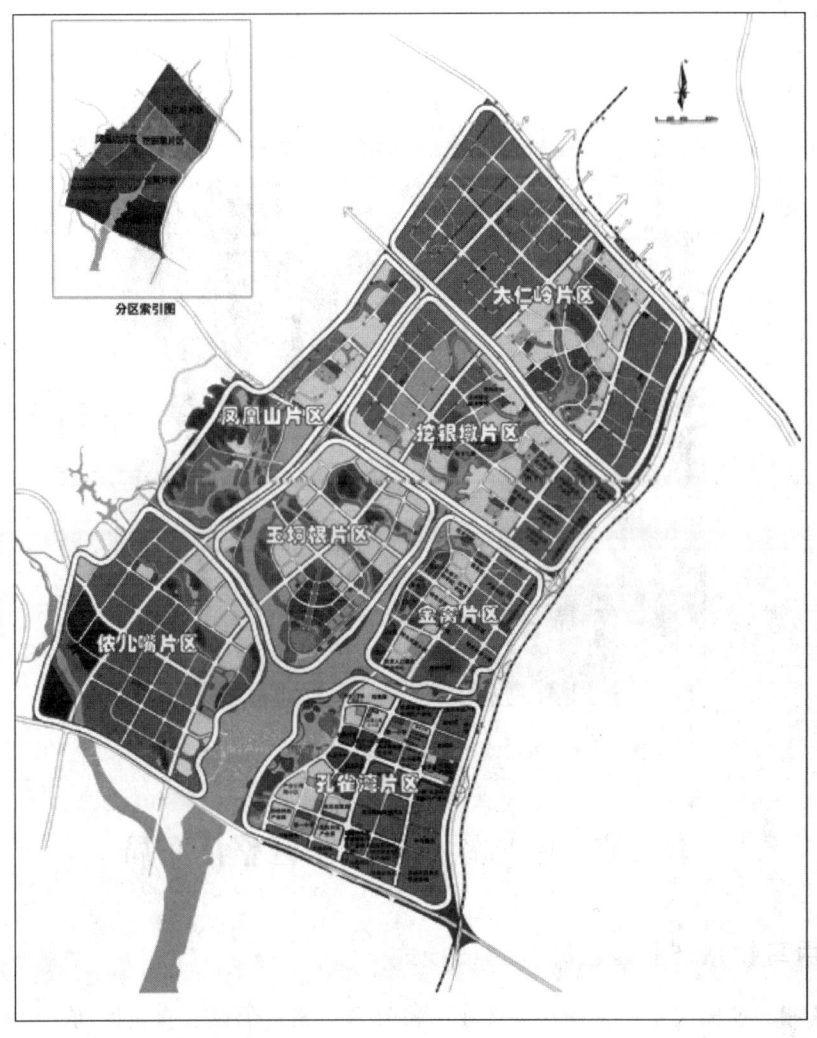

图 3-1 中马钦州产业园区开发图

六、功能分区

1. "一城"——"马来西亚城"片区中心

在片区中心设置为启动区服务的公共服务设施,如高档商务服务、金融贸易、保险、企业总部等现代服务业,以及商业服务、娱乐休闲等功能,为中马钦州产业园乃至北部湾提供服务。

2. "一湾"——"孔雀湾"滨江景观带

沿金鼓江东岸打造"孔雀湾"滨江亲水景观带,保留现有芭蕉墩遗址,结合景观带设置不同主题及功能的活动区与绿化空间,并融入文化休闲、宾馆酒店、特色商业等功能。

3. "双轴"——中马大街、友谊大道城市景观轴

以中马大街、友谊大道为骨架,设置启动区发展的"十"字形轴线。

4. "两片"——产业、生活两大功能片区

规划将启动区分为两大功能片区，东侧、南侧片区以产业功能为主，西侧、北侧片区以生活功能为主（图3-2）。

图3-2　中马钦州产业园区启动区规划结构图

第二节　中马钦州产业园区整体布局

一、中马钦州产业园区开发建设模式

中马钦州产业园区是中国和马来西亚国家领导人亲自倡议、直接推动、两国政府合作共建的国家级开放型平台，开创了国际园区合作的新模式。举世无双的"两国双园"模式成为中马钦州产业园区的强劲竞争优势。

（一）"两国双园"建设模式

2011年4月28日，时任国家总理温家宝在出席中国—马来西亚经贸投资合作论坛时提议建设中国—马来西亚钦州产业园区。同年10月21日，温家宝总理与马来西亚纳吉布总理在第八届中国—东盟博览会上签署中马钦州产业园区项目文本并为园区揭牌。2012年3月26日，中国国务院正式批准设立中马钦州产业园区，明确园区为中马两国政府合作项目，中马钦州产业园区成为"中国与马来西亚政府合作的第一个产业园区""中国与东盟国家合作的第二个产业园区""中国第三个中外两国政府合作的园区"。2012年4月1日，中马钦州产业园区正式开园。2013年2月，马来西亚政府正式批准成立并启动建设马中关丹产业园区，同样由两国政府共同建设，至此中马钦州产业园区和马中关丹产业园区协同发展的"两国双园"模式正式确立。

第二节 中马钦州产业园区整体布局

中国新一代领导人高度重视"两国双园"建设，并多次在重要讲话及场合提及中马钦州产业园区。2013年10月4日，国家主席习近平访问马来西亚，在与马来西亚总理纳吉布的会谈中着重提出"将钦州、关丹产业园区打造成两国投资合作期间项目，带动两国产业集群式发展"，以推动两国合作的建议。会谈后，习近平和纳吉布共同见证了两国政府经贸合作五年规划及钦州、关丹产业园区等多项合作协议的签署。《中华人民共和国政府与马来西亚政府经贸合作五年规划》（2013—2017）明确了双边贸易发展路线图，确定了2017年达到1600亿美元的贸易新目标，并明确指出中马钦州产业园区和马中关丹产业园区是中马经济合作富有活力的最突出表现。2013年10月9日，在第16次中国—东盟领导人会议上，李克强总理在会见马来西亚总理纳吉布时指出，中马关系已提升为全面战略伙伴关系。2014年是中马建交40周年，中方愿与马方进一步深化战略与政治互信，拓展经贸、金融等领域合作，建设好钦州、关丹产业园区，加强人文交流，使中马友谊之树茁壮成长，让两国友好事业薪火不断、代代相传，推动两国全面战略伙伴关系和中国—东盟战略伙伴关系健康稳定发展。

中国商务部、外交部等部委在推动"两国双园"项目落地，促进园区建设等方面也发挥了重要作用。广西壮族自治区政府及各部门也积极响应，成立了以自治区党委书记彭清华、自治区主席陈武为组长的"两国双园"广西工作领导小组，举全区之力推进中马钦州产业园区和马中关丹产业园区开发建设，把"两国双园"建设成为中马投资合作的期间项目，打造成为中国与东盟合作的示范园区和全面深化改革创新的先行区。

国家领导人积极倡议、大力推动，各部位积极响应配合，如此高端的运筹为中马钦州产业园区的招商引资、资金筹集、园区建设、宣传推介等工作提供了有效保障，为园区的蓬勃发展奠定了坚实基础。最重要的是中国和马来西亚两国政府高层的高度重视，对进一步巩固好、发展好和利用好"两国双园"平台，进一步发展中马两国的政治经济合作，不断巩固和发展战略伙伴关系，推动区域经济一体化等多方面，都将起到巨大的推动作用。

（二）两国共建，优势互补成就"两国双园"模式竞争力

中马钦州产业园区和马中关丹产业园区是由中国和马来西亚两国政府合作建设的"姐妹园区"，其建设和发展将立足于中马双方的资源、技术、资金和市场等互补优势，成为两国产业全方位对接与深度融合的重要平台，成就"两国双园"模式核心竞争力。

第一，两国共建，规划引领，提升园区可持续发展水平。2011年，中马钦州产业园已制定实施总体规划，规划制定过程之中中方与马来西亚贸工部、发展促进局、贸易局进行多轮对接洽谈，充分考虑两国现实基础与发展需求。中马钦州产业园区在总体规划的基础上，正逐步推进重点产业专项规划和空间布局规划的编制，并不断加快土地利用规划修编。在规划引领下，中马钦州产业园区基础设施将不断完善，配套综合服务设施将不断加快，产业布局将日趋合理。

第二，双园在规划、建设、管理和发展中相互借鉴和分享彼此先进经验。在产业链协作、港口互通、资源开发、人才交流、信息利用、市场开拓、海关特殊监管等方面具有突出的和制作优势，可充分实现互利互惠、互动发展。

第三，优势互补将加快园区产业集聚，联手抢占国际产业发展的制高点。例如，广西

港青油脂粮油加工项目，该项目是中国与马来西亚"资源互补，产业衔接"的示范项目，目前已经开工建设，可年加工油料150万t。该项目以马中关丹产业园区生产的棕榈油初期产品为生产原料，在中马钦州产业园区进行分提精炼，将把园区打造成为中国西部沿海棕榈油加工、贸易产业中心。

（三）资本导向，汇聚多元园区开发力量

中马钦州产业园区积极探索以资本为导向的发展模式创新，建立以资本为导向的园区开发模式，通过直投资金、股权投资基金等形式支持入园企业加快建设，放大财政资金的杠杆效应。目前，已设立园区开发直投资金、广西中马产业发展投资1号基金，并向慧宝源医药科技有限公司、广西弘信创业工场有限公司等企业注资，通过直投资金支持入园企业发展；同时，首批高科技项目——嘿哈科技有限公司、首创新能源等项目通过股权投资方式确定入园。此外，园区围绕未来几年城市开发建设需要，与中非信托、国开证券合作设立总规模初定100亿元的中马钦州产园区国开城市发展基金，重点加大园区城市功能性项目的开发建设力度。此次座谈会的召开将进一步搭建起园区与各个银行、证券公司、基金公司等金融机构和广大企业沟通、交流、合作的桥梁，为园区资本发展模式创新提供有力支持。

（四）合作交流模式

为进一步落实园区"高起点、高标准、快发展"的建设要求，中马钦州产业园区坚持与国内外一流伙伴合作，目前已与上海东方汇富等基金公司合作成立各类基金，加快构建园区金融和资本支撑体系；与上海博尔捷人力资源产业集团合作，谋划建设人力资源服务产业园及各类培训机构为园区提供人力资源服务；与苏州工业园规划设计院合作，组建园区自己的规划设计院推进规划管理和建设体制改革；与新华社亚太日报合作，组建中马研究院并搭建园区新型智库积极开展互联网安全人才培训。

（五）顾问咨询模式

为进一步满足开发建设人才需求，中马钦州产业园区出台并推行发展顾问制度，邀请各界精英人士为园区建设发展把脉，进一步提高园区的发展层次和水平。目前，东方汇富投资控股有限公司董事长阚治东、杉杉控股有限公司董事会副主席胡海平、中科遥感科技集团有限公司董事长王晋年、深圳市国创研究院院长苘胜、马来西亚创新中心首席执行官王惠生、自治区科学技术厅原党组书记陈大克、自治区住房和城乡建设厅原厅长宋继东、自治区卫生和计划生育委员会原主任黄丹等8位行业精英和专家型老领导已被聘任为园区发展顾问，为园区发展献策献力。

二、中马钦州产业园区运营管理机制

党委会、园区管委会和园区投资开发总公司是我国各种园区的一般机构设置，党委、政府、企业三位一体，在园区建设初期和中期，一般是"三块牌子，一套人马"，随着园区开放建设的不断推进，投资开发总公司逐渐独立，但形式上仍是国有独资公司。中马钦

州产业园区工委、管委分别是广西壮族自治区党委和自治区人民政府的正厅级派出机构，园区工委和园区管委，实行一个机构、两块牌子，专门负责中国—马来西亚钦州产业园区管理工作，下设工管委办公室、经济发展局、国土市政规划局、财政局、投资合作局、社会服务局、行政审批服务局、综合服务中心。

（一）园区工管委

在自治区党委、自治区人民政府和钦州市委、市人民政府授权范围内依法对中国—马来西亚钦州产业园区内的经济和社会事务实行统一领导、统一管理。

（1）负责中央和自治区有关法律、法规和政策在园区的贯彻实施，制订、发布和组织实施园区有关管理规定。

（2）组织编制园区总体规划、控制性详细规划、各专项规划，经批准后组织实施。

（3）组织编制园区产业发展目录，对投资项目进行审批、核准和备案。

（4）研究、制订园区筹融资政策和计划，协调园区开发建设主体开展园区基础设施建设及公共设施项目的规划、建设和管理。

（5）根据自治区人民政府授权或钦州市人民政府委托，集中统一行使行政许可权、行政处罚权等行政管理职权。

（6）接受自治区有关行政部门的委托，依法统一管理园区各项社会和公共管理事务，并与钦州市各相关部门做好协调和分工，明确各自职责。

（7）加强与马来西亚在金融服务、产业发展、投融资体系等方面的合作，建立多种渠道多种形式的交流合作体系。

（8）负责协调中央和自治区在园区设立的派出机构，协调钦州市直单位派驻园区的有关机构。

（9）受自治区党委的委托，负责指导和管理园区管委机关及企事业单位党的建设、纪检监察、精神文明建设和群团工作。

（10）承担国家相关部委和自治区党委、自治区人民政府交办的其他事项。

（二）园区管委会各部门主要职责

（1）工管委办公室。负责文秘、会务、接待、机要、文件档案等机关日常运转工作；负责有关决议、决定等的催办、督办；负责承担信息、保密、政务公开工作；承担机关财务、资产管理、后勤服务等工作。

（2）组织人事处（机关党委）。负责制订园区人才引进和人力资源开发利用的规划、政策并组织实施；负责纪检监察、党建、组织、人事、宣传、精神文明建设工作；负责工青妇、统战、民族宗教事务工作。

（3）经济发展局。负责研究、综合提出园区发展战略，组织拟订和实施园区经济社会发展规划和年度计划；组织拟订、审定和实施园区发展总体规划、产业发展规划和各专项发展规划；负责对园区重大问题决策提供咨询意见；牵头研究制订园区产业政策、招商引资优惠政策、筹融资政策等园区政策规章；负责项目的审批、核准、备案；负责投融资和重大项目推进；负责贯彻执行国家有关内外贸易和国际经济合作发展的战略、政策，拟订园区贸易发展规划，协调整顿和规范市场经济秩序等工作；负责组织实施产业发展专项规划，推进工业和信息化、旅游、交通运输等产业发展；负责发改、商务、工业和信息化、旅游、物价、统计、交通运输、食品药品监督等工作，联系工商、技术监督、供电、海关、检验检疫、边检、海事等部门。

（4）国土市政规划局。在授权或委托的范围内，承担国土、规划管理等各项职责。负责园区相关发展规划的管理和组织实施；负责编制园区土地利用总体规划；负责管理和协调土地和海洋利用、报批、日常执法巡查等工作；负责园区土地使用权划拨、出让、租赁、作价出资、转让和交易；协调园区开发建设主体开展园区公共设施、基础设施建设以及工程管理；拟定并组织实施园区环境保护规划和计划，负责建设项目环境评估等环境管理工作；负责园区人防工作；负责园区房产管理，编制房地产开发年度计划，引导和组织房地产交易活动；负责园区征地搬迁等工作；负责园区市政道路、给排水管网、路灯、公厕、环卫设施、园林绿化等基础设施的管理；负责城建监察、市容环境卫生等管理工作；审查制定公用事业建设工程预算和投资计划，组织对市政建设工作的检查及竣工验收。

（5）财政局（增挂国有资产管理办公室）。贯彻执行财政、金融工作方面的政策、法律、法规和规章；组织拟订和实施园区财税发展规划、政策和改革方案；负责编制和实施年度财政收支预决算草案；负责管理监督财政收入和财政支出；负责财税管理、国有资产监管、投资审计、金融服务等工作；承担监督检查各部门财务活动的工作；联系税务、外汇管理等部门。

（6）投资合作局。负责园区招商工作，制定、实施园区招商引资政策，宣传推介和招商引资计划，策划、组织、统筹园区招商项目并做好项目的跟踪服务、协调落实工作；负责与中马经贸联委会、中马钦州产业园区合作理事会的工作对接；负责园区外事工作。

（7）社会服务局（增挂安全生产监督管理办公室）。协助、配合钦州市政府及相关部门，对园区范围内社会事务进行管理。贯彻执行社会事业方面的政策、法律、法规和规章；组织拟订和实施社会事业发展规划；负责科技、文化、教育、卫生等事务的管理和服务；负责民政和社会福利事务；负责人口和计划生育工作；负责组织管理和指导协调园区安全生产工作；承担促进社会管理体制创新发展的责任；负责社会保障、劳动监察和促进就业等工作；负责公共服务和社会保障体系建设工作；负责综治维稳、信访、应急等工作；联系政法、法制、公安、军警、气象等部门。

（8）行政审批服务局。负责行政审批制度改革相关法规、政策在园区的贯彻实施，制定、发布和组织实施园区有关的管理规定；负责协调办理、统筹推进园区经济、建设、社会等方面的行政审批以及相关事项，建立和完善相关工作机制；根据园区开发建设及发展实际，实现"审管分离"，集中办理与企业、投资者和居民密切相关的行政审批事项及各类行政许可证照业务，探索构建与园区法定机构管理相适应的行政管理服务体系及行政审批制度；负责园区行政审批、政务服务系统信息化工作的规划、建设、指导和推进；根据审批程序需要，组织技术论证和审批协调会议等工作；为入园企业在项目投资、建设、运营等方面提供办证办事辅导、代办、协调等服务；负责进驻行政审批服务局和政务服务中心各职能部门行政审批工作的规范、管理和监督，进驻职能部门工作人员的教育、培训、管理和绩效考核；承担自治区相关部门和园区工委、管委会交办的其他事项。

（9）综合服务中心。负责为园区内机关、企业等提供各种服务；负责园区的信息平台建设，网站运行、维护；负责园区工委、园区管委机关综合服务等工作。

园区机构设置中高级别干部的配备也是园区管理机制的一大特点。中马钦州产业园区工委、管委从行政级别上均为地厅级设置。其中自治区副主席任园区工委书记、管委主任，钦州市委书记任园区工委副书记、管委会副主任，钦州市委副书记、钦州市长任园区工委副书记，钦州市委副书记任园区工委副书记、管委常务副主任。这种管理机制的优势在于园区的管理者可以直接面对招商、建设和服务工作，其工作对象是各类企业，有利于减少行政程序，极大的提高工作力度；有利于避开外部环境影响，直接协调和解决一线矛盾；有利于直接获取政府高层信息，能够充分把握政策动态等。

在财税机制方面，中马钦州产业园区设立了税收征收管理机构，实行一级财政管理体制，园区年度预、决算方案分别在钦州市本级预算方案和决算方案中单列，由钦州市人民代表大会进行审议。除此之外，自2013年起，国家中央财政将连续三年，每年拨付8亿元支持、推进中马钦州产业园区基础设施建设。但总体而言，中马钦州产业园区财税机制仍为部门预算，自身没有财政自主权，因此，为更好地推进园区的发展，亟须创新财税机制。

三、中马钦州产业园区产业布局

围绕园区产城项目加速布局，中马钦州产业园区探索统一开发主体、统一规划设计、统一林地报批、统一征地安置、统一布局项目为主要内容的"片区开发"新模式，一方面加强与实力雄厚的央企合作，借助央企在资金、技术和管理等方面的优势，从传统的项目施工层面EPC合作转变为"投资人＋EPC＋运营＋收益共享"的全方位战略合作，大大加快了园区开发建设的进度。首期启动区以北区域的开发基本采取了此种模式，先后布局了特色扶贫小镇（3500亩）、海峡两岸产业合作区（3000亩）、马来西亚创新城（7500亩）、中盟新能源产业园（2595亩）、文化博览园（5500亩）等片区项目（图3-3）。

四、中马钦州产业园区开发建设优惠政策

中马钦州产业园区享受的优惠政策包括国家层面的优惠政策、广西地方优惠政策和园区优惠政策三个方面。

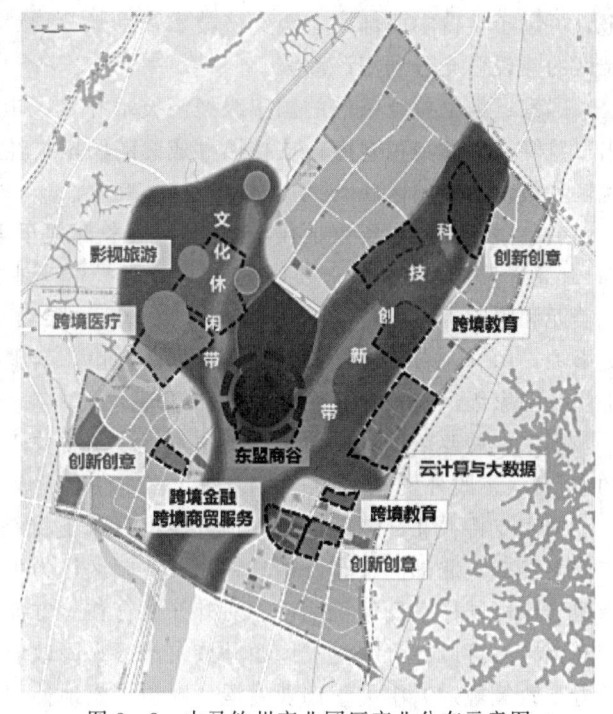

图3-3 中马钦州产业园区产业分布示意图

（一）国家层面的优惠政策

2011年，国家批准设立中马钦州产业园区时就明确规定其享受目前国家经济技术开发区的所有优惠政策。2008年1月，国务院批准《广西北部湾经济区发展规划》，将北部湾经济区的开放开发正式纳入国家发展战略，地处北部湾腹地的中马钦州产业园区，其入园企业将享受中国新一轮西部大开发政策、北部湾经济开发区政策和地方自主政策优惠，多重优惠政策叠加，使其拥有良好的政策竞争力。

中马钦州产业园区作为中马两个政府推动的项目，中国政府赋予其现行的国家级经济技术开发区的政策。中马钦州产业园区地处我国西部的广西北部湾经济区，可以享受国家西部大开发政策和广西北部湾经济开发区的相关政策。除此外，园区还享受广西及钦州的一系列招商引资优惠政策。

（1）国务院政策方面：国务院办公厅《关于促进国家级经济技术开发区进一步提高发展水平的若干意见》（国办发〔2005〕15号）规定建设用地必须以现代制造业、高新技术产业和承接服务外包业为主，不得擅自改变土地用途，不得用于大规模的商业零售，不得用于房地产开发，这为中马钦州产业园区招商引资明确了方向。金融方面，鼓励国家政策性银行、商业银行对符合条件的国家级经济技术开发区内基础设施项目及公用事业项目给予信贷支持，支持符合条件的区内企业通过资本市场扩大直接融资等。这为入驻园区的企业发展提供了资金来源保障。该意见有专门支持中西部地区国家级经济技术开发区发展的条款，明确指出继续实行对中西部地区国家级经济技术开发区基础设施建设项目的贷款贴息政策，适当增加贷款贴息规模；中西部外贸发展专项基金、政府间、国际组织的援助资金，可用于支持中西部国家级经济技术开发区发展。中马钦州产业园区为我国西部地区，园区的建设可充分利用该政策。

国家还鼓励符合条件的国家级经济技术开发区申请设立出口加工区、报税物流中心、出口监管仓库和报税仓库；支持条件成熟的国家级经济技术开发区开展与出口加工区、保税区和报税物流园区联动试点，实现优势互补。

（2）关于外商投资审批权限问题。《商务部关于下放外商投资审批权限有关问题的通知》（商资发〔2010〕209号）规定：《外商投资产业指导目录》鼓励类、允许类总投资3亿美元和限制类总投资5000万美元（以下简称限额）以下的外商投资企业的设立及其变更事项，由省、自治区、直辖市、计划单列市、新疆生产建设兵团、副省级城市商务主管部门及国家级经济技术开发区审批和管理。

国家发展改革委也发布了《国家发展改革委关于做好外商投资项目下放核准权限工作的通知》（发改外资〔2010〕914号），核准权限下放。

国家支持在北部湾地区设立地方性银行，支持符合条件的企业发行企业债券，目前，广西已经成立北部湾银行。中马钦州产业园区作为中国与东盟合作的旗舰项目，毗邻钦州保税港区可同样享受保税物流、对外开放合作等方面的各种优惠政策。除此外，中马钦州产业园区还可以充分享受《广西壮族自治区人民政府关于促进广西北部湾经济区开放开发的若干政策规定》中关于产业发展、财税、土地使用、金融、人力资源、科技开发、外经贸发展等重点领域的多种优惠政策。

（二）园区特有的优惠政策

一是允许两国企业合资开发建设园区，其中包含共享土地开发增值收益和共享园区地方税收收入，同意 10 年地方税收收入返还给园区，用于滚动开发；二是园区土地使用享受优惠条件。包括对国家鼓励类产业按 15% 的税率减半征收企业所得税，自治区还可免征地方所得部分；三是政府特别扶持，如企业自建标准厂房、打造品牌、港口物流等都提供优惠和鼓励政策。

另外，广西壮族自治区人民政府在 2012 年 9 月 18 日出台了中国—马来西亚钦州产业园区开发建设的优惠政策，内容包括财政政策、税收政策、土地政策、金融政策、人力资源和社会保障政策、外事及其他政策等六个方面。

1. 财政政策

（1）2012—2015 年，自治区每年统筹安排支持园区建设发展的配套和补助资金不少于 2 亿元。

（2）2012 年 1 月 1 日—2020 年 12 月 31 日，根据园区每年上划自治区增值税、营业税和所得税的数额，自治区每年通过一般性转移支付形式下达给钦州市，专项用于园区建设。

（3）2012—2015 年，对于国家重点培育的钦州港至东盟国家重要港口的冷藏船、滚装船以及集装箱班轮航线，每年安排 1000 万元予以扶持。

（4）园区项目用海涉及海域使用金依法予以减免。

2. 税收政策

（1）2013 年 1 月 1 日—2020 年 12 月 31 日，园区享受国家西部大开发 15% 税率以及减半征收期税收优惠政策的企业，除国家限制和禁止的企业外，免征企业所得税地方分享部分。

（2）2013 年 1 月 1 日—2020 年 12 月 31 日，园区内高新技术、轻工食品等工业企业，以及物流业、金融业、信息服务业、会展业、旅游业、文化业、广播电视、新闻出版、体育、卫生等服务企业，免征自用土地的城镇土地使用税和自用房产的房产税。

（3）园区内经批准开山填海整治的土地和改造的废弃土地，从使用的月份起免征城镇土地使用税 5 年，第 6 年至第 10 年减半征收。

3. 土地政策

（1）在园区实行土地利用总体规划定期评估和适时修改试点政策，对土地利用总体规划实施动态管理。

（2）自治区在编制实施土地利用年度计划时，单列下达园区用地计划指标、林地指标，确保园区建设需要。园区用海按项目实际需要予以确保。

（3）园区新增建设用地占用耕地的，由自治区统筹安排耕地占补指标。

（4）凡国家在自治区范围内的土地政策和试点政策，经国家批准后优先在园区先行先试。

（5）中方公司钦州市开发投资集团有限公司及其控股企业钦州金谷投资有限公司是园区土地整理储备的主体，负责对园区内的土地进行收购、整理和储备。

（6）中马双方组建的园区开发合资公司是园区基础设施和公共设施的投资、建设、运营、维护主体,负责园区相关设施的建设、运营和维护,并享有相应的投资权、经营权和收益权。市政配套费和土地出让金净收益,用于前述设施的建设与维护。

4. 金融政策

(1) 鼓励金融机构加大对园区基础设施建设项目信贷支持,每年给予园区一定的信贷额度。

(2) 支持园区符合条件的大型优质企业在境内外资本市场上市和发行债券;加大对园区符合条件的企业在境内发行短期融资券、中期票据等非金融企业债务融资工具融资的支持力度,引导、扶持和鼓励园区符合条件的优质中小企业发行中小企业集合票据等进行直接债务融资。

(3) 鼓励和支持国(境)内外金融机构、保险机构和各类投资机构在园区设立分支机构或派出机构。

(4) 鼓励在园区推广知识产权质押贷款、发展应收账款和收益权融资、开展多种形式的担保贷款、拓宽金融服务范围等。

(5) 完善政策性担保体系,设立政策性融资担保公司;鼓励现有担保公司通过增资扩股等方式,增强自身实力;完善落实融资性担保行业的税费减免和风险补偿等扶持政策,支持融资性担保机构从事中小企业担保业务,有效解决园区中小企业贷款融资难的问题。

5. 人力资源和社会保障政策

(1) 入园企业对新录用农民工开展职业技能培训的,按规定享受财政相关补贴。

(2) 对园区失地农民、失海渔民实行就业援助,自治区财政每年从就业专项资金中给予扶持。

6. 外事及其他政策

(1) 对开展园区有关工作的人员的因公出国(境)量化指标给予适当倾斜。

(2) 入园的台资企业享受相关惠台优惠政策。

(三) 其他优惠政策

第一,支持园区试行资本金结汇改革政策。

第二,支持园区突破外资房地产企业资本金结汇限制。同意具有相应经营范围的外资投资公司将外资资本金及外汇结汇后所得人民币资金用于园区的征地拆迁、土地开发、基础设施及公用设施。

第三,支持园区设立海关特殊监管区域。

第四,支持钦州产业园区进行离岸金融个案业务改革试点。

第三节 中马钦州产业园区企业构成

一、入驻园区企业及构成

截至 2018 年 6 月 30 日,中马钦州产业园区共入驻企业 259 家,包括园区平台公司、有限合伙公司以及合作社等。2013 年入驻中马钦州产业园区的企业共有 7 家(以企业注册成立时间计算,下同),2014 年入驻的企业共有 8 家,2015 年入驻的企业共有 14 家,2016 年入驻的企业共有 37 家,2017 年全年入驻的企业共有 125 家,2018 年上半年入驻园区的企业达到 57 家,见图 3-4。其中有 44 家公司未标明具体注册资本,8 家公司直接以美元进行注册。

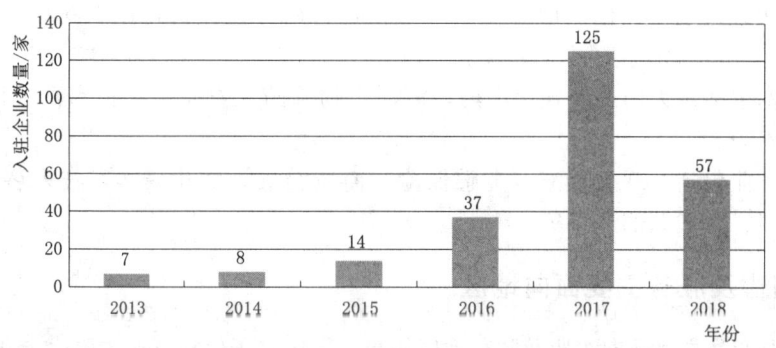

图 3-4 2013—2018 年入驻园区企业数量分布图
(数据来源:国家企业信用信息公示系统)

对剩余 208 家公司的注册资本进行统计分析,划分为 10 万元至 100 万元(不含)、100 万元至 1000 万元、1000 万元至 10000 万元、100000 万元及以上五个层次。其中注册资本在 10 万元至 100 万元之间的企业有 19 家,占企业总数的 9%;注册资本在 100 万元至 1000 万元之间的企业有 63 家,占企业总数的 30%;注册资本在 1000 万元至 10000 万元之间的企业有 95 家,占企业总数的 46%;注册资本在 10000 万元至 100000 万元之间的企业有 28 家,占企业总数的 14%;注册资本超过 100000 万元的公司有 2 家,占企业总数的 1%(图 3-5)。

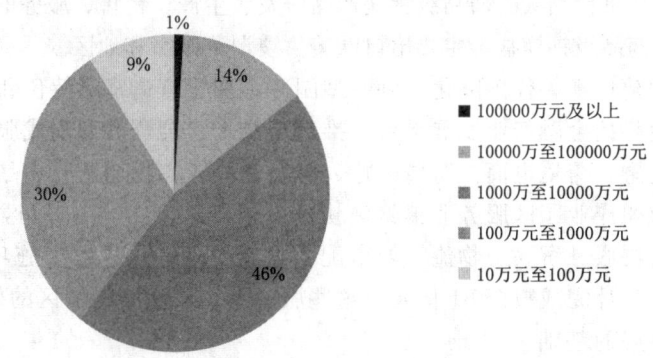

图 3-5 入驻园区 208 家公司注册资本统计

二、企业主要产品及服务类型

重点发展六大产业:装备制造、电子信息、食品加工、材料及新材料、生物技术和现代服务业。

装备制造包括:工程机械,汽车及零配件,电力、农业等专用和通用设备,医疗设备等。

电子信息包括：智能电子仪器，智能家电，自动化数据处理设备，新一代移动通信设备，集成电路，新型显示器，多媒体设备及关键器件等。

食品加工包括：燕窝加工，保健及清真食品，特色农产品及海产品深加工等。

材料及新材料包括：棕榈产品提取新材料，新型合金材料，化工新材料，海洋新材料等。

生物技术包括：大南药及现代中药，海洋生物制药，农业生物技术，生物医药保健，生物环保技术等。

现代服务业包括：现代物流，金融保险，商贸会展，文化康乐，技术咨询，服务外包，教育培训，区域总部经济等。

三、销售及服务主要面向地区

园区企业产品主要面向东盟及欧美地区销售。园区电子信息产业主要生产和出口应用于智能手机和iPad等触屏电子产品的3D曲面热弯玻璃屏幕面板，产品远销美国、韩国等。在新能源汽车制造方面，有微型电动物流车整车组装厂、轻型电动物流车整车组装厂、电动物流车底盘生产厂、车辆数字控制器和连接件生产厂、同轴动力系统生产厂、电动物流车上装改装厂、新能源电机生产厂、新能源车身部件生产厂、新能源智能物流车西南研发基地、新能源智能物流车培训基地、恒源西南数据云计算中心、全天候全功能汽车测试场、新能源汽车供应链储运中心等。主要承接东盟国家的汽车改装需求，可年产15万辆新能源汽车。同时园区还生产新能源汽车的配套设施。如年产200万台（套）新能源汽车集成电路充电桩，以及远销美国、意大利、德国、俄罗斯、埃及、伊朗、比利时、泰国、中国香港等全球50多个国家和地区的新能源车用驱动电机和年产10300万颗的电池；在食品及生物医药等领域，园区也有专业从事食品级、药品级钙镁产品研发、生产、销售、服务的大健康企业，年产5万吨食品级、药品级钙镁盐，主要出口欧美、澳洲等国家和地区。

园区围绕着力建设新一代国际化、创新型园区，加快打造富有特色和竞争力的新型产业体系，重点搭建科技金融产业发展平台，推进高技术、轻资产和现代服务业发展，做优港航物流、跨境金融、跨境电商、跨境医疗、跨境教育、文化创意和商品展示等现代服务业，推动了中马钦州产业园区服务业集聚区快速发展。至2019年，园区已有286家服务企业入驻，主要开展服务贸易、物流、城市配套建设等业务，现已实施项目32个，总投资约329亿元，已累计完成投资61亿元。这些服务型企业主要为园区的外向型经济服务，为产品出口奠定良好的基础。

四、入驻园区企业竞争力分析

（一）园区硬件竞争力分析

1. 发展战略有特色

中马钦州产业园拥有符合本地的特色战略优势，以确保未来带领该区域产业的发展。为了实现产业与城市建设一体化，打造一个两国合作投资的旗舰项目，钦州产业园因地制宜，制定出发展战略部署。

2. 产业结构不合理

中马钦州产业园的发展在很大程度上依托于钦州市，其发展受到当地产业的影响，产业结构不合理，企业配套设施、供应链不完善的问题较为突出。第一，与第二、三产业所占比重相比，第一产业的比重较高；第二，各产业的发展水平较低。传统农业在第一产业中仍占主导地位，技术密集型产业所占比重小于劳动密集型一般加工的比重，传统的服务业仍然是主体，金融、保险以及通讯等现代服务业的比重相对较低；第三，产品层次较低，技术创新水平难以在国际竞争中脱颖而出。依靠单一的大项目支撑仍然是限制第二产业结构调整的主要因素，无法更好地带动产业的多元发展。

3. 管理制度存在一定阻碍

目前，中马钦州产业园区分别由园区工作委员会和管理委员会这两个机构管理。其中，工委会隶属于自治区常委，管委会隶属于自治区人民政府，两个机构均设置中高级别的干部配备，行政级别属于地方厅级。这种管理机制虽然可以减少行政成本、避开外部影响以及充分把握政策动态，在园区建设前期有增强工作效能作用，但随着园区发展不断成熟，容易滋生出寻租、与地方政府脱钩与缺乏创新等问题。此外，在财税制度方面也存在问题。中马钦州产业园设立了税收征管机构，但实质上为部门预算，并没有财税自主权，园区的各种预算、决算方案均上报并且单列到钦州市预算方案中。例如，在2020以前自治区人民政府每年会按照部门预算经费另外安排专项经费投入到园区的运行建设之中。财政自主有利于及时地向下部门输入"血液"，同时有利于激发财税创新，随着园区发展不断深入，园区的财税自主权问题就显得越来越重要。

(二) 软件方面的竞争力

1. 包容的企业文化

包容是中马钦州产业园的核心文化，园区致力于培育开放包容的文化环境，以丰富的文化交流合作为背景，以包容、合作为"软件"，更好地服务于园区内自上而下的工作践行要求。例如，2018年1月园区与广西电视台签订"中国—东盟影视文化产业基地项目投资框架协议书"、中马文化艺术协会主办的2018中马文化交流艺术盛典等。这些园区文化能使入园企业相互包容，形成合力，共同发展。

2. 队伍建设力度不足

人才竞争已经成为吸引直接投资的重要因素之一，并成为影响产业园区核心竞争力的重要因素。随着中马产业园诸多项目的入驻，园区对人才的需求逐渐增大，并且需求的条件逐渐转向高端研发人才。据中马钦州产业园工管委办公室预计，2018年园区企业和产城项目就需要近5000名人才，2020年需要3万~5万名各类人才。虽然2018年1月23日中国广西人才市场中马钦州产业园区分市场揭牌并正式启用，但与其他产业园区相比，待遇激励力度不强，不能吸引足够的人才以满足园区发展的需求。这极大地制约了入园企业的可持续发展。

3. 科研创新不断加强

努力寻找能够刺激科技创新的新合作机制，以科技带动产业发展是中马钦州产业园的长久发展理念。2018年2月，园区内规划建设"马来西亚创新城"，其中包括"中马科技创新特区"，其目的是吸引马来西亚与其他东盟国家优秀企业进驻，通过科技合作实现园区内的技术进步。"中马科技创新特区"的建设为产业园的未来竞争力注入了新的活力。

4. 合作共赢的共同价值观

基于"一带一路"的合作共赢是园区内的共同价值观。产业园将充分借助两国提供的区域合作平台，积极开展双边经济合作联系，加深彼此信任，以合作共赢的理念来引导两国合作走向良性发展。产业园区给马来西亚带来资本、技术以及成功经验，马来西亚也给产业园区带来了优势技术、优质原材料以及人力资本优势，双方在园区内的合作中各得所需，形成共同的价值观。园区的价值观对入园企业价值观有着极大的影响，使入园企业之间能秉承合作共赢的理念，在园区内协调发展。

第四节 中马钦州产业园发展中的问题及对策

一、存在的问题

产业园区经过多年的发展取得了较好的成效，但是产业园区内的基础设施和城市配套设施的建设进展缓慢，对园区内已有企业需求未能提供有效保障，致使园区的招商工作进展不尽如人意，已引进的企业和项目达不到预期目标，部分企业没有进行再投资，出现了烂尾工程。虽然产业园区以打造先进制作基地、信息智慧走廊、文化生态城、合作交流窗口为定位，但是基础设施建设缓慢，园区的工业区、生活区和城市配套区难以发挥出其应有作用，产业园区产出投入相差甚远。产业园区以打造先进制作基地、信息智慧走廊、文化生态城、合作交流窗口为定位，深化传统产业合作，基于特色产业，延伸主导产业链。由于建设缓慢，目前为止并没有构建具有钦州产业园区特色的产业链。当前钦州市总体社会经济发展水平与工业发展基础相对薄弱，钦州市较低的社会经济发展水平与产业园区高标准的建设目标不匹配，难以辅助产业园区的进一步发展。

二、发展对策

（一）加强基础设施建设，建设科技产业发展平台

产业园基础设施及配套设施的完善程度极大地影响了产业园招商引资工作的开展和产业园内进驻企业的发展。只有硬环境和软环境都达到投资者要求，才会吸引更好更多的投资者前来投资。产业园的首要发展任务是逐步加强产业园内硬件设施建设，完善基础设施及相关城市配套设施建设。为适应科技型企业、高层次人才创业团队创新创业的需求，中马钦州产业园区必须认真研究新兴产业发展规律，注重探索"科技＋金融"发展新业态，围绕推进高技术、轻资产和现代服务业发展，重点打造一批科技金融产业发展平台。同时以当前在建企业和引进项目为重点，关注其建设进度及建设详情，对建设过程中遇到的问题给予妥善解决，对遇到的困难提供及时提供援助，确保进驻企业能够顺利建成并投产。对于尚未完工并停止建设的企业，明确其停工原因并及时给出处理办法，妥善处理烂尾工

程。在招商工作中，根据产业园区自身发展状况及市场需要，合理谨慎选择进驻企业，确定企业要在产业园区内进行投资建厂后，要及时跟进了解企业投资情况，出现问题及时解决，避免出现项目搁置或项目用地临时更换企业的现象。

在平台建设方面，中马钦州产业园区应积极推进高技术产业跨界融合发展，为产业发展提供集国际合作、科技研发、生产销售、教育培训、产业旅游等为一体的"科技产业发展综合体"，将现有的中马国际科技园、中国—东盟国际医药创新园、鑫德利光电产业园、互联网创客空间、智慧物联产业园、北斗科技产业园、燕窝加工贸易基地等科技金融产业发展平台建设好。利用园区出台的产业发展政策，对科技型产业和生产服务业用地实行工业用地政策，不限土地容积率，强化社区配套功能，重点支持高技术产业布局和跨界性产业发展。

（二）强化项目建设，创立特色品牌

项目是产业园区发展的命脉和核心。中马钦州产业园区积极开展市场化招商试点，建立健全招商引资和服务体制，通过设立招商专业公司和招商配套基金，构建市场化、专业化、网络化的招商服务体系，着眼园区长远高质量发展，促进高新技术产业项目落户园区，严格限制"两高一低"项目进入园区。加快高科技创新型产业项目的建设、投产将大大提升园区产业发展的支撑能力，为园区夯实了发展的核心竞争力。同时，鼓励产业园区内企业"走出去"，将产品市场面向整个东盟以及"一带一路"发展战略沿线国家，而不再只局限于国内。产业园区要充分利用"两国双园"这一创新产业合作模式，依据两国自身资源优势、发展优势等在两个产业园之间进行优势互补，加强两国合作，通过两个园区之间的合作使两国资源得到合理有效配置。钦州其独特的地理位置，享有其他城市所没有的政策优势，合理利用这些政策优势积极引进有利于产业调整与产业发展的高技术产业，结合产业园区内的发展定位及基于自身特色优势产业，打造中马特色产业链，创建自己独立品牌。要为园区引进来的各类产品设立推广机制并提供政策、法律、市场等业务咨询，还要提供空间展示平台，并于每年举行双园的产品推介会，这样能够加快企业进入对方市场。

企业的竞争就是品牌的竞争，品牌的优势可以使企业在激烈市场的竞争中脱颖而出。树立品牌的知名度首先要把好产品质量关，让消费者知道产品的价值和利益所在；还要做好企业宣传、产品管理等等。品牌是赢得市场经济竞争的有力武器，因为在瞬息万变的市场环境里，它能让消费者快速识别，并进行商品交易。品牌同时也是企业的专业技术水平、管理水平高、社会责任意识强的有效认证。它意味着较高的安全保障，使消费者"买得放心，吃得安心"。品牌效应通常指在一两个知名企业带动下，一种商品如果在一个有良好品牌的区域内生产，会因为品牌效益获得规模经济。相反，区域内如果有单个企业销售低质量产品，也会打击区域品牌形象。正是"一荣俱荣，一损俱损"在无形之中对企业的生产能力施压。所以无论是政府还是园区管理要把好质量，健全园区信用制度。

（三）强化成果转化，培育科技创新研发平台

产业园区是科技研究成果转化的重要平台和载体，将科技成果产业化也是一个产业园

区提升竞争力、实现跨越式发展的重要手段。构建以需求为导向的开放协同转化机制，抓住粤港澳大湾区建设的历史机遇，围绕打造产业转型升级示范区的战略需求，做强成果转化承接载体，构建开放协同转化机制。建立以目标为导向的全链条长效服务机制，围绕科技成果转化主体、中介机构、技术市场等主要环节，建立健全以目标为导向的长效服务机制，畅通科技成果转化全链条。以支持高科技创新型产业项目在园区建设科技创新研发平台，为创新创业者实现梦想提供最舒适的土壤，帮助企业提升科技研发、成果转化、市场竞争等综合能力。

（四）强化队伍建设，加强科技创新型人才引进和培育

人才是科技创新最关键的因素。中马钦州产业园区注重科技创新政策研究制定，坚持与国内一流伙伴合作，强化科技人才队伍建设，搭建高端人才引进平台，为园区高质量发展夯实人才智力基础。利用园区出台的"第二春"高端人才管理办法、科技创新平台建设管理办法、重大产业支持办法等人才引进政策，依托产业优势，有针对性地引智聚才。

一是根据创新创业人才数量不断增加，人才技术领域的分类呈现出专业化、跨领域化的特征，需要结合园区重点产业的发展需求，对新能源、生物工程、新医药、装备制造、新材料及应用、信息产业等领域的高尖端人才进行精准定位，实施针对性引才，以推动园区的优势产业不断向前发展。

二是完善与人才引进相结合的人才保障机制，营造良好的用人环境。要切实做好人才引进，首先需要保证科技创新人才的事业发展愿景可以顺利实现，其次，要监督引进人才的隶属机构确保科研经费、科研设备和场所配套等配套政策的落实情况，保障高层次人才能够顺利开展工作，实现未来事业发展的美好蓝图。

三是强化载体建设，培养孕育创业机会的社会环境。通过加大人才硬件平台的建设力度，增强对海外人才的吸引力和服务能力。扶持科技企业孵化器、留学人员创业园等平台的建设，组成一个完备的创业孵化服务体系抓好科技创新平台的建设和科技创新载体的打造；不断吸引世界知名企业来园区投资产业，建立分部和研发中心；积极争取科研院所等研发机构来园区设立分支机构。充分发挥各载体的作用，加强引才工作。

四是统筹各地区人才引才工作，以"事业"引才留才。政府可通过引导各地区高等院校、科研机构和园区之间的合作与交流，打破行政区域界限，促进人才流动与知识共享，提升园区的人才素养与教育水平。

五是助力人才国际交流与合作，掌握前沿动态。园区的科技创新创业人才应是国际化的人才，具有全球视野，吸收各国高新技术，掌握前沿信息。园区应充分利用国际信息资源，与国际知名科技机构共享创新创业教育资源，选拔科技人才前往海外科技创新型企业、科研院所或高校进修、培训或参加学术交流活动；鼓励企业、高校等组织国际行业交流活动，联合培养培训科技创新型人才。

第四章 中马钦州产业园区 SWOT 分析与产业集群构成

第一节 中马钦州产业园区 SWOT 分析

中马钦州产业园区位于广西钦州市美丽的茅尾海畔、金鼓江边，地理位置优越，生态环境优美，是宜商、宜业、宜游、宜居的好地方。自园区创建以来，园区管委会在总结我国园区经济从工业集中型、产城融合、科教创新型发展的基础上，明确提出规划建设中国新一代国际化、创新性园区——"中国第四代开发园区"。第四代开发园区的提出，是欠发达地区产业如何实现跨越发展的一次重大实践，是中国产业园区理论创新的一次伟大革命。

一、优势（S）分析

（一）政策优势

钦州作为广西壮族自治区面向世界的窗口，其经济影响范围广泛。北部湾经济区和整个中国大南方经济圈、东南亚经济圈不仅是经济水平的影响，也是文化政治方面的紧密联系。此外，钦州还有其他城市所没有的政治优势。

第一，享受国家级经济技术开发区有关政策。国务院中央办公厅在对产业园建设的具体要求中强调：①建设用地必须以企业生产经营用途为主，不得侵占产业园内土地资源自用或擅自改变土地用途。这条要求为本产业园的招商定位理清了方向。②在产业园资金方面，国有商业银以及政策性银行对于符合条件的企业直接融资给予支持。③对于园区内公共设施建设工作，要求对位于国家经济开区内的公用事业以及基础设施项目在符合基本条件的基础上给予一定的信用贷款支持。

第二，工业园区享受中国西部大开发政策的支持。国家西部大开发"十一五"规划明确把北部湾经济区列为西部大开发重点支持发展的三大区域之一。

第三，享受广西地方政府的政策红利。在《广西北部湾经济区发展规划》中指出：①享受市场体制、行政体制、土地管理体制等一系列配套改革的优惠政策或支持；②在派驻企业的登记审批程序中有优惠政策；③保税物流体系中有许多优惠政策；④支持投融资融资；⑤享受自由贸易区政策。中马钦州产业园区作为中国与东盟的第一个合作项目，享有保税货物、物流、对外开放和对外合作等多项政策优惠。

第四，园区特有的优惠政策。①允许两国合资开发建设园区，包括分享土地开发增值收益和分享园区地方税收。同意10年地方税收返还园区滚动开发。②园区享有土地利用的优惠条件。园区工业用地出让标准为 96000 元/亩。同时，对于园区鼓励的重点产业和项目，给予 10% 的最低折扣。③投资园区企业享受税收优惠。其中，对国家鼓励类行业减按 15% 的税率征收企业所得税，自治区也可以免征地方所得税。④政府给予特别支持。如企业建设标准厂房、打造品牌、港口物流等优惠和奖励政策。

（二）区位优势

广西地处中国西南部，面向南太平洋，辐射多层次经济圈。广西依托西南地区丰富的资源，与广东毗邻，将从珠三角地区获得经济发展的效益，吸收东部地区的产业转移。在特殊的海滨位置上，海上运输加快了广西与东盟十国的合作与交流，促进了经济贸易的发展，促进了西南地区与粤港澳的互动。广西不仅是西南地区出海最便捷的方式，也是西北地区出海最便捷的方式。

第一，它位于国际区域经济合作的新高地——北部湾。广西北部湾经济区位于多个经济圈的交汇处。是中国东、中、西三大经济区的交汇点。它面向广东、香港和澳门的东部和西南部，同时面向南洋。它是中国西部唯一的沿海地区，且沿江。它是西南部出海最方便的通道。它也是中国对外开放、东盟对外开放和世界对外开放的重要门户和前沿。东盟、泛北部湾、泛珠三角以及西南六省六区合作在国内外区域合作中具有不可替代的战略地位和作用。中马钦州产业园位于北部湾顶部，位于北部湾经济区（北部湾）南（宁）北（海）秦（国）防（城）港的中心。位于北部湾的有利位置。它将享受自己的优惠待遇，在开放和发展北部湾、加快建设新的国际区域经济合作中发挥重要作用。

第二，面向东盟，是中国—东盟自由贸易区的中心园区。中马钦州产业园区位于中国唯一一个与东盟陆海相连的省份广西，陆地边界 1020km，海岸线 1629km。它是离东南亚国家最近的工业园区，拥有众多天然港口。它享有向东盟出口的最佳海运通道。它将在中国—东盟自由贸易区建设中发挥特殊作用，是建设中国—东盟自由贸易区"升级"枢纽园区。2013 年，钦州港开通了直达新加坡和泰国曼谷的班轮航线，增加了集装箱航线的密度，大大增强了钦州对东南亚的区域优势。

第三，辐射西南、中南，经济腹地广阔。广西西连云、贵等省，是西南地区最佳的海上通道。随着广西在对外开放与合作中地位的不断提高，广西主要的出海、越境走廊和沿海基础设施建设不断完善。如南青高速铁路开通，柳青港高速公路、钦崇高速公路等"七线四路"加快建设。同时，毗邻中马钦州产业园区的钦州港已成为广西、四川、重庆、贵州、云南等西南省份最便捷的出口。随着港口和航运条件的不断优化，随着广州港和深圳港航运密度的增加，湖南也将成为钦州港的腹地，逐渐成为西南中南地区的重要出口。

第四，它是泛珠与泛北合作的重要节点。钦州-北海-湛江-茂名-阳江-珠江三角洲作为广西北部湾经济区的核心城市，将成为华南地区一流的沿海经济发展走廊。随着北部湾经济区逐步上升为国家战略，该走廊将成为继"东部沿海经济区"之后的"南部沿海经济区"的概念，将成为泛珠三角的沿海经济区。除此之外，随着 21 世纪"海上丝绸之路"建设逐步为国家所重视，钦州作为古代海上丝绸之路的始发港之一也将迎来发展的新机遇，因此中马钦州产业园区将成为泛珠、泛北合作的重要节点。

(三) 资源优势

第一,中马钦州工业园区拥有优美宜居的城市环境。一方面,工业园区的建设要遵循园区亚热带植物和动物生长的原则,实现园区人民生产、生活和自然环境的共存。中马钦州工业园以其独特的地理环境创造了独特的民俗风情。生产、城市、人文相结合,致力于打造东南亚文化的宜居生态新城市。另一方面,钦州市人口密度低,绿地面积大。

第二,工业园区自然资源丰富。①土地资源,钦州国土面积 $10895km^2$;②矿产资源近 46 种;③植物资源丰富,陆生植物近 765 种;④海洋资源丰富。

二、劣势 (W) 分析

(一) 科技成果转换率低

第一,园区的经济发展主要靠投资推动为主导,还有很多的资源并没有得到合理利用。比如直接可以对产业园区产业的发展建设构成影响的相关人才和研究成果并没有得到充分地利用或者转化。由于广西各科研院所数量和质量不足,阻碍了工业园区高新技术产业的发展和科研成果的转化速度。第二,政府对科技成果的利用重视不够。缺乏高新技术知识产权的法律法规和科研成果的定期展示,推迟了科研院所与企业之间科研成果的对接,导致科技成果转化率低,产品开发缓慢。公园的城市水平。

(二) 人才孵化与培养不足

一是园区对人才短缺和人才创新能力重视不够,甚至还没有开始对此给予足够重视,更不用说制定引进相关人才的专项措施;二是园区没有落实相关人才政策,由于缺乏物质和精神两方面的人才激励,园区很难引进和留住高技术人才;三是园区人才管理机制不够灵活;四是政府还没有建立专业人员解散和培养机制。政府对人才的忽视使人才培养与发展无法建立匹配机制。人才发展到一定阶段后,产业园未能提供更好的职业发展前景。

(三) 国家财政投入不到位影响区内产业经济运行

虽然园区内专门设立了地方银行,政策明确指出应鼓励商业银行支持企业信贷,但企业建设的资金瓶颈依然存在,许多企业仍然难以从商业银行获得信贷贷款。由于工业园区本身缺乏财力资源,园区公共基础设施仍然不足,国家和市级相关财力支持不到位。这些缺陷阻碍了园区经济运行的进一步发展和促进。中马钦州产业园区财务管理体系是一级安排。在资金供应和支持方面,虽然自治区和中央政府每年都有单独的财政拨款,但归根结底,园区的预算仍属于部门预算,不享有财政自主权。为了更好地促进园区的经济发展和建设,相关的金融机制需要继续改革。

(四) 政府管理体制存在问题

中马钦州产业园区的管理层级结构仍然延续着垂直领导框架。一是以自治区政府有关文件为指导,不根据园区自身发展的实际情况制定发展政策。二是虽然中马钦州产业园区

第四章 中马钦州产业园区SWOT分析与产业集群构成

管委会被视为与钦州市政府同一行政级别，但不依法享有相关权力。三是党政企一体化是我国各类工业园区的总体布局。在产业园初建时期，以这样的干部设置安排确实能够增进工作效率，推动产业园的切实发展。但是这种安排制度可能会导致园区管委渐渐脱离于钦州市的地方党委和政府，存在隐患。

三、机遇（O）分析

（一）宏观政策带来的发展机遇

广西是唯一一个享受如此多国家宏观政策优惠的省份。它不仅享有西部大开发的利益，而且享有少数民族的自治权。同时，作为沿海省份和边疆省份，也享有相应的政策利益，是国家发展建设的战略高地。在广西的经济建设上，我国是十分重视的，给予了重点扶持政策，并且大力施行相关的配套措施，包括重要的项目设置和安排，相关的综合配套措施以及改革措施，保税区的建设以及物流体系的完善，金融的国际化，对外开放与互利合作。正是由于长江沿岸地区独特的地理优势以及国内市场和国际市场，广西才能站在国家宏观政策指导的大局上，牢牢把握机遇，把这些机遇转化为现实生产力，与之相适应。"一带一路"倡议的发展趋势，有助于提升广西产业集群产业园区。我国目前已与国际上许多国家合作建设产业园区，但是中马钦州产业园区的优势或者核心竞争力却是独特的，具有能够辐射东盟乃至国际的区位优势；在开发方式上能够通过引进企业化运营模式，迎合市场发展需要；而其产业与城市的协调融合以及国家级经开区政策基础上的优惠政策更是为其提供了发展机遇。

（二）产业经济的转移带来的发展机遇

广西地处我国西部地区，其对于对外直接投资的吸引力以及加工贸易转移的吸引力在持续增强。其中很大一部分是由于成本优势。毕竟在其他地区，特别是沿海地区，人口密集，企业众多，土地资源稀缺，劳动力特别昂贵。同时，由于国家宏观产业布局和升级政策的引导，越来越多的东部产业向西部转移，无论涉及的产业数量还是企业数量都在西部。建设和经济结构升级做出了贡献。中马钦州产业园区位于广西北部湾经济区的核心地带，目前仍处于产业发展的初级阶段。无论是在发展空间还是在消费市场，它都具有巨大的发展潜力。面对产业的转移，中马钦州产业园区自然成为了最具有吸引力的地方。

（三）全球产业绿色生态化带来的发展机遇

中马钦州产业园区以第四代产业园区为建设目标，是一个国际化、自由化的产业园区。当今全球产业注重绿色生态，中马钦州产业园区的发展应与时俱进。中马钦州产业园区作为中国第四代产业园区，坚持可持续发展的目标，以建设集约型循环经济体系的生态产业园区为方向。它不仅为企业和行业走向循环经济提供了案例，而且努力使这种学习和模仿成为现实。为了支持园区的发展和建设，国务院出台了六项特别政策，批准园区深化投资便利化、贸易自由化、金融国际化和管理法制化改革。第四代产业园区坚持继承与创新相结合，强调要积极适应经济发展的新形势和新要求。它不仅强调了前三代的特色和优

第一节 中马钦州产业园区 SWOT 分析

势的融合,更突出了国际合作导向和发展模式的创新。园区致力于建设高端产业集聚区、产城一体化示范区、科教人力资源富集区、国际合作与自由贸易试验区,为国际化、转型升级提供持续不断的发展动力。

同时,中马钦州产业园区改变了传统的以土地管理为基础的园区发展模式,探索了从土地管理到城市管理、产业管理和资本管理的收益来源,引导投资者实现开发建设的综合效益。在投资金融资金时,还应注意扩大金融资金的投资带动作用,减少对工业项目的金融资金直接补贴,加强对产业引导基金、股权投资基金和风险投资基金对战略性新兴产业项目的支持。实现财务支持资金的可回收性和有效利用。

(四)良好的市场贸易条件带来的发展机遇

伴随着国家"一带一路"建立的海上丝绸之路倡议的实施,中国—东盟双方市场提供了市场需求并产生了积极效益,这将进一步推动贸易的增长,促进中马钦州产业园区的建设与发展。我国和东盟各国所处的地理位置不同,不同的水文条件下孕育的资源明显有所差异。加之双方的历史文化积累也各有不同,造就了双方在价值观、人生观等其他多个层面的不同。双方都有值得学习和利用的东西。双方要弘扬相互学习的精神,取长补短,互相帮助,从各自的市场弱点和需求出发,寻求合作利益的双赢点,通过不断的努力促进对方经济发展,实现交流合作、互助的双赢目标。

四、挑战(T)分析

(一)受发展空间限制

中马钦州产业园既没有成渝工业区和长株潭工业区的经济实力,也没有贵州新兴工业园的内陆配套优势。此外,广西周边省市也在利用各自优势建设自己的工业园区,在一定程度上,中马钦州产业园区的发展已经面临了一些压力。

(二)市场化程度低无法满足产业持续发展

改革开放后,经过自治区政府的努力,广西的经济虽然得到一定的发展但市场化程度低。市场化程度低使得产业园区的建设无法满足第四代园区发展的需要。中马钦州产业园由中马两国共同建设。其相关政策必须符合中国和马来西亚的需要。因此,有必要进行相应的政策改革。在我国,制定和修改规章制度存在很大的制度障碍。

(三)科研技术水平不足

中马钦州产业园区寻求第四代园区的发展模式,对绿色产业要求很高。然而,广西壮族自治区绿色产业的发展基础不稳固,缺乏资金投入和技术支持。研发能力薄弱,技术转让和交易服务网络不完善,制约了园区的发展。此外,发达国家对技术的封锁也在一定程度上阻碍了技术的转让和流通。科研技术的制约给园区产业的发展带来的挑战比较严峻,加之产业全区的人才引进和培训仍然是园区的短板。

五、中马钦州产业园区 SWOT 分析矩阵

通过 SWOT 宏观环境分析法对中马钦州产业园区建设第四代产业园所面临的优势、劣势、机遇与挑战四个方面进行详细的分析后,建立 SWTO 分析矩阵,见表 4-1,通过矩阵表对中马钦州产业园区的 SO、TO、EO、TW 进行详细战略分析。

表 4-1　　　　　　　　中马钦州产业园区 SWOT 分析矩阵

内部环境 外部环境	优势（S） 1. 政治优势：享受国家级经济技术开发区、国家西部大开发法、北部湾经济区的优惠政策。 2. 区位优势：钦州市是联通东南亚和大西南的关键点。 3. 交通运输优势：拥有海陆空三位一体、四通八达的交通运输体系。 4. 资源优势：丰富的药用资源、陆地植物资源、矿产资源。 5. 产业园区融合能力强,能更好地与国际接轨	劣势（W） 1. 科技成果转换率低。 2. 人才孵化与培养不足。 3. 国家财政投入不到位。影响区内产业经济运行。 4. 政府管理体制存在问题
机遇（O） 1. 宏观政策带来的发展机遇。 2. 产业经济的转移带来的发展机遇。 3. 全球产业绿色生态化带来的发展机遇。 4. 良好的市场贸易条件带来的发展机遇	SO 战略 1. 广西南宁市、钦州等地科研院所及高校研发机构已具备一定规模,并且发展较快。 2. 中马钦州产业园区发展前景大、发展迅速。 3. 国家对中马钦州产业园区的发展政策已经逐步落实。 4. 深化中国与东盟国家的合作。 5. 构建绿色生态经济体系、完善产业集群结构 6. 积极推进北部湾经济合作	WO 战略 1. 建设健全相关法律法规体系。 2. 加快技术转移高端专业人才的培养。 3. 提高科技成果转换率。 4. 引进国内外产业园区的成功管理经验。 5. 构建产业园区服务支持体系。 6. 发挥南宁东盟博览会举办地的优势推动国际合作
挑战（T） 1. 受发展空间限制。 2. 市场化程度低无法满足产业持续发展。 3. 科研技术水平不足	TO 战略 1. 完善政府监管的政策体系。 2. 完善园区建设工作。 3. 完善园区信息化管理机制。 4. 加强与东盟各国的自由贸易合作	TW 战略 1. 加强现代高新技术产业的布局和发展。 2. 在不断完善产业园区内部结构的基础上,加强产业园区企业的国际竞争力。 3. 促进技术转移、科技成果转换,构建技术转移和成果展示的网络化平台。 4. 产业园区重点突出东南亚产业特色,细分行业做大做强

第二节　中马钦州产业园产业项目引入与突出产业特色

自 2012 年开园以来,园区坚持"零起步、高起点、快发展",突出抓好基础设施和配

第二节 中马钦州产业园产业项目引入与突出产业特色

套建设、招商引资和项目推进、体制机制和政策创新，扎实推进"两国双园"务实合作和互动发展，园区开发建设各项工作取得重要进展。从2016年开始，园区开发建设进入"五年见成效"新阶段，呈现出开发范围迅速扩大、产城项目加速布局、配套设施加快完善的发展态势。2017年，园区固定资产投资实现42.73亿元，同比增长226%，基本上是过去4年投资总和。

一、中马钦州产业园产业项目引进情况

截至2018年4月底，园区完成了一期开发面积15km²的计划，总投资137亿元。至2019年底园区的开发范围超过30km²。自2012年以来，园区总投资超过140亿元，土地供地率从2015年初的不足40%提高到70%以上；至2018年底，园区注册企业超过320家，共引进产城项目139个，总投资1164亿元。其中，重点产业项目42个，总投资644.4亿元，重大项目布局实现突破。如总投资200亿元的启世12英寸大硅片、总投资100亿元的泰嘉7.5代线液晶面板、总投资88亿元的恒源新能源物流汽车、总投资15.4亿元的科艺新能源项目、总投资15亿元的安通控股多式联运综合物流基地项目等一批战略性新兴产业项目相继落户并计划开工建设。传统优势产业方面，港青油脂实现正常生产，10家燕窝加工企业完成工程装修，还有12家燕窝加工企业等待入园，并与马来西亚企业发展部商定共建清真产业园。

至2019年底，总投资超过100亿元的泰嘉7.5代线液晶面板项目实现开工建设。川桂国际产能合作产业园项目实现开工建设。重大国际产能合作项目中农批国际冷链与清真产业基地完成项目供地和招投标。中盟新能源产业园实现开工。中马国际科技园、亚太创客空间、智慧物联产业园、燕窝加工贸易基地等重大产业平台建成，马来西亚首批毛燕已经正式进入园区生产。扶贫创业小镇项目一期基本建成，具备入住条件，首批1000多人贫困群众陆续入住。泰嘉7.5代线液晶面板、恒源新能源物流汽车入选钦州市"5+2"重大项目；同时，泰嘉7.5代线液晶面板、鑫德利光电科技研发与生产基地一期和慧宝源医药等3个项目获批自治区第一批"双百双新"项目。招商引资再上新台阶，园区共签订投资、意向或框架合作协议19个，签订投资协议8个；招商引资合同投资额147.25亿元；招商引资实际到位资金20.13亿元；新签工业项目合同投资额82.25亿元。

2020年，中马钦州产业园区新设立企业2637户，其中内资企业2625户，注册资金889亿元人民币；外资企业12户，注册资金30亿美元；实际到位内资34.8亿元，实际到位外资1.7亿美元；新签约项目43个，总投资额884.5亿元。

二、产业平台项目建设

中马钦州产业园区围绕建设"中马两国投资合作旗舰项目"和"中国—东盟合作示范区"的战略定位，坚持以国际化、创新型为导向，突出抓好战略性新兴产业培育和跨国产业链构建，加快建立以资本为导向的园区开发体系，通过搭建一批科技金融产业发展平台（TFM），推动高科技产业国际化布局、集群化发展。经过3年多的开发建设，园区启动区7.87km²基础设施框架基本形成，已经具备项目"即到即入驻"的便利条件。从2016年开始，园区开发建设进入产业和城市项目加速布局的新时期。

(一)中马国际科技园(创业孵化基地)

该平台项目总投资 16 亿元,用地面积约 150 亩。项目按功能分为研发区、企业总部区及轻设备生产区,主要建设内容为研发楼、轻设备生产大楼、车库、道路、绿化以及相应的配套设施等。目前已有凯利数码有限公司、SEIKI 数码基站天线等项目入驻(图 4-1)。

图 4-1 中马国际科技园

(二)职业教育实训基地(创客空间)

该项目规划用地约 80 亩,总投资约 4 亿元,建设内容包括互联网人才培养基地(创客空间)、云计算中心、互联网服务外包基地、安全生产基地、设备生产基地等(图 4-2)。

图 4-2 中马产业园职业教育实训基地

(三) 智慧物联产业园

该项目占地约 100 亩，总建筑面积约 7 万 m^2，项目总投资 2.84 亿元。智慧物联产业园定义为"创意社区"，园区鼓励科技创新，主要建设研发楼、研发中心、便捷酒店、公寓楼、专家楼和商业中心等。其中在商业中心设置中马免税店、跨境电商购物体验中心、虚拟 VR 娱乐区等（图 4-3）。目前确定入驻智慧物联产业园项目有至爱医院、光速达科技等。

图 4-3 智慧物联产业园

(四) 北斗产业园

该项目总投资约 38 亿元，主要建设内容包括 7 个子项：高分辨率对地观测系统广西数据服务中心，估算投资 12 亿元；中国—东盟北斗/GNSS 中心，估算投资 0.04 亿元；遥感卫星综合服务平台，估算投资 1.5 亿元；北斗海洋救援信息管理平台，估算投资 1 亿元；广西北斗综合应用示范产业基地，估算投资 3.5 亿元；中国—东盟北斗天绘卫星运营平台，估算投资 1.5 亿元；北斗卫星应用产业园，估算投资 19 亿元（图 4-4）。

图 4-4 中马产业园区的北斗产业园

（五）中国—东盟教育装备产业园

该项目总用地面积1500亩，主要建设教育装备生产基地、教育装备研发中心、产品展示馆、幼儿教育体验馆等配套设施。其中，贝玛教育装备科创产业园项目总投资10亿元人民币，分两期建设。一期建设用地约100亩，建设创新教育科创园工程、国际教育装备新材料研究中心、儿童创新教育研究中心、教育装备创新工场等工程；二期建设微晶木板材生产、微晶木母粒生产、微晶木应用产业化基地（图4-5）。

图4-5　中国—东盟教育装备产业园

（六）国际医疗服务集聚区

该项目用地面积约150亩，总投资20亿元。项目一期建设综合医院，用地面积约70亩，主要建设国际专科诊疗中心、体验中心、保健中心及配套设施，将打造成中马钦州产业园区国际医疗服务、康体服务及医疗旅游的高附加值产业（图4-6）。

图4-6　国际医疗服务集聚区

(七) 中国—东盟信息港跨境数据中心

该项目总投资约 4 亿元,总建筑面积约 2 万 m^2。主要建设内容为:T4 标准跨境数据中心,提供数据机柜 2000 个;智慧应用创新中心,包括智慧城市应用、五大基础平台展示、设备信息管理、多媒体内容管理、参观管理、演示模式管理、移动控制终端等内容(图 4-7)。

图 4-7 中国—东盟信息港跨境数据中心

(八) 创意设计园

该项目用地面积约 150 亩,主要发展城市规划设计、建筑设计、工业设计、文化创意等现代创意服务产业。其中一期用地约 30 亩,建筑面积约 15000m^2,包括研发中心办公楼、展览中心、专业设计工作室、培训中心等功能设施(图 4-8)。

图 4-8 创意设计园

(九)燕窝加工贸易基地

该项目总投资约 7 亿元,占地约 80 亩,总建筑面积约 13.8 万 m^2。主要建设燕窝产业大厦及产业社区;燕窝加工中心配套建设燕窝产品仓库、污水初级处理设施等生产辅助设施。项目分二期建设,其中毛燕进口指定口岸设施已于 6 月顺利通过广西出入境检验检疫局预验收,已经向国家质检总局申请验收。项目为燕窝产业开放平台,全部投产后,可引进毛燕加工、燕窝即食企业超过 50 家,年加工毛燕可达 120t 以上,预计带动年产值约 20 亿元(图 4-9)。

图 4-9 中马产业园燕窝加工贸易基地

目前,广西中马钦州产业园光正悦华进出口贸易有限公司、广西君禾大顺商贸有限公司、广西千恩食品有限公司、广西团集食品有限公司、精燕(广西)燕窝有限公司、广西尚品大马燕窝有限公司、马来西亚关丹钦州燕窝有限公司等 10 家企业已在园区注册并入驻基地。

(十)国家燕窝及营养保健食品检测重点实验室(钦州)

国家级燕窝及营养保健品检测重点实验室(钦州)项目由国家质检总局于 2014 年批准筹建,为全国唯一的以燕窝为重点的国家级检测重点实验室。项目落户中马钦州产业园区,对促进园区打造进口毛燕加工基地具有重要意义(图 4-10)。

图 4-10 国家燕窝及营养保健食品检测重点实验室(钦州)

该项目位于中马钦州产业园区启动区内,丹兰路以东,中马北一街以北,总用地面积约 6 亩,实验室总建筑面积约 3500m^2,概算总投资 3600 万元(含设备),主要建设内容包括业务功能区,有机、无机、理化检测实验室,食品微生物和分子微生物实验室,生物安全等级为 P2+。实验室将以燕窝及燕窝制品的检测与科研为重点，兼顾其他营养保健食品的检测能力建设，主要从事食品营养成分、食品添加剂、农药残留、兽药残留、重金属及其他元素、生物毒素、环境污染物、微生物、转基因等食品安全质量的检测。实验室建成后除承担日常检测外，还将在标准制订、信息搜集、决策服务等方面为检验检疫系统提供坚实的技术保障。

（十一）苏桂科技产业园

苏桂科技产业园由江苏明朗集团投资建设，与上市公司苏高新等联合招商运营。江苏明朗投资控股集团有限公司，是一家集金融服务，产业园生态链建设，新能源系统集成等诸多前沿项目为一体的集团性企业。集团目前在江苏宿迁、常州、苏州等地建设有多个科技产业园，均已 100% 完成招商，拥有丰富的产业资源及运营经验（图 4-11）。

苏桂科技产业园项目总投资额为 30 亿元，主要建设跨境电商产业园（以东南亚燕窝，木材，橡胶等为主要经营产品）、智慧工业园、教育装备产业园、东西部产业合作基地、总部经济产业及相关配套设施（包括总部经济楼、住宅，商业等）、配套仓储设施等。

规划建设我国具有自由贸易功能的新一代国际化、创新型园区。中马钦州产业园区认真总结我国园区经济从工业集中型园区（1.0 版）、向产城融合型园区（2.0 版）、再到科教创新型园区（3.0 版）的发展经验，以创建"中国（北部湾）自由贸易试验区"为契机，主动提升园区发展目标定位，积极探索建设具有自由贸易功能的新一代国际化、创新型园区（4.0 版）。新一代国际化、创新型开发园区既注重整合前三代开发园区的特征和优势，又突出了国际合作导向和开发模式创新，致力于建设高端产业集聚区、产城融合示范区、科教和人才资源富集区、国际合作和自由贸易试验区，为我国园区经济的国际化和转型升级提供持续不懈的发展动力。目前，中马钦州产业园区围绕建设我国新一代国际化、创新型开发园区，初步完成了园区总体规划修编工作。

图 4-11　苏桂科技产业园

三、突出产业特色

（一）大力发展以汽车为主的装备制造业

在发展装备制造业的过程中，中马钦州产业园区可依托钦州港与保税港区发展工程与港口机械装备。围绕当前国内外新能源汽车发展战略，重点发展新能源汽车的关键零部件制造，提高系统化、专业化和集成化制造水平。在发展汽车零部件制造的同时，为加强中马钦州产业园的整车制造能力，还应重点引进马来西亚宝腾汽车整车厂商入驻中马钦州产业园，加快形成整车制造产能。到规划期末，争取将中马钦州产业园打造成为全国有较大影响力的新整车生产基地。

（二）材料及新材料

中马钦州产业园对新材料产业的培养，应以新型功能材料、高性能结构材料、先进复合材料为发展重点，同时积极引进马来西亚节能环保材料大型企业，通过促进企业与区域高校的联动发展，大力推进科技含量高、市场前景广、带动作用强的新材料产业规模化发展。尤其是在发展化工新材料的过程中，可以利用中马钦州产业园南部的钦州石化工业园发展石化产业链后续工程，延长石化产业链，如乙烯、丙烯等石化产品，以及如润滑剂、合成橡胶、塑料、化肥、医药品等下游行业，形成广西沿海石化产业集群。到规划期末，力争将中马钦州产业园建设成为我国重要的新材料产业基地。

（三）生物技术

中马钦州产业园的特色生物技术产业主要集中在四大南药（槟榔、益智仁、砂仁、巴戟天四味中药材）及现代中药、海洋生物制药、农业生物技术、生物医药保健、生物环保技术的研发与发展。中马钦州产业园的特色生物技术产业应以中国与马来西亚两国的生物产业融合发展为导向，以"优化创新、聚焦高端"为主线，整合中马两国的先进生物技术与产业资源，以生物技术为依托，大力发展以棕榈油加工为基础的生物能源、以天然资源产品如草药、水产、香料等中提炼药剂、营养品、养生食品等，通过推进生物资源深加工和品牌化步伐，打造产品丰富、技术先进、领先国际的生物产业"硅谷"，提升中马钦州产业园生物技术产业在全球价值链中的品牌及地位。

第三节 中马钦州产业园区产业集群构成

一、电子信息产业集群

（一）智能电子仪器

重点发展工业智能控制系统、智能仪器仪表、数控机床控制模块、智能石化控制模块、自动化物流成套设备、造纸自控设备、智能电网关键设备、海洋工程的电子控制设备等,以及 ID/IC 考勤机、指纹考勤系统、车位引导设备、长距离读卡器、IC 系列产品、读写器、巡更器、条码设备、水电控制设备、RFID 标签、传感器、阅读验证器、人像采集系统等;智能小区安防系统、闭路监控子系统、电子巡更管理子系统、周界防范报警子系统、IC 卡车辆管理系统停车场管理子系统等。

(二)智能家电

重点发展自动抄表系统、可视对讲系统、互联网远程遥控系统、智能电话远程遥控供电管理系统、智能电话家居远程控制系统、家庭场景管理系统、照明控制系统、室内无线/红外遥控系统、家居设备日程管理系统、家居安全防范系统、语音控制系统、网络视频监控系统等。

(三)自动化数据处理设备

重点发展光端机、视频采集卡、桌面智能终端系统、管理平台服务器、视频监控测试、仪射线检测仪、手持防盗检测仪、接地检测仪、内存分区检测仪、网线检测仪器自动示波综合检测仪、数码管型红外线遥控器检测仪、防静电手腕式在线监测仪、显像管老化检测再生仪、电话线缆检测仪、电磁波辐射检测仪、表面电阻率检测仪、复合谐振波智能型检测仪等。

(四)新一代移动通信设备

重点发展 GPS 导航、移动电视、手机电视、手机、MP4、条码扫描器、RFID 读写器、POS 机、平板电脑、手持游戏机等。多媒体网关、电视墙服务器等。

(五)集成电路

重点发展行、场扫描集成电路、中放集成电路、伴音集成电路、彩色解码集成电路、AV/TV 转换集成电路、遥控集成电路、CPU 集成电路;AM/FM 高中频电路、立体声解码电路、环绕声处理集成电路、电平驱动集成电路、延时混响集成电路;系统控制集成电路、视频编码集成电路、MPEG 解码集成电路、音频信号处理集成电路、音响效果集成电路、RF 信号处理集成电路、数字信号处理集成电路、伺服集成电路、电动机驱动集成电路等。

(六)新型显示器

重点发展液晶数控教学电视、液晶广告机、车载显示器、数字视频处理器、液晶监视器、触摸智能教育机、触摸显示器、LED 显示屏、智能高清视讯服务器、投影机等以及相关配件,如液晶屏、高压条、信号线、外壳、AD 板、灯管、屏线、壁挂架、液晶电源、砧板、电容、三极管和高压包等。

(七)多媒体设备及关键器件

重点发展远程教育系统、远程医疗和远程会议系统。如摄像机三维控制键盘、无线看字摄像头、正背投影硬幕、多媒体中控系统、地拉幕/电动幕/全息幕弧形融合工程幕、移动演播室系统；多功能分频器、功率放大器、专业调音台、电源时序器、专业均衡器、专业DSP效果器、录制点播服务器、抓包服务器、流媒体服务器等；以及远程医学影像阅片系统、远程医学动静态图形图像检查系统、远程医学显微图像检查系统、远程会诊交互系统、远程家庭监护系统、远程重症监护系统、健康档案管理系统，以及远程医院探视系统等。

二、生物医药产业集群

（一）大南药及现代中药

打造以风类药、打类药和风打相兼类为特色的世界瑶药基地。其中，风类药重点发展白背风、血藤、鸭脚木、九龙藤、麻骨风、四方藤、半边风等；打类药重点发展田七、鸟不站、青蒿、尖尾凤、韭菜、透骨消，以及竹叶龙根等。风打相兼类则重点发展"钻"类药，如大钻、小钻、九龙钻、大红钻、小红钻、双钩钻、六方钻、四方钻、槟榔钻等。发展以瑶药泡浴为特色的瑶浴药包，打造世界健康洗浴药之都。重点发展18个系列的瑶浴药包，包括风湿关节、肩颈疼痛、骨质增生、舒筋活络、香体润肤、排毒养颜、美白淡斑、胸部护理、经络养生、女性修复、养心安神、壮阳扶元、手脚冰冷、减肥降脂、驱寒去湿、健脾养胃、益肝补肾、温宫祛寒等。发展地方性中药和天然药物，打造大西南特色"生态药谷"。

（二）海洋生物制药

重点构建6大类基于南海生物特色的生物药物中间体综合研发与生产集聚区。重点依托南海丰富的海洋生物资源，如6000多种底栖息动物，2000多种鱼类，北部大陆架1000种以上鱼类和多种其他游泳动物，以及丰富的褐藻类马尾藻、羊栖菜；红藻类的紫菜、江蓠、海萝、鹧鸪菜、海人草、麒麟菜等。开发以海藻类、贝类、头足类软体动物为主，鱼虾类和爬行动物类为辅的药用中间体。为海洋生物药物和保健护理产品的生产奠定基础。同时，构建8大类基于南海生物药物中间体的国际化生物医药开发与生产综合体。即在上述六大类生物医药中间体的基础上，总体上形成以生物抗癌、泌尿系统、毒素先导化合物和抗菌抗毒生物药物为主，以人脑血管、消化系统、镇痛抗炎、免疫调节药物为辅的生物制药发展格局。突出基因工程、基因重组、细胞免疫、海洋生物活性物质提取、海洋生物药源制备、遗传育种等，重点研制预防、诊断和治疗用药物、新型疫苗和诊断试剂。

（三）农业生物技术

重点发展海洋微藻为原料的生物柴油和氢气的制备，强化微藻制备航空用油的技术研发与产品生产，加速滨海耐盐碱植物生产生物柴油为主线的海洋生物质能源产业化，建设中国南海微藻油脂转化生物柴油产业化示范工程。

（四）生物医药保健

重点构建世界最大的生物保健品原材料和中间体生产基地。重点发展包括脂肪酸及衍生物、金属脂肪酸、乙氧基化脂肪醇（脂肪酸万春酰胺）、生物乙醇、高吸水树脂、维生素等精细化工产品；以及香精香料、三氯蔗糖、人工糖料和茶多酚等糖类产品和棕榈油、菜籽油等脂肪酸的初级产品。积极建设东南亚最大的保健护理产品研发生产综合体。重点发展包括护身、护面、护发、化妆品、香水等护理与护肤产品；洗衣去污剂、沐浴露、洁肤露、抗菌洗手液、餐具洗涤剂等去污杀菌产品，以及包括牙膏、口腔膏、漱口药水等口腔护理产品和基于鱼类、贝壳类等产品开发的维生素B12、基于鱼肝油、金枪鱼等产品开发的维生素D等。

（五）生物仪器装备

重点发展分子生物仪器。重点发展酶标仪、基因扩增仪、分子杂交箱、超声波细胞破碎仪、基因导入枪、细胞培养转瓶机、发酵罐以及核算提取仪等与生物制造技术相关联的仪器设备。以及海洋生化设备，包括纳米催化微电解海水净化消毒设备、微波消解仪、微波高压萃取容器（制备PCBs和OCPs）、高效液相色谱分离/截取机（制备PCB8和OCP16）、UASB反应器和布袋过滤器、超滤膜截流机等。凝胶成像系统、紫外分析仪、分光光度计、旋光仪、阿贝折射仪、核酸蛋白检测仪，以及医疗激光仪器、激光美容设备、肿瘤早期诊断系统、医用超声波、医用监护仪医用X光机、光电半导体医疗激光仪等主要依赖多媒体视频与光学技术，以及生物技术的核心器件。如酶传感器、微生物传感器、细胞传感器、组织传感器、免疫传感器、生物电极传感器、半导体生物传感器、光生物传感器等。

（六）生物环保技术

重点发展生物修复剂，如微生物表面活性剂、生物消油剂、除油促进剂、活性树脂吸附剂、有机黏土吸附剂、微孔淀粉吸附剂、营养盐、亲油性肥料等，以及硫酸盐还原菌、天然分离菌、基因工程菌、假单胞菌、酵母膏，以及细菌胞外酶等由降解菌群等为主要成分的微生物降解制剂。

三、现代服务业产业集群

（一）现代物流

首先，积极抓紧第三方物流体系建设，重点培养大型物流商，辅以培育个性化小型的第三方物流企业集群，构建现代化的物流信息网络体系、政府采购网和物流专用物联网体系，向中国乃至全球提供个性化物流菜单式服务项目，满足专业化公司及政府部门的采购需求。其次，大力发展物流咨询，重点发展物流技术咨询和物流信息系统咨询业务，包括仓储配送咨询、运输咨询、物流规划咨询、物流市场咨询和供应链解决方案。

（二）金融保险

围绕中国—东盟合作和北部湾区域开发与开放，重点发展以离岸金融为中心的金融服务业、以投资保险和再保险为中心的保险业。鼓励发展生物制药设备、生命科学研究设备、海洋环保设备等的融资租赁业务；积极开展固定资产贷款、项目贷款动产质押贷款、经营性物业抵押贷款、海陆仓质押贷款、厢式贷款等业务等，丰富贷款担保方式，支持中小企业的融资需求。大力发展海上保险和再保险业务，如船舶险和责任险、海上损失管理、海上风险管理咨询服务等，开拓保险资金的运用渠道、加大保险资金在证券、基金等领域的运用。

（三）商贸会展

商贸主要服务钦州经济技术开发区、中马钦州产业园和滨江新城；商务则主要面向国际商务洽谈、高端技术服务和技术创新等，重点开发具有地方特色的国际现代化商务设施。主要依托中马产业园的核心产业及衍生的服务业，适当发展会议经济和会展经济。其中，会议经济集中在：国际生物科学暨生物产业会议、国际多媒体科学暨电子信息产业会议、海洋环境保护论坛、现代健康卫生论坛等；会展经济集中在：国际生物制造装备暨生命科学仪器展销会/博览会、国际多媒体技术与新产品展销会/博览会等，积极构建中国—东盟国际生物技术与新产品会展中心。

（四）文化康乐

重点发展商务楼宇、星级酒店、特色酒吧、休闲茶楼、会展中心、会议中心、特色休闲会所、康体养生馆、特色休闲娱乐等，适当发展影剧院和文化馆；以及中高端购物中心、小型购物中心、连锁超市、专卖店、专业店、餐饮等。

（五）技术咨询

综合考虑规划产业的核心技术含量、国家研发力量分布，以及国家科技专利保护等限制条件，以及钦州与北部湾地区远期的分工与协作背景，生物领域重点发展：海洋生物信息库建设、海洋生物能源开发、海洋生物制药与设备、海洋环境检测与环境保护系统四大领域；多媒体领域重点发展：智能电子信息装备、网络高速传输设备、远程教育与会议、光学生物仪器、光电子和发光二极管五大领域，积极建设中国西部多媒体产业创新孵化基地，以及国际海洋生物技术创新与新技术应用中心。

（六）服务外包

主要依托中马钦州产业园的技术研发产业优势、知识产权的权属关系以及高端技术产品的生产需求，重点发展：智能家居与社区方案设计与安装维修服务、视频教育与会议系统方案设计与安装维修服务、生物保健护肤产品与材料生产的技术咨询服务、海洋环保实施方案与装备应用技术服务、生命科学仪器生产的技术咨询服务、生物制造（制药）的技术应用服务与市场咨询服务等。

（七）区域总部经济

主要依托中马钦州产业园海洋生物和智能多媒体应用系统两大产业优势，通过构建中国南海海洋生物总部基地和中国国际多媒体智能装备总部基地，辅以中小企业孵化基地建设，借助国际龙头企业研发功能的延伸，发展区域性和专业化的总部经济，积极构建中马国际多媒体技术研发与外包服务中心。

(八) 教育培训

主要依托中马钦州产业园多媒体技术开发与应用的基础，发展专业的远程教育与远程培训软件，以及远程网络应用与开发、远程生物制造技术的教育培训和生命科学仪器、生物工程仪器、海洋环境检测等设备的应用培训，积极构建中国新兴多媒体远程教学与培训基地与大西南海洋科教服务中心。依托中马钦州产业园远程医疗系统开发的技术和资源基础，重点发展远程电子病历管理、远程医学影像阅片、远程医学图形图像检查、远程医学手术指导、远程会诊、远程重症监护、远程健康档案管理等业务，并开展远程的老年养生、饮食之道、美容瘦身、母婴健康、心理健康等健康咨询，以及常用的中药、中草药和部分中成药的药理与使用说明咨询等，结合远程医疗服务，共建中国远程医疗与健康服务中心。

(九) 其他

重点发展专业服务、海洋环保服务、第三方认证以及知识产权保护等。如开展海洋环境调查、海洋环境影响评价（评估）、海洋环境污染治理工程可行性研究、评估以及招投标活动的组织，海洋环保科技成果和实用技术的筛选及推广等，与相关科研高校院所共建南海海洋生态整治与修复工程技术服务中心，同时，发展海洋环境污染治理服务，即海洋废水处理、海洋油污处理处置、海洋重金属污染处理、海洋富营养化处理处置等。大力引进国际著名的第三方认证机构，如莱茵 TUV、英国 INTERTEK、美国 UL、瑞士 SGS 等，加强与本地相关机构的合作，积极推行全程一站式的服务，在生命科学设备、生物工程设备、生物制药器械、数字视听设备、信息技术设备等领域开展安全与环保认证服务。同时，形成五大职能于一体的知识产权服务平台：一是提供企业知识产权的战略咨询，为参加知识产权战略咨询的试点企业提供一定比例的配套资金支持，并且协助企业申请相关的政策资金支持；二是为专利、商标等提供代理，整合业内优秀资源，并给予试点单位一定比例的资金支持；三是创建企业知识产权负责人培训班，为试点企业的知识产权负责人免费提供相关培训；四是提供知识产权数据库的查询业务，即搭建专利、商标等知识产权相关的数据库系统，为试点企业提供查询和知识产权管理方面的网络服务；五是提供知识产权的质押贷款和其他投融资服务等增值服务。

四、装备制造产业集群

(一) 工程机械

重点发展推土机、挖掘机、装载机、起重机、压路机、推耙机、平地机、建筑塔机、水泥搅拌车和高楼泥浆泵，及其关键总成零部件，包括履带链轨节、支重轮、链轮轴、工程机械底盘零部件、轧机轴承、牙轮钻头轴承；紧固件、截齿、工程机械用模具；液压支架、起重机吊臂与支腿、搅拌机等产业。

(二)汽车及零部件

重点发展载货车、轿车、客车、专用车及其关键零部件,包括汽车纵梁、衡梁、车厢底架、钢制轮毂等;齿轮、同步器、液压马达、发动机连杆、曲轴、轴承,以及汽车模具等产业。

(三)电气机械

重点发展锅炉、汽轮机、发电设备、变压器、高压开关、电力电容等输配电控制设备,以及高压、特高压、节能输配电产品,包括压力容器与锅炉(蒸汽锅炉、热水锅炉、有机热载体炉、电加热锅炉;低压与中压压力容器);高热高压容器、高温受压结构件等。辅以发展微特电机、磁力电器件与机械、磁分离设备、电器通风设备,以及变压器、功率磁放大器、扼流圈等产业。

(四)农业机械

重点发展施肥、排灌、植保机械,脱粒、清选、烘干、储运机械,拖拉机、低速汽车,以及农副产品加工机械、农业环保机械、林业机械、园林绿化机械和渔业机械其零部件,包含喷灌机、灌溉控制系统、施肥机、沼气装置、果袋机、油锯、木材剥皮机、绿篱机、高枝锯、景观喷头以及超声波捕鱼机等产业。

(五)医疗器械

重点发展个人健康指标检测和功能状态评价装置、移动体检系统、超导MRI、高性能彩色超声成像仪、高分辨内窥镜、数字化平板X射线机、生物芯片、弹性超声成像设备、影像导航辅助系统、高频/激光等手术治疗设备、射频消融系统等与声学和光学相关的预防与诊断设备。以及生物成像设备、药理实验设备、基因检测设备,以及生物制药设备、糖化血红蛋白仪、血细胞计数器、菌落计数器、血液混匀器、血糖仪、红皮黄疸测定仪等与生物制药技术相关的设备;以及超声影像设备、核磁共振、电子计算机X射线断层扫描技术(CT)设备、数字化X射线机、生物分子核医学显像等与多媒体产业相关的先进医疗设备等产业。

(六)节能环保装备

重点发展各类各领域的节能监测设备、污染排放的监测设备、城市垃圾的智能筛选设备、风电与光热转换设备、电机变频控制系统,以及节能照明电器、高效节能缝制设备等产业。

五、食品加工产业集群

(一)海产品深加工

重点形成礼盒系列、即食系列、美食系列和简装系列四大产品系列,重点发展鱼、虾、贝、藻等干活产品，着力发展燕窝单品和美食套餐。突出鲍、参、翅、肚、燕五大品牌。

（二）特色农产品加工

重点发展粮油精加工、制糖、饮料（茶叶）、棕油、肉禽、饲料等食品加工产业。

（三）食品添加剂

重点发展增稠剂、香精/香料、甜味剂、酸味剂、酶制剂、发酵剂、保鲜剂、水分保持剂、稳定剂/凝固剂、营养强化剂，以及品质改良剂等与海洋生物，及生物制造业密切相关的添加剂类型。

（四）渔业饲料与用药

重点发展水产饲料、海水饲料、饲料添加剂、水产诱饵、进化剂系列、消毒剂系列、内服药系列、杀虫剂系列、外用药系列、水质处理系列、促生长药等海洋食品生物相关的产品。

（五）保健及清真保健食品

重点发展海带、牡蛎、鱼类和贝类等以鱼油健脑产品为重点的健脑益智类功能食品；以藻类为主要原材料，腔肠、棘皮等辅助原材料的预防肿瘤、调节免疫力、抗衰老的功能食品；以鱼油、菇类、海藻为主要原材料的预防心脑血管疾病，以及具有抗疲劳功效的功能食品；以海藻和海蜇为主要原材料的调节血压用的功能食品；以藻类和贝类为原材料的调节血糖、抑菌、抗病毒的功能食品等。

六、材料与新材料产业集群

（一）棕榈产品提取新材料

重点发展棕榈淀粉和造纸新材料，如卫生用纸、包装用纸和纤维垫等。咖啡伴侣、甘油、脂肪胺、类可可脂、乳化剂、化妆品和护肤用品等。以及棕榈酸异丙酯、棕榈酰氯、棕榈酸酯，如曲酸双棕榈酸酯、维生素棕榈酸酯、抗坏血酸棕榈酸酯、曲酸二棕榈酸酯等。

（二）新型合金材料

重点推进稀土、铟、锑、钨、钴等合金材料，形成铝基复合材料、锌锡产业链高端产品、锑阻燃剂系列新兴材料，以及稀土合金与镍铬合金等主打产品。

（三）化工新材料

重点发展高分子材料添加剂，石油化工催化剂，汽车、电子用化学品，绿色溶剂，合成橡胶、合成树脂、新型涂料、印刷油墨，以及医药中间体、无害农药等产业。

（四）电子新材料

重点发展光电子材料和半导体材料制造产业。如偏光片、彩色滤光片、液晶等相关材料；大尺寸靶材，有机发光显示器（OLED）用高纯有机材料、封装材料、高精度掩模板等；荧光粉等配套材料；电子纸用微胶囊、油墨、介电材料；有选择地发展大尺寸锗系材料、硫化锌（ZnS）、硒化锌（ZnSe）、碳化硅（SiC）红外材料；化合物半导体材料、氮化镓和碳化硅等衬底材料；高端 LED 封装材料，高亮度、大功率 LED 芯片材料。

（五）海洋新材料

重点发展海洋生物医用材料、海洋生物纤维材料、海洋无机功能材料、海洋高分子材料等产业。如高性能壳聚糖纤维材料（壳聚糖特种布）、海星代血浆、甲壳素（甲壳制医用缝合线）、工业琼胶、水凝胶、油漆涂料调和剂、生物仿生材料（如动物骨修复材料、新牙齿生物材料、新眼科生物材料等）、接种疫苗材料、基因/抗体/蛋白质递放材料、不饱和脂肪酸系列产品，以及溴系医药中间体、溴代聚碳酸酯阻燃剂、十溴二苯乙烷阻燃剂、海藻酸盐、海洋防腐蚀材料、海洋细菌孢子新型材料、生物智能海洋黏合剂和海洋生物膜、海洋增稠剂和凝胶、海洋乳化剂等海洋无机功能材料。有选择地开发海洋矿物和非矿化结构的海洋生物材料，包括非矿化结构的海洋生物材料和高分子生物聚合物、海洋生物硅、硅质海绵类和纳米材料、海洋微生物纳米电子元件或磁珠、矿化海洋生物复合材料、海洋陶瓷等海洋生物新材料。

第四节　中马钦州产业园主要企业简介

2016 年开始，园区进入"五年见成效"的新阶段。管委会围绕中国—东盟产能合作和构建跨国产业链、服务链。建立了以招商引资和项目服务为中心的管理体制，实行主要领导直接分管招商，其他领导配合抓好招商、全体工作人员一心服务招商的新机制，促进一批产业和城市配套项目加速入园。

截至 2017 年 7 月，入园企业 150 多家，已有 92 各产业项目落户园区，总投资 348.2 亿元，预计达总产值 1082.8 亿元，实现税收 62.8 亿元。按项目进度分类，其中在建项目 14 项，总投资 139.7 亿元；重点推进项目 41 项，总投资 177.9 亿元；储备项目 37 项，总投资 30.6 亿元。按产业分类，高端装备与智能制造产业项目 21 项，总投资 153.4 亿元；医药医疗大健康产业项目 12 项，总投资 24.5 亿元；互联网及新一代信息技术产业项目 10 项，总投资 14.3 亿元；新能源、新材料与节能环保产业项目 8 项，总投资 81.3 亿元；文化创新及现代服务产业项目 13 项，总投资 14.7 亿元；传统优势产业项目 14 项，总投资 13.6 亿元；公共产业发展平台项目 13 项总投资 45.8 亿元；其他产业项目 1 项，总投资 0.6 亿元。目前，港青油脂项目已经竣工，慧宝源项目一期、鑫德利光电科技项目已经试投产，保利协鑫分布式能源项目、凯利数码项目已经开工，一大批新引进项目如 3D 打印、5G 天线、大酉电机等即将启动建设。

第四节　中马钦州产业园主要企业简介

一、协鑫集团

协鑫（集团）控股有限公司是一家以新能源、清洁能源及相关产业为主的国际化综合性能源集团，是全球领先的光伏材料制造商及新能源开发、建设、运营商。协鑫始终秉承把"绿色能源带进生活"的理念，致力于成为最受尊重的国际化清洁能源企业。

作为中国 500 强企业，协鑫集团连续七年位列中国新能源行业榜首。分支机构遍布中国内地 31 个省（直辖市、自治区）、香港、台湾地区及美国、日本、加拿大、澳大利亚、新加坡、印度尼西亚、埃塞俄比亚、吉布提等世界各地，是全球太阳能理事会主席单位、亚洲光伏产业协会主席单位。

广西协鑫中马分布式能源有限公司成立于 2015 年 6 月 11 日，是协鑫智慧能源股份有限公司下属子公司，其主要运营的中马协鑫分布式能源项目是中马钦州产业园区重要的基础配套设施，项目以天然气作为燃料，为园区提供热、电、冷三联供能源服务，具有清洁、高效、环保、节能、安全可靠等明显的优势，对构建园区良好的投资环境起到积极的作用。

据了解，在园区管委会与协鑫公司共同努力下，2016 年 7 月 4 日协鑫公司取得了电网公司接入系统方案批复文件，项目 22.8km 线路接入工程的建设由电网公司负责，减少投入约 5000 万元。同时，项目已被纳入广西壮族自治区"十三五"能源规划、战略性新兴产业发展"十三五"规划和 2016 年自治区层面统筹推进重大项目，并获取了广西地区唯一一家国家多能互补示范项目申报；2016 年 6 月 27 日取得自治区物价局给予在燃煤标杆电价基础上不高于 0.35 元/kW·h 的政策支持。此外，园区管委会承诺在项目投产后若由于天然气价格上涨，造成单位成本价格倒挂、售电价格和蒸汽价格无法及时调价情况下，园区管委会将采取措施给予支持；园区平台公司承诺项目投产后给予项目直投资金的支持与合作。

二、UNIZ Technology LLC

UNIZ Technology LLC（北京金达雷科技有限公司），依托于国家重点支持、全球热点的 3D 打印行业领域，专注于为国内外设计行业、珠宝行业、医疗行业、科研院所以及个人用户提供智能化、高精度、高性价比的光固化 3D 打印机、耗材及相关技术服务，致力于开发以 LCO-SLA 光固化技术为核心的相关产品，并积极利用互联网技术开发建立 O2O 平台，为客户与合作伙伴提供更迅速、更有效率的产品和服务，实现企业与客户的双赢。公司研发的桌面级光固化高速 3D 打印机 SLASH 是目前世界最快的桌面级 3D 打印机。

2016 年 4 月，在众筹平台 Kickstarter 上，UNIZ Technology LLC 推出了 LCD-SLA 3D 打印机 Slash，其早鸟价（即早期众筹支持者得到价格）仅为 999 美元，但其效率比同类产品快 10~50 倍。这个价格甚至比大多数中档的 FDM 3D 打印机更便宜，颠覆了人们的印象中基于光固化技术的桌面型 SLA/DLP 3D 打印机的价格往往要比使用熔触沉积成型（FDM）技术的 3D 打印机价格要高上一个台阶的印象。

这台目前世界最快的桌面级 3D 打印机，其 3D 打印速度可以达到破纪录的 1000L/h，号称是 Form2 的 50 倍，甚至超过风头正劲的 CLIP 技术。最让人眼前一亮的是，它的精细度也让人难以置信，其 X 轴和 Y 轴的分辨率达到了 $2560×1600/339PPI/75\mu m$，Z 轴分辨率达到 $10\mu m$，而且可以定制，因此用户可以根据零部件的不同要求设置不同的分辨率。而这一切要归功于其快速的 LCD 光固化技术。另外，这款 3D 打印机还包括了一个自动树脂系统，可以在打印过程中不断填充树脂，用户不必担心在打印大型对象时树脂会被用光。因此，从性能、价格、质量等各方面来说这都是一款相当具有竞争力的 3D 打印机。最终，SLASH 3D 打印机在全球最大的众筹网站 KickStarter 产品众筹，一个月内成功获得 57 万美金预售订单。

据了解，UNIZ Technology LLC 入园项目——由你造 3D 打印技术项目，主要规划新建办公区域面积 $200m^2$，测试间面积 $300m^2$，新技术研发中心面积 $500m^2$，生产厂房面积 $3000m^2$ 及其他对应的配套设备。项目建成后，将实现总年产能 100 万台 3D 打印机，先期实现年产能 10 万台。

三、大酉电机

在经济发展亟须转型升级的新常态下，大酉科技，这一专注于新能源汽车电机研发与生产的科技型企业，以实现电机绿色智能制造为己任，遵循"崇尚学习、勇于创新、团结拼搏、追求卓越"的企业精神和"精诚、精品、精业"的经营理念，不懈激励每一位员工，共同制造一流电机精品，打造中国高效电机绿色智造领先品牌。据了解，公司拥有近百台现代化的生产设备，现代化生产线不下 10 条，现有研发技术人员和管理人员 70 多人，具备了大规模的制造和研发能力。公司自设立初起，就展开与合肥工业大学、上海电器科学研究院等科研院校，开展产、学、研紧密合作，形成了强大的研发力量，拥有国内领先的电机产品研究和开发实力。特别是公司与上海电器科学研究院、合肥工业大学和福建省汽车与电驱动重点实验室联合创建的电机技术研发中心，已被加拿大 CSA 认可。凭借着合肥工业大学、上海电器科学研究院等院校的技术依托，2012 年公司新增投资近千万元的电机检测中心，配套了涵盖 1～500kW 永磁及异步电机在内的全套的试验设备，形成了强大的研发力量和研发平台，现拥有产品专利 23 项，在申请的 3 项。

目前，公司产品涵盖新能源汽车电机、卷帘门电机和高效节能电机 3 大类 100 多个系列。新能源汽车电机主要有用于乘用车、商务车上的风冷和水冷的永磁直流电机及异步交流电机，卷帘门电机主要包括电动卷门机、卷闸门电机和卷帘门电机（300～2000kg），高效节能电机产品系列包括 IE2/YE2、IE3/YE3 铝壳和铸铁壳系列的电机、Y2 系列三相交流电机、MS 系列三相铝壳电机和 ML/MC/MY 系列单相铝壳电机。公司主营的高效（YE2）和超高效（YE3）电动机为国内知名公司如"湖南三一重工""南方路面机械有限公司""珠海仕高玛"等指定的路面机械配套电机，超高效特种杯型电机为香港及东南亚国家的轻轨指定专用配套电机，超高效特种不锈钢电机为美国食品行业机械设备指定专用配套电机等。全部产品以自有品牌为主，市场销售渠道多样，中国境内以代理商分销为主，代理商销售网络覆盖中国设备配套商；境外销售以直销为主，产品远销至欧盟、北美、东南亚、非洲、印度等 50 多个国家和地区。

四、光速达

光速达位于福建省福州市（国家）高新技术产业开发区，是国内第一批专业从事家庭智能化产品研发、生产及销售的高新科技企业；公司提供以智能中央控制为中心，照明控制、门禁控制与电器控制三大入口硬件为基础的智能化解决方案。业务范围涉及智慧小区（智能家居）、智慧园区（智能办公）、智慧旅行（智能酒店）等多个领域。此外，该公司还是福建省《家用和类似用途智能开关通用技术规范》标准的牵头起草单位，填补了该领域的空白；该公司十分注重产品研发与创新，目前已拥有发明、实用新型及外观专利 40 多项，是国家高新技术企业。此外，光速达还与北京理工大学珠海学院、福州大学阳光学院及福建工程学院等多个高等院校和研究机构进行长期的技术交流与产学研合作。经过 15 年钻研高新科技，光速达团队用过硬的技术让家有了智慧，更让智能家居从云端到接地气，为每个家庭创造安全、便捷、温暖的生活空间。2017 年 3 月，光速达在新三板成功挂牌，正式进入资本市场。借力资本运营，光速达更加专注于产品研发和技术创新，不断提升企业的核心竞争力。

公司中南总部基地落地中马钦州产业园区，届时该基地将负责中南地区智慧园区（含智慧小区、智慧家庭、智慧酒店）、智慧办公等业务的实施，建设智慧物联网产业园区，打造全国智慧园区示范基地。也希望能够借助中马钦州产业园区这一平台走向东盟，争取拓展外贸进出口业务。

五、凯利数码

凯利数码（Kelly Digital）是由香港实业家林德雄先生创办、提供智能数码消费电子产品解决方案的制造商，公司旗下包括凯利数码（香港）、凯利数码（深圳）、凯利数码（广西）、Seiki Corporation（LOS Angeles, US）、Seiki Corporation（Dallas, US）、Kelly Digital（Germany）等分支机构，公司拥有 SEIKI 系列自主品牌并形成集研发、生产、销售、服务为一体的智能液晶电视、小型家用电器产业链，产品畅销欧美市场。广西中马凯利数码有限公司位于中马钦州产业园区，创立于 2017 年 4 月，是凯利数码（Kelly Digital）体系在中国最重要的制造基地。

2017 年 4 月，中马钦州产业园区管委会常务副主任高朴与林德雄先生签署《SEIKI 智能显示终端及其他高科技产品制造基地项目投资协议书》，SEIKI 智能显示终端及其他高科技产品制造基地项目签约落户园区。广西中马凯利数码有限公司诞生，将承担公司产业链在中国内地百分之八十以上的制造任务，是凯利数码体系在中国最重要的制造基地。

据了解，此次双方合作的 SEIKI 智能显示终端及其他高科技产品制造基地项目总投资 10 亿元，主要建设 SEIKI 智能电视机、液晶显示器及其他高科技产品制造，建成后将实现加工贸易额 20 亿美元/年，提供劳动就业岗位约 3000 余人。项目将采取以商招商形式，通过在园区带动引进塑胶、五金、小型家电、智能遥控、音箱、包装材料等产业链配套企业，有望形成 200 亿元的电子信息产业集群，带动园区高端电子制造产业集群式发展。

第四章　中马钦州产业园区 SWOT 分析与产业集群构成

六、鑫德利

广西鑫德利科技股份有限公司投资的中马钦州产业园区 3D 曲面玻璃研制项目，主要生产制造移动通信终端设备、OLEO 屏幕热弯设备、平面及热弯玻璃等产品，项目采用全球领先的 3D 热弯设备，热弯成型技术支持远超国际知名品牌。项目计划总投资人民币 88 亿元，占地面积 900 亩，建设厂房 20 栋，总建筑面积约 23 万 m^2，计划分四期投资。广西鑫德利科技股份有限公司是一家主要生产数码配件的中外合资企业，目前在美国亚特兰大、香港、深圳、钦州等地设有 10 多个工厂，产品 90％主要销往美国、欧洲等地。

随着 5G 时代的到来，无线频段将越来越复杂，对信号的要求也越来越高。传统的金属外壳，有屏蔽手机信号的缺陷，而 3D 热弯曲面玻璃则成了最佳选择。3D 热弯曲面玻璃，还让手机无线充电成为可能。目前，无线充电技术以感应耦合为主流技术，手机使用金属后壳后，无线充电效率极低，用户体验极差，而电磁波可以毫无阻碍的穿透玻璃。此外，随着柔性 OLED 屏的广泛可弯曲的 3D 曲面玻璃盖板配合幕，图像清晰度更高，3D 热弯曲面玻璃盖板＋OLED 屏幕＋3D 热弯曲面玻璃背板的组合，将成为未来手机标配。

作为数码配件产品的领先品牌企业，鑫德利很早就瞄准了 3D 热弯玻璃带来的市场。拥有香港理工大学、科技大学的研发团队，以及 6 个国家的顶尖技术和材料为 3D 热弯设备的他们，于 2016 年 11 月底，将 3D 曲面玻璃技术研发及生产基地布局在中马钦州产业园区。

中马钦州产业园区 3D 曲面热弯玻璃技术研发及生产基地项目（鑫德利光电科技项目）占地面积 900 亩，建设厂房 20 栋，总建筑面积约 23 万 m^2，计划分四期投资，规模 88 亿元，届时，将成为全球第一大的 3D 曲面热弯玻璃面板和保护膜配件制造基地。

七、燕窝企业集群效应

燕窝是东盟国家的传统主导产业。马来西亚每年生产约 200t，产值超过 10 亿美元，其中 70％出口到中国内地、香港、澳门和台湾。2016 年 11 月 1 日，在李克强总理和马来西亚纳吉布总理的见证下，中国国家质量监督检验总局行政长官枝树平和马来西亚农业和农业工业部长沙比利签署了《检验检疫兽医议定书》。给从马来西亚到中国的毛燕在北京发展创造条件，使毛燕从马来西亚到中国的工作取得了重大进展。中马钦州产业园区着力打造毛燕进口、检测、贸易、加工、研发为一体的产业基地。钦州有望成为我国第一个毛燕进口指定口岸。中国普通消费者将能够在家门口买到更优质、更便宜的燕窝产品。

广西团集食品有限公司是首批落户园区燕窝加工贸易基地的企业之一。其母公司广州团集食品有限公司成立于 2011 年，是燕窝产业国际联盟的主席单位、中国药文化研究会副会长单位、中国药文化研究会燕窝分会会长单位。旗下的滋补通平台专业从事合法溯源燕窝进口批发业务，是目前国内溯源燕窝进口领域的龙头企业，同时还有参与投资国内即食燕窝加工厂的业务。

公司总投资 1.5 亿元人民币落户园区的燕窝产业国际联盟的燕窝加工项目，主要开展毛燕进口、毛燕加工、合法净燕销售等业务，主要的产品有燕盏、燕条、燕碎、免浸泡燕窝等，前景十分看好。

广西君禾大顺生物科技有限公司篮事长黄顺娟女士认为"四个一"（即一个重点实验

室,一个指定的进口口岸,一个指定的燕窝加工贸易基地,一个跨境燕窝电商产业平台。)燕窝平台的搭建,以及一系列强有力优惠政策的出台,让中马钦州产业园区燕窝加工产业的优势条件得天独厚,对园区燕窝产业的发展充满了信心。这位出身矿冶领域的企业家,八年前开始接触燕窝产业,2016年3月,在燕窝加工贸易基地开工之前,便在园区注册成立广西君禾大顺生物科技有限公司。公司所生产的即食燕窝采用是目前最先进的生产工艺,在不添加任何防腐剂的条件下保留了燕窝的原有营养价值,并迅速取得了国家食品专项认证。公司在马来西亚拥有自己的燕窝基地和净燕加工厂,燕窝产品已销售到广东、上海等地。在行业摸爬滚打多年的她敏感地意识到,平台的力量在一定程度上决定了燕窝产业未来的走势,选择了中马钦州产业园区,就是选择了国内燕窝产业的最高平台,就是选择了与一流的产业伙伴和产业运营管理体系为伍。

广西尚品大马燕窝有限公司成立于2017年,是佛山市尚品源商贸有限公司广西地区总公司。尚品源燕窝创建于2007年,前身为香港尚品燕窝养生堂。70年代起于香港经营燕窝零售、批发等业务。经历40多年的努力发展,尚品燕窝已成为港人最受欢迎的燕窝品牌之一。2007年香港尚品燕窝与中国海味干货巨头广东合兴强强联手,共同研发尚品源牌原盏即食燕窝,经过两年多不懈努力与数千次产品试验,全新品牌尚品源健康集团旗下产品"尚品源原盏即食燕窝"于2010年初研制成功。该产品通过广东省质量技术监督局严格测试,并于2011年获得质监局颁布的"全国工业产品生产许可证",成为广东首家获得即食燕窝类产品国家认证的企业。2011年中国天使基金正式注资尚品源。尚品源得到了巨大的资金支持,燕窝事业火速发展,现已成为中国最大的燕窝加工、销售企业之一。尚品源"一条龙"的燕窝经营模式,拥有原生态燕屋、燕窝加工工场、燕窝养生会所等完整的生产、销售全产业链。

据统计,当前园区燕窝产业已签署投资协议的企业达到11家,总投资2.25亿元,产值13亿元。在谈的燕窝项目共50多个,意向总投资约15亿元,产值90亿元。随着燕窝加工基地项目的落成投产,乘着"一带一路"建设的东风,在北部湾畔强势崛起的中马钦州产业园区,燕窝产业的春天已然来临。

八、广西慧宝源医药

广西慧宝源医药科技有限公司是最早进入中马钦州产业园区的企业之一,由国家创新人才推进计划入选者、美国耶鲁大学归国学者周骅博士于2013年初在园区创建,注册资金2亿元,是一家集科研、生产、销售于一体的国家级高新技术企业。公司专注于以最具竞争力的中药国际化核心技术和已经掌握的国际一类创新药物的研发,致力于打造一个连接世界与中国、资本与技术、技术与产业并极具投资价值的协同创新平台。

广西慧宝源医药科技有限公司在中马钦州产业园区正着力打造国家医药创新园作为龙头企业,整合了耶鲁大学的新药研发资源和国内北京大学等高端研究力量,重点推进中药现代化和国际化,致力搭建中国—东盟植物药天然药研究与产业化平台。

九、中马粮油

中马粮油加工项目由广西北部湾国际港务集团有限公司独资创办,项目于2013年7

月投资建设,经过 3 年时间的发展,完成了项目选址、设备引进、厂房建设、人员招聘及培训等相关筹备工作,现已建成集员工饭堂、宿舍楼、体育馆、烧烤、球场等工作和娱乐相结合的人性化工厂,目前,能够同时解决 700 多人就业,成为了中马钦州产业园区首家建成投产的项目。

中马粮油加工项目通过与马来西亚常青集团合作,依托港务集团自身的港口物流优势,在中马钦州产业园区打造集棕榈油、调和油精炼于一体的粮油加工基地,同时在马来西亚关丹产业园区打造以棕榈油精炼为核心的深加工基地,在两园形成国内棕榈油加工、贸易中心。享有优越的区位优势及产业发展支持政策、港口物流支持政策、金融发展支持政策、投资环境优化政策、税收优惠政策的中马钦州产业园区,能够积极推动引进以棕榈油为代表的马来西亚传统优势产业入驻园区,即符合中马两国交流与合作的潮流,也存在广阔的市场空间和巨大商机。

第五章 中马钦州产业园国内竞争环境分析

第一节 中马钦州产业园国内竞争环境概况

中马钦州产业园区作为我国与外国政府共同建设的国际园区，是目前国内第三个国际园区。通过中国与马来西亚政府之间的不断沟通与合作协调，成功的开创了国际产业园区合作的新模式，对于我国与东盟间的友好关系具有重要的推动作用，也有效地促进了"一带一路"倡议的不断推进。

同样作为中外政府合作建设的国际园区的天津中新生态城与苏州工业园，相较于中马钦州产业园区建设发展较早，具有众多可借鉴的经验与方法，通过对中马钦州产业园区、天津中新生态城与苏州工业园三个国际园区进行比较分析，可以更好的分析中马钦州产业园区的优势与劣势，为进一步的发展计划提供支持，帮助园区实现更好更快速的发展。

第二节 苏州工业园区概况

一、园区总体规划

1994年2月，国务院批准了苏州工业园区建设，同年2月26日，中国与新加坡在北京签署了相关协议。由于《苏州工业园区发展与建设合作协定》是由两个公司联合订立的，苏州工业园区是苏州工业园区日常管理和开发的主要实体，目的是确保苏州工业园区的开发与发展。苏州工业园区顺利建成后，两个新国家成立了联合协调委员会，由副总理担任主席，负责苏州工业园区的管理和协调。苏州工业园区位于江苏省东南部，在苏州市和昆山市西部、武中县南部和仰光湖北部，苏州工业园区的目标是：一方面，建设一个具有国际竞争力的高技术和高技术工业园区；另一方面，建设一个现代化、国际化、计算机化和创新的绿色城市。

2019年，苏州工业园区共实现地区生产总值2743亿元，公共财政预算收入370亿元，进出口总额871亿美元，社会消费品零售总额543亿元，城镇居民人均可支配收入超7.7万元。在商务部公布的国家级经开区综合考评中，苏州工业园区连续四年（2016年、2017年、2018年、2019年）位列第一，在国家级高新区综合排名中位列第五，并跻身科技部建设世界一流高科技园区行列，2018年入选江苏省改革开放40周年先进集体。

（一）发展定位

苏州工业园区力争提升工业园区在国际上的影响力，形成具有一定竞争力的核心企业集群,建设成为国际化、创新化、信息化、生态化、现代化、幸福化的城市新区。

(二)产业布局

苏州工业园区是由中新生态科技城、独墅湖科教创新区、综合保税区、阳澄湖生态旅游度假区、金鸡湖中央商务区以及高新产业区(三期)构成。苏州工业园区有其主导的产业,比如机械制造业和电子信息制造业,除此之外还有生态环保产业。苏州工业园区的引领技术是生物纳米技术,然后在此基础上又形成了高新技术产业、高端制造业。同时还形成了以现代服务业作为"主导、支柱、支撑"的现代先进产业体系。

就电子信息制造业而言,目前,苏州工业园区的发展已经形成了一定的规模,发展成为了电子信息制造产业格局,其主导行业包括计算机及外设、集成电路、通信设备制造、液晶面板。电子信息制造产业链也逐渐变得一体化,例如集、封装测试及其相关的原材料、晶体制造和 IC 设计,中游面板模组制造也逐渐成为了引领性行业,以上游材料和相关电子材料制造作为辅助,它们共同发展成为电子信息制造业产业集群。

目前工业园形成了具有苏州工业园区特色的机械制造业产业体系,涉及通用设备制造、专用设备制造、交通运输设备制造等 3 大类产业 80 个行业的百余种产品,并初步形成了以机械装备、医疗器械、汽车及航空零部件、电子专用设备、大型特种设备等部分重点企业为核心的产业集群。

(三)管理体制和园区开发

中新苏州工业园区发展有限公司是苏州工业园区的主要投资开发机构,苏州工业园区是由中国和新加坡的一些公司共同出资的,主要包括:中粮、中远等大型的中国企业集团,新加坡投资的公司(主要是新加坡政府控股公司)、部分私人公司和跨国公司。中新苏州工业园区管理委员会是苏州工业园区管理的主体。管委会下共设置 18 个职能局(室)。按照"企业友好、人民友好"的招商理念,将社会服务承诺制得以落实,快速地建设成一站式服务功能,以及包含全过程、全方位、全天候三个要素在内的一站式服务体系。未来要将苏州工业园区打造成精简、统一、高效的服务型政府,形成公开、公平、公正的"三公"检查秩序和"科学、规范、透明"的法律环境。

(四)优惠政策

苏州工业园区在政策共享、项目审批、金融债券、财税、公积金制度、保税物流、外事管理、合作等方面享受国家特殊优惠政策和功能支持。例如,项目审批权:苏州工业园区有不设上限的自主审批权,符合国家产业政策要求的外商投资项目均可自行审批;公积金制度:中国唯一的地区性公积金制度;外资事务管理:公务任务的审批权、公务护照的办理方式、外国驻华领事馆签证的申请权、外国人员入境签证的签发权。保税物流:苏州工业园区拥有独立的海关、高效的报税绿色通道,进出口货物转运中心具有内陆港口功能。苏州工业园区实行"先试后用"的特殊政策。

(五)发展目标

一是建立特色的产业体系。苏州工业园区将人才的引进与人才的培养作为园区提升人才质量的两大核心工作,并努力构建以高新技术产业为核心的包括电子、纳米技术、芯片技术在内的多项特色产业的产业体系。招商引资多年来,共吸引外资超过三百亿美元。超过五分之一的全球五百强企业在园区投资,实现了园区经济的快速发展,目前,包括医药、人工智能在内的多项领域,苏州工业园区均保持国内领先的竞争力。

二是实施凝聚创新战略。为实现国际知名高科技产业园区建设的目标,苏州工业园区强调要发起创新产业为转化原创性成果、树立品牌标签、创新电子商务等四大建设项目。以创新为主要导向和支撑,加快经济机构和发展模式的发展,积极开展招生研究,重点是著名大学,已引进苏州电子学院、中科院系统医学研究所等10所国家级团队研究机构,10所新的研发中心,如牛津大学苏州高级研究中心、哈佛大学瓦特创新中心、微软苏州研究开发中心等,拥有近26所中外大学,包括中国科技大学、西安交通大学、中国人民大学、美国加州伯克利大学、乔治·华盛顿大学、加拿大滑铁卢大学、澳大利亚莫纳什大学、新加坡国立大学等26所名校和职业院校,这些著名高校以研究生教育为主,国内研究生师生规模达2万人。基地被确定为中央人才工作联络点,为突出企业在创新中的主导地位,先后建立了苏州市金融资产交换中心和股权交换中心。东沙湖基金镇被评为首批"江苏特色小镇",区域股权投资基金规模超过1800亿元,覆盖创新型企业全生命周期的科技金融服务体系日趋完善。具有硅谷PNP、百度创业中心、腾讯云基地、苏达天宫等80多个创业空间,其中13个被列入"国家品牌"序列,金鸡湖创业走廊被评为中国"2017年十大创业园区"。

三是进一步推进开放创新。工业园区根据商务部的要求,委托北京大学工业技术研究所完成开放创新综合发展指标研究。根据建立数据模型分析评估,2015年园区综合评价得分为107.11分,2016年为115.20分。试点改革的效果正在加速。为进一步推进"释放控制"改革,构建了"一封管理审批、一组管理执法、一个部门管理市场、一个平台管理信用、一个网络管理服务"的治理框架,形成了"大型保障、信息披露"的园区特色。

四是继续优化宜居环境。坚持生产与城市发展相结合,加快金融贸易区、科教创新区、国际商务区、旅游度假区等重点产业建设,加快服务经济繁荣,聚集金融机构894家,提升服务业的价值。率先将信息技术纳入区域发展总体战略,选择中国第一批智能城市作为中国数字城市建设的第一示范区。坚持生态优先,开展环境保护"两减六改"专项行动,深入落实生态优化行动计划,部署"基层走访、问题普查、环境整治、管理宣传"四项行动。

五是不断改善民生。努力建立富民增收长效机制。移民就业率96%以上。近五年来,城镇居民人均可支配收入年均增长9.1%,居江苏省辖市首位。实施规划建设、产业布局、基础设施、公共服务、社会保障、社会管理、生态环境、文明质量等8个区域一体化项目,财政总投资近20亿元。改造升级安置社区43个,安置面积1087万m^2,惠及安置户5万多户,生活环境和质量明显改善。园区高度重视文化建设,先后成立了金鸡湖马拉松、龙舟赛、双年展等一系列国际体育和文化活动。推进社会治理创新,选择了我国第一批"社区服务信息化惠民工程智能社区建设"试点项目。开展"社会舆论联络日"等规范化活动,深入实施三年安全生产促进计划,深化安全法制园区建设,社会保持和谐稳定。

六是全面加强党的建设。全面贯彻从严治党要求,牢固树立"四个意识",开展群众路线教育和"三严三实""两学一做"教育专项教育的实践活动,始终自觉保持高度的一致性。严格加强干部队伍建设,制定和实施绩效保护、绩效考核、创新激励、责任追究等"四个机制"和"六个办法",落实《园区工作人员行为准则》,积极开展各级干部服务重点工作。企业、机关干部在基层走访,以及"六一"基层走访调查,为企业和群众解决了一系列热点和难点问题。紧扣党的管理"两个责任",坚持"清风行动",注意运用"四种形式"的监督纪律,开展检查工作。以扎实的工作作风,营造干净健康的政治生态环境。

二、园区目前效益及产值

苏州工业园区是两国政府之间的一个重要合作项目,成立于 1994 年 2 月,经国务院批准,于 1994 年 5 月公布,面积 278km²,面积 80km²,有 4 条街道。2020 年居民人口约为 57.6 万人。

苏州工业园区的发展,目前已取得了令人瞩目的初步成效。园区在认真学习习总书记在视察园区时的讲话以及在江苏考察调研时的讲话的前提之下,统筹安排与设计园区的发展布局,积极适应经济新常态的发展趋势,以创新的发展观念逐步推动园区经济的可持续发展。2017 年,苏州工业园区 GDP 超过 2350 亿元人民币,相较于 2016 年增长 7%,社会零售总额超过四百亿元,增长超过百分之十。城镇居民可支配收入超过 5 万元,人均增长 7.7%。国家经济开发区综合评价排名第一,工业园区百强排名第三,国家高新区排名第五,均取得了历史最好的成绩。2020 年 GDP 已达到 2900 亿元人民币。

第三节 天津生态城概况

一、园区总体规划

2007 年 11 月 18 日,时任国务院总理温家宝与新加坡总理李显龙签署了《中华人民共和国政府与新加坡共和国政府关于在中华人民共和国建设一个生态城的框架协定》,随后新加坡国家发展部与中国住房和城乡建设(简称住建部)部签署了《中华人民共和国政府与新加坡共和国政府关于在中华人民共和国建设一个生态城的框架协定的补充协议》。两项协定的正式签字,标志着中国新加坡天津生态城市正式诞生。为了加快中国与新加坡之间天津生态城市建设的步伐,中国政府和新加坡政府成立了中新联合协调委员会和中新联合工作委员会,这两个委员会分别在第一级和部长级别上开展工作。2008 年 1 月,天津市人民政府正式成立了中国—新加坡生态城市管理委员会。

(一)中新天津生态城发展定位

天津是世界上第一个由两国共同开发建设的生态城市,将建设成为世界级的可持续发展示范城市,为节能环保、生态文明、技术合作等提供国际合作平台,为我国开展各种类型的国际合作提供载体,并形成示范效应。在天津生态城市的创建之始,其发展目标就是要建成绿色环境、低碳环保、循环经济、节能减排、生态文明等综合性技术创新平台和应用平台;将天津打造成国家级的环境教育促进基地、现代高新技术环境产业基地和"资源节约型、环境友好型"生活窗口,交流展览,参与国际生态环境建设。

（二）产业布局

国家动漫园：充分考虑动漫产业布局和动漫产业从业人员特性，将国家动漫园划分为智能衍生品区、研发与孵化区、门户区动漫大厦等功能区。目前，国家动漫园办公区、动漫公共技术服务平台、动漫体验馆等平台和体验馆基本建成。

国家影视园：建设全国第一个融合电影创作、电影拍摄、电影设计、电影制作等多种业务的电影集区。

环保产业园：重点发展新技术、新材料、新能源等低碳产业，将环保产业园打造成为新兴企业聚集区。

生态科技园：目标在园区内布局环保等产业，将天津科技园建设成为集认证中心、科技研发、企业总部的聚集区域。

信息产业园：目标将信息产业园打造成为集咨询服务、软件研发、出口、培训等多功能于一体的国内一流信息产业基地。

（三）管理体制和园区开发

中新生态城建设项目主要是由中新天津生态城投资开发有限公司负责，园区的土地使用权为中方国有企业和合资公司共同拥有，双方共同协调，切实开展一级土地开发建设。

二、园区目前效益及产值

2016年，全市圆满完成各项任务和目标，加快了园区开发建设步伐。新开工项目235万m^2，盐碱地9.7万m^2，道路24km。

"2016年，生态城经济社会发展取得新成效，实现地区生产总值超过180亿元，增长30%以上；累计注册企业4500家，注册资金2000亿元；区内就业、居住人口已达7万人，一个"资源节约、环境友好、社会和谐"的生态城市形象初步展现。

2016年，生态城新增注册企业1300家，新增注册资金320亿元。以华策影视、阿里影业等为代表的文化创意项目，以新浪、海尔有住、海量大数据等为代表的互联网＋高科技项目正加速聚集。其中，生态城牢牢把握京津冀协同发展战略机遇，吸引北京企业436家，占新增企业的33%。截至2021年1月，中新天津生态城市场主体达到10068户，按照生态城常住人口10万人计算，平均每千人拥有85户企业，平均每十人拥有1户市场主体。2015—2018年，中新天津生态城年均每年新增企业1500户，2019年和2020年，每年新增企业数量均超过2000户。"十三五"期间，中新天津生态园区的GDP增幅达11.3%，超额完成了各项规划指标。

第四节　政策对比分析

一、天津生态城

对于中新天津生态城建设，国家给予了其他国家级园区无法比拟的政策支持力度。财政政策方面：自 2012 年起至 2020 年，每年中央财政转移支付资金 5 亿元支持生态城建设，住建部、环保部、文化部等部门均有专项资金支持，如污水管网建设补贴资金、动漫产业园等扶持资金，还包含税费政策、土地管理改革政策、外汇管理政策（意愿结汇制）、离岸金融业务等各项试点政策。

二、苏州工业园

（一）众创空间

提升自主创新能力，优化科技体制机制，促进科技与经济社会深度融合发展。

为贯彻落实科技部《专业化众创空间建设工作指引》（国科发高〔2016〕231 号）、科技部火炬中心《国家众创空间备案暂行规定》（国科发火〔2017〕120 号）、江苏省科技厅《江苏省众创空间备案办法（试行）》（苏科技规〔2019〕207 号），构建良好科技创业生态，引导众创空间可持续发展，提升专业孵化服务能力，结合园区实际情况，不断完善创新创业生态。

众创空间是指为满足大众创新创业需求，提供工作空间、网络空间、社交空间和资源共享空间，积极利用众筹、众扶、众包等新手段，以社会化、专业化、市场化、网络化为服务特色，实现低成本、便利化、全要素、开放式运营的创新创业平台。专业化众创空间是聚焦细分产业领域，以推动科技型创新创业、服务于实体经济为宗旨的重要创新创业服务平台，强调服务对象、孵化条件和服务内容的高度专业化，是能够高效配置和集成各类创新要素实现精准孵化，推动龙头骨干企业、中小微企业、科研院所、高校、创客多方协同创新的重要载体。

众创空间的主要功能是通过创新与创业相结合、线上与线下相结合、孵化与投资相结合，以专业化服务推动创业者应用新技术、开发新产品、开拓新市场、培育新业态。园区鼓励建设园区级众创空间和园区级专业化众创空间，目标是完善创新创业生态系统、激发全社会创新创业活力，培育国家级、省级、市级众创空间。

1. 备案条件

（1）申请备案园区级众创空间应具备以下条件：

1）在园区注册，应设立专门运营管理机构，具有独立法人资格，依托科技企业孵化器、龙头骨干企业、科研院所、高校、创业投资或金融机构建设。

2）正式运营时间满 6 个月。在孵企业、创业团队（个人）数不少于 10 家（个），其中企业不少于 5 家。拥有职业孵化服务队伍，至少 2 名具备专业服务能力的专职人员，聘请至少 2 名专（兼）职导师，形成规范化服务流程。拥有 1 年及以上场地使用权，可自主支配的孵化场地面积不低于 300m²。同时须具备公共服务场地和设施。提供的创业工位和公共服务场地面积不低于众创空间总面积的 75%。具有完善的运营管理机制和清晰的工作规划，包括但不限于初创企业、创业团队（个人）入孵评估、孵化服务流程、毕业与退出机制、导师制度等；有规范健全的内部财务管理制度。

（2）申请园区级专业化众创空间备案，还应具备以下基本条件：

1）以服务科技型创新创业为宗旨，以园区生物医药、纳米技术应用、人工智能等战略新兴产业为重点,能够紧密对接实体经济,聚焦某一细分产业领域,且该领域内入驻的创业团队和创业企业数占众创空间内所有入驻创业团队和创业企业总数的50%以上。

2)具备完善的专业化研究开发和产业化条件,能够提供低成本的开放式办公空间,具有专业化的研发设计、检验检测、模型加工、中试生产等研发、生产设备设施和厂房,并提供符合行业特征专业领域的技术、信息、资本、供应链、市场对接等个性化、定制化服务。

3)具有开放式的互联网线上平台,集成或整合企业、科研院所、高校等的创新资源、产业资源以及外部的创新创业等线下资源,能够实现共享和有效利用。

备注 众创空间在孵企业和创业团队(个人)应符合园区新兴产业发展方向。企业注册地和主要研发、办公场所须在本众创空间场地内,入驻时成立时间一般不超过12个月。孵化时限原则上不超过12个月,如在孵团队(个人)在此期间注册成企业可适当放宽到24个月。

2. 申报与管理

(1)申请备案园区级众创空间、园区级专业化众创空间程序:

1)申报机构向园区科技部门提出申请。

2)园区科技部门组织专家进行评审和实地核查,评审结果对外公示,公示期不少于5个工作日。

3)公示无异议的申报机构,园区科信局以文件形式确认。

4)经国家级、省级、市级认定的众创空间纳入区内众创空间管理并参与绩效考评。

(2)管理方面:

1)鼓励区内众创空间持续打造"金鸡湖创业长廊"品牌,共同营造园区创新创业良好生态。

2)园区科技部门对众创空间进行规范统计,定期开展绩效评价工作。众创空间应按要求及时提供真实完整的统计数据。对于不上报统计数据或上报虚假信息的众创空间,取消其园区级资格并不推荐申报上级荣誉称号。

3)园区众创空间主要负责人变动、名称变更或运营主体、面积范围、场地位置等备案条件发生变化的,需在3个月内向科信局递交说明报告。经科信局审核并实地核查后,符合本办法要求的,同意变更,不符合本办法要求的,取消其园区级资格。

3. 补贴奖励

(1)新备案的国家级众创空间、省级众创空间分别给予50万元、30万元的一次性奖励。逐级获得备案的,奖励差额部分。

(2)新备案的园区级专业化众创空间、园区级众创空间,分别给予30万元、20万元的一次性奖励。逐级获得备案的,奖励差额部分。

(3)每年对区内众创空间组织考核评估,开展绩效评价工作。根据评价结果给予不同档次的绩效奖励,每家众创空间最高不超过100万元。连续两年绩效评价不合格的,取消其园区级资格。

备注 以上办法自2019年9月9日起执行,期限三年。如有办法之外的其他同类优惠政策，按从高不重复享受的原则适用❶。

（二）金鸡湖科技领军人才创新创业工程

根据《苏州工业园区关于加快建设世界一流高科技产业园区的科创扶持办法》，为进一步加快引进、集聚高层次创新创业领军人才（团队），早日建成世界一流高科技园区。进一步加大力度推进金鸡湖科技领军人才创新创业工程，按照园区新兴产业发展要求，每年评选和引进拥有原创性、引领性、标志性成果的科技领军人才（团队）。金鸡湖科技领军人才创新创业工程根据科技创新创业项目所处的不同发展阶段，对入围的领军人才项目分为创业领军人才（重大领军、领军、成长、孵化）项目和创新领军人才项目，分别给予创业启动、产业化奖励、金融配套、人才安居等多项资金资助，并提供办公用房、公租房等配套优惠。

1. 金鸡湖科技领军人才创新创业工程主要资助对象

（1）创业领军人才项目是指项目创新方向处于世界前沿，市场前景广阔，项目团队的创新水平居国际领先，团队带头人拥有独立有效的知识产权或专有技术。重点支持生物医药、人工智能、纳米技术等战略性新兴产业，优先支持中国科学院院士、中国工程院院士、发达国家院士、国家最高科学技术奖获得者、诺贝尔奖获得者等在园区领衔创办的法人单位。

（2）创新领军人才原则上应同时符合以下条件：拥有博士学位或在国内外知名企业担任中高级职务、在行业领域有突出业绩者；有5年以上在国内外知名企业、高校、科研单位及相关机构从事研发或管理等岗位工作经历；拥有能够促进企业自主创新、技术升级并且产权明晰的核心技术成果。

备注　特别优秀的项目可适当放宽条件。

2. 金鸡湖科技领军人才创新创业工程项目扶持政策

（1）创业启动资金。

1）创业领军人才（重大领军）项目：资助300万～500万元的创业启动资金，根据项目进展情况分期拨付。

2）创业领军人才（领军）项目：资助200万元的创业启动资金，根据项目进展情况分期拨付。

3）创业领军人才（孵化）项目：资助100万元的创业启动资金，根据项目进展情况分期拨付。

（2）产业化成长奖励。创业领军人才（成长）项目企业一年内主营业务收入达到1000万元以上，给予100万元产业化奖励；根据创新成长情况，连续三年按企业销售额（不含流水、关联交易）的2%给予成长奖励，累计不超过1000万元。

（3）创业股权投资。创业领军人才（重大领军、领军、成长、孵化）项目：根据项目需要，经评审，园区领军创业投资基金可给予不超过1000万元的股权投资。

---

❶ 苏州工业园区众创空间备案和管理办法［EB/OL］.（2019-09-09）［2021-06-10］. http：//techpioneers. sipac. gov. cn/Notice/Detail. aspx? ContentID=3178.

(4) 项目融资贷款。优先推荐创业领军人才项目参与园区金融创新产品，获得金融机构的贷款支持。

(5) 科技贷款支持（表5-1）。

1) 创业领军人才（重大领军、成长）项目：根据项目需要，经评审，园区科技型中小企业科贷平台可最高为项目提供500万元三年期贷款支持。

2) 创业领军人才（领军、孵化）项目：经评审，园区科技型中小企业科贷平台可最高为项目提供200万元三年期贷款支持。

(6) 项目贷款贴息。

1) 创业领军人才（重大领军、成长）项目：为项目提供三年期按照银行基准利率计算的贷款利息50%的补贴，补贴总额不超过300万元。

2) 创业领军人才（领军、孵化）项目：为项目提供三年期按照银行基准利率计算的贷款利息50%的补贴，补贴总额不超过150万元。

(7) 研发用房补贴。

1) 创业领军人才（重大领军）项目：根据项目实际需求，提供启动场所，且面积不设限制，三年内免收租金。

2) 创业领军人才（成长）项目：提供不超过1000m^2的启动场所，三年内免收租金。

3) 创业领军人才（领军、孵化）项目：提供不超过500m^2的启动场所，三年内免收租金。

(8) 免租住房补贴。对于创业领军人才项目，提供项目团队建筑面积100m^2左右的公寓住房两套，三年内免收租金。

(9) 购买住房补贴。

1) 创业领军人才（重大领军）项目：在园区购买自用住宅的，提供领军人才200万元购房补贴。

2) 创业领军人才（领军）项目：在园区购买自用住宅的，提供领军人才150万元购房补贴。

3) 创业领军人才（成长、孵化）项目：在园区购买自用住宅的，提供领军人才100万元的购房补贴。

(10) 平台使用补贴。对于创业领军人才项目，根据项目实际需求，提供两年期总额不超过50万元的平台使用补贴。

(11) 项目土地安置。对于符合供地条件的创业领军人才项目，优先安排土地。

(12) 人才安居。对于创业领军人才项目，可享受薪酬补贴、子女入学等人才安居政策，具体参照有关文件执行。

3. 金鸡湖科技领军人才创新创业工程项目配套政策

(1) 购买住房补贴。给予创新领军人才最高100万元的住房补贴。

(2) 家属子女安置。创新领军人才的配偶、子女户口可随迁至园区；子女入学可享受园区居民同等待遇。

(3) 项目资助配套。优先推荐创新领军人才申报上级人才项目，对于获评国家级重大人才引进工程、江苏省双创人才、姑苏领军人才等人才计划的项目，给予一定比例的配套补贴。

备注 以上办法自2020年1月20日起执行,期限三年。

表5-1　　创业领军人才(重大领军、领军、成长、孵化)项目扶持政策

类别	重大领军项目	领军项目	成长项目	孵化项目
创业启动资金	300万~500万元	200万元		100万元
产业化成长奖励			3年累计最高1000万元	
创业股权投资	最高1000万元	最高1000万元	最高1000万元	最高1000万元
科技贷款支持	3年期贷款,最高500万元	3年期贷款,最高200万元	3年期贷款,最高500万元	3年期贷款,最高200万元
项目贷款贴息	基准利率50% 3年最高300万元	基准利率50% 3年最高150万元	基准利率50% 3年最高300万元	初创3年 按基准利率
研发用房贴息	无面积限制启动场所 3年免租	500m² 启动场所 3年免租	1000m² 启动场所 3年免租	500m² 启动场所 3年免租
免租住房补贴	建筑面积100m² 左右公寓2套3年免租	建筑面积100m² 左右公寓2套3年免租	建筑面积100m² 左右公寓2套3年免租	建筑面积100m² 左右公寓2套3年免租
购买住房补贴	园区自用住宅200万元	园区自用住宅150万元	园区自用住宅100万元	园区自用住宅100万元
平台使用补贴	2年累计最高50万元	2年累计最高50万元	2年累计最高50万元	2年累计最高50万元❶

(三)姑苏创新创业领军人才计划

为深入贯彻习近平新时代中国特色社会主义思想,深入实施人才强国战略、创新驱动发展战略,持续优化苏州市人才创新创业生态系统,根据中共苏州市委、苏州市人民政府《关于加快人才国际化引领产业高端化发展若干政策措施的意见》(苏委发〔2020〕17号)文件精神,对《姑苏创新创业领军人才计划实施细则》(苏委办发〔2016〕95号)进行修订。

姑苏创新创业领军人才计划(以下简称姑苏领军人才计划)紧扣建设高水平创新型城市和具有全球影响力的产业科技创新高地目标,面向世界科技发展前沿和全市产业重大发展战略需求,大力引进、扶持围绕新技术、新产业、新业态、新模式来苏创新创业的科技领军人才,促进人才链、创新链、产业链融合发展,为苏州全力打造"创业者乐园、创新者天堂",加快建设展现"强富美高"新图景的社会主义现代化强市提供坚强的人才保障

---

❶ 苏州工业园区关于深入实施金鸡湖科技领军人才创新创业工程的实施办法 [EB/OL]. (2020-01-20) [2021-06-15]. http://techpioneers.sipac.gov.cn/Policy/Detail.aspx?ContentID=3180.

和科技支撑。

姑苏领军人才计划主要围绕生物医药、新一代信息技术、高端装备、新材料、新能源等战略性新兴产业领域引进创新创业人才（团队）。优先支持推动数字经济和实体经济深度融合，推动互联网、大数据、人工智能等同各产业深度融合的人才项目。优先支持留学人员的创新创业项目。姑苏领军人才计划由市人才办会同市科技局以市和县级市（区）联动，属地化管理的方式组织实施。市科技局牵头负责姑苏领军人才计划项目的组织申报、评审、立项、综合管理和业务指导，各县级市（区）科技局负责对辖区内人才及企业进行审核推荐、日常服务和管理。各县级市（区）的相关领军人才计划引进扶持的创新创业人才（团队）是姑苏领军人才计划的重点培育对象。

1. 扶持对象及条件

（1）姑苏领军人才计划设重大创新团队、创业领军人才、创新领军人才、青年领军人才等类别，申请人及单位应遵守各项法律法规和相关管理规定，具有良好的科学道德，自觉践行新时代科学家精神。

（2）重大创新团队主要支持具有国际视野和战略眼光，能够突破产业关键核心技术，促进重大科技创新成果转化，快速抢占产业制高点的人才团队。基本条件如下：

1）团队由领军人才和相关核心成员组成，至少3人以上。成员间的专业结构合理，具有关联性和互补性，有良好的工作基础、明确的主攻方向和研究开发目标，引进后可稳定合作3年以上。

2）团队领军人才应在国际相关领域具有重要的创新地位和学术影响力，研究成果居国际一流水平，具有杰出的创新能力和资源整合能力。核心成员一般应有博士学位，且有2年以上国内外知名企业、高校、科研单位从事研发及管理经历，并取得突出业绩和成效。

3）团队应于近年到苏州创业或全职引进到苏州企业、在苏高校和科研院所领衔研发及管理工作。创业团队的领军人才应为企业主要负责人和主要股东，主要精力在苏州企业，且在企业实收资本中的现金出资不少于100万元。创新团队应在引才单位担任高管或关键研发项目负责人及以上岗位，与用人单位签订正式劳动合同并已到岗工作。

4）实施的项目具有自主知识产权，能有效解决产业核心技术、共性关键技术和"卡脖子"技术，项目总投入不少于1亿元，且能够在未来5年实现产业化，具有显著的发展潜力和引领作用。

（3）创业领军人才主要支持既通科技又懂市场，带团队、带技术、带项目来苏创业，对苏州市实施创新驱动战略和经济高质量发展起到引领支撑作用的领军人才。基本条件如下：

1）一般应具有硕士及以上学位，具有丰富的国内外知名企业、高校、科研单位从事研发、管理的经历或自主创业经历，并取得突出业绩。

2）创办企业属于高成长性科技型企业或现代服务业企业，主导产品具有自主知识产权，技术水平达到国际先进或国内领先，能够填补国内空白或引领相关产业发展，有较好的市场发展前景和预期经济效益。

3）于近年引进到苏州创业并为企业主要负责人和主要股东，主要精力在苏州企业，且在企业实收资本中的现金出资不少于100万元。

（4）创新领军人才主要支持到苏州科技型企业领衔研发及管理工作，能促进企业转型升级的创新人才。基本条件如下：

1）一般应具有博士学位，有丰富的国内外知名企业、高校、科研单位核心岗位的研发、管理工作经历，工作业绩突出、在业界有一定影响力。

2）拥有能够促进企业自主创新、技术升级且产权明晰的核心技术，于近年引进到苏州企业担任研发机构主要负责人、关键研发项目主持人及以上职务，引进后须全职在苏州企业工作3年以上，税前年薪不低于上年度市城镇非私营单位在岗职工年平均工资的2倍。

3）引才企业应具有较好的科技创新基础，且能为引进人才的工作、生活提供充分保障。

（5）青年领军人才主要支持在技术开发、成果转化、基础研究等方面已取得较好成绩的青年科技人才在苏创业或全职引进到苏州企业、在苏高校和科研机构领衔创新研究，培养造就一批有望进入产业链前端和世界科技前沿的青年科技型企业家、青年科学家。基本条件如下：

1）青年创业人才一般应具有硕士及以上学位，年龄不超过35周岁，有较好的创新能力，拥有与创业领域产品、技术相关的自主知识产权或关键技术，主要精力在苏州，在企业实收资本中的现金出资不少于50万元，创业项目能够填补国内空白或引领相关产业发展，有较好的市场发展前景和预期经济效益。

2）青年创新人才一般应具有博士学位，年龄原则上不超过35周岁。企业引进的青年人才应具有国内外知名企业、高校、科研单位从事研发及管理的经历，工作业绩突出；在苏高校和科研机构引进的青年人才一般应具有国内外知名高校、研究机构正式教学或科研职位的工作经历，具有一流研究水平和业绩，有望成为世界科技前沿的优秀学术带头人。

2. 申报和立项

（1）市科技局每年初发布当年度姑苏领军人才计划项目申报通知，明确具体申报要求，分批集中组织申报、评审，择优立项扶持。

（2）姑苏领军人才计划项目申报推荐工作由申报人所在单位注册地的科技主管部门负责。申报人及单位进行网上申报，经所在地科技主管部门初审同意后报送至市科技局。

（3）市科技局组织专家对受理的项目申请进行评审。根据专家网上评审、面试答辩等评审情况，择优遴选项目进行实地考察。

（4）市科技局根据实地考察情况，提出拟立项建议人选。建议人选经市人才办主任会议审定后发文确认。

（5）对关键核心技术领域引进的国家级人才创业项目、社会资本引进落户的优秀人才创业项目、举荐专家举荐的项目、全国高水平创业大赛的优秀获奖项目，经评估符合相关条件的，可直接立项或简化评审程序。

（6）企业全职高薪引进的国家级人才、世界500强企业总部首席执行官（首席技术官）或同等职位的人才，经评估符合相关条件的，可直接立项。

(7) 设立区域重点产业人才专项，鼓励各县级市（区）根据区域特点科学规划、错位发展，加大重点产业领域人才的引进力度。对各县级市（区）经审核符合要求的重点先导产业领域引进的人才项目，可简化评审程序。

3. 扶持政策

（1）对获得立项的重大创新团队，根据专家评审情况及团队规模、项目投入、产业化进程、地方支持等综合情况，给予1000万～5000万元的科技项目经费资助；团队领军人才和核心成员分别给予300万和100万元的安家补贴；给予引才单位50万～100万元的引才奖励。

（2）对获得立项的创业领军人才（含区域重点产业人才），根据专家评审情况及实地考察情况、项目投入、产业化进程等综合情况分4个档次资助，分别给予100万元、200万元、250万元、300万元的安家补贴和100万元、200万元、300万元、500万元的科技项目经费资助。项目承担期结束通过项目验收，且技术先进、发展潜力较大，主营业务收入超过3000万元或入选市独角兽培育计划的，择优给予最高100万元的项目滚动支持。立项后5年内入选市瞪羚计划的企业，再给予最高100万元项目滚动支持，并给予紧缺人才自主推荐权。

（3）对获得立项的创新领军人才，根据专家评审情况、人才薪酬水平、项目投入等综合情况分两个档次资助，分别给予100万元、200万元的安家补贴和100万元、200万元的科技项目经费资助；给予引才单位30万元、50万元的引才奖励。

（4）对获得立项的青年领军人才，根据专家评审及项目投入、产业化进程、人才层次等综合情况分3个档次资助，分别给予50万元、100万元、200万元的科技项目经费资助；符合条件的，可按照《苏州市人才乐居工程实施意见（试行）》享受拔尖型人才的乐居政策。

（5）获得立项的人才还可按规定享受最高5000万元的企业无抵押信用贷款和最高300万元的个人信用贷款、优秀人才贡献奖励政策以及医疗、子女教育服务、出入境便利等高层次人才扶持政策和生活待遇。优先对立项人才项目给予创业保险、人才基金等支持。

4. 资金安排

（1）本细则所涉及的安家补贴按现行财政体制分级承担，其中市辖区的补贴资金由市、区财政按1∶1分担，市财政承担部分在市人才开发资金中列支，经市人才办核准，自人才项目立项一年后，以后补助方式分批拨付。

（2）科技项目资助经费由市财政和申报单位注册地财政按比例分担，其中姑苏区按市、区3∶1比例分担，其他区按市、区1∶1比例分担，县级市按市、县级市1∶3比例分担。市财政承担部分在市级科技创新专项资金中列支，由市科技局根据项目实施情况分年度拨付。无法归口到县级市（区）申报单位的补贴由市科技创新专项资金承担50%。

（3）引才奖励经费在市人才开发资金中列支，经市人才办核准，在人才项目承担期结束并通过验收后拨付。

5. 实施与管理

（1）姑苏领军人才计划项目的实施管理原则上按照《苏州市科技计划项目管理办法》

执行。立项的人才及企业应当按照规定签订《苏州市科技计划项目合同》，明确实施计划和目标任务，逾期未提交项目合同的视为放弃接受资助。

（2）项目实施过程中，姑苏领军人才计划项目负责人不得变更。人才及企业有下列情形之一的，申报单位或项目主管部门应当及时提出终止项目实施的申请，报市科技局批准。终止的项目视合同履行情况记入科研信用记录。相关人才经市人才办核定，不再保留相应的工作生活待遇。

1）人才、团队已离职离岗的。

2）人才创业企业股权、管理团队等发生重大变更，人才不再是创业企业的主要负责人和大股东的。

3）企业已注销、搬离，或项目无法按计划正常实施的。

（3）建立创新尽职免责机制。对已经勤勉尽责、未谋私利，但因技术路线选择失误或其他不可预见原因，导致未完成项目任务目标的人才及企业予以免责，不作负面评价。

（4）申报单位及人才对申报内容的真实性、合法性、有效性负责。如有弄虚作假骗取资金等违反科研诚信行为的按《苏州市科技计划项目信用管理办法》给予处理。

备注 以上细则自 2021 年 4 月 14 日起 30 日后施行，原《苏州市姑苏创新创业领军人才计划实施细则》（苏委办发〔2016〕95 号）同时废止。苏州市科技领军人才政策凡与本细则不一致的，以细则为准❶。

三、中马钦州产业园区

中国—马来西亚钦州产业园区是中国政府与外国政府合作共建的第三个国际园区。在中马两国政府的大力支持下，中国—马来西亚钦州产业园区和马来西亚—中国关丹产业园区共同开辟"两国双园"国际合作新模式，成为服务国家"一带一路"建设、构建以园区为载体推进国际产能合作的先行探索和积极实践，进一步丰富了中国—东盟自由贸易区升级版的内容。园区紧紧围绕习近平总书记提出的"将钦州、关丹产业园区打造成中马两国投资合作旗舰项目和中国—东盟合作示范区"战略定位，以服务国际陆海贸易新通道和桥头堡建设、建设中国—东盟开放合作创新试验区、打造广西北部湾一体化发展的重要支点为目标，按照自治区提出的建设"自治区改革创新先行园区"部署要求，坚持"零起步、高起点、快发展"，与马来西亚合作方同心协力，集中精力抓好招商引资和项目建设，协同推进改革创新、党的建设和社会管理，"两国双园"合作深入推进，各项工作有序开展。经过数年努力，园区启动区 7.87km² "七通一平一绿"已经建成，具备产业和城市项目"即到即入园"的便利条件，2015 年底园区"三年打基础"目标基本实现，2016 年开始进入"五年见成效"的新阶段。

中马钦州产业园区是两国政府共同推动的一个项目，中国政府公布了其目前关于经济区和技术发展区的政策。园区位于广西北湾经济区，享受国家大西部发展政策和相关政策。除此之外，园区还享受广西及钦州的一系列招商引资优惠政策。主要可分为以下 8 个

---

❶ 姑苏创新创业领军人才计划实施细则［EB/OL］.（2021-04-14）［2021-05-15］. http：//tech-pioneers. sipac. gov. cn/Notice/Detail. aspx? ContentID=3196.

方面❶。

（一）鼓励外商投资

为促进外商投资，维护外商投资合法权益，加快打造国际陆海贸易新通道门户港、向海经济集聚区和中国—东盟合作示范区，需有效促进中国（广西）自由贸易试验区钦州港片区（以下简称钦州港片区）的高标准建设。

1. 进一步扩大对外开放领域

（1）全面落实负面清单管理制度。清理和消除外商投资在市场准入、审批许可、投资经营等环节不符合法律法规的限制和隐性壁垒。外商投资准入负面清单以外的领域，按照内外资一致的原则实施管理，除法律法规另有规定外，任何部门和单位不得对外商投资准入进行限制。

（2）鼓励外商投资临港产业。鼓励外商投资绿色化工、装备制造、新能源汽车、电子信息、生物医药等重点产业，支持外商投资参与面向东盟的跨境绿色化工、新能源汽车及关键零部件、生物医药等跨境产业链项目，鼓励将跨境产业链的关键环节落户钦州港片区。

（3）鼓励外商投资现代服务业。支持外商投资港航物流、国际贸易、大宗商品交易、港口运营管理以及保税加工、保税物流、保税交割、融资租赁业务。支持外商投资设立银行、保险、证券等金融机构。支持外商独资设立经营性教育培训和职业技能培训机构。支持外商投资设立航空运输销售代理企业。鼓励外商投资设立第三方检验检测、涉外律师事务所、会计师事务所等机构。支持外商投资参与跨境贸易、跨境物流、跨境电商、跨境金融保险、跨境数据中心等项目。

（4）鼓励外商投资高新技术产业。实施高新技术企业认定管理和服务便利化改革，鼓励更多外资投向高新技术和民生健康领域。鼓励外商投资设立研发中心、联合实验室、科创平台、科技园区、孵化基地等。

（5）实施更开放的总部经济政策。落实资金管理、人才引进、人员出入境、通关便利等政策，支持世界 500 强企业、跨国公司、行业领军企业、隐形冠军等外商投资的总部企业以及区域性总部、功能性总部落户钦州港片区集聚业务、拓展功能、提升能级。

2. 进一步加大外商投资支持力度

（1）鼓励新设立外资企业。对钦州港片区挂牌（2019 年 8 月 30 日，含）以来在钦州港片区新设立的外商投资企业，自登记注册并按外商投资信息报告制度完成初始报告起半年内在商务部门外商投资综合管理应用平台实际到位外资 500 万美元以上（含 500 万美元），给予 50 万元人民币一次性奖励。

（2）鼓励外资企业增资进资。外资企业自钦州港片区挂牌（2019 年 8 月 30 日，含）以来在钦州港片区设立或已设立的企业，没有超过正式签订的项目投资协议或行政批复性文件规定的建设期限，对其 2019 年 8 月 30 日（含）以后利用商务口径实际到位外资向钦

---

❶ 中国—马来西亚钦州产业园区简介［EB/OL］.（2021 - 03 - 09）［2021 - 06 - 15］. http://zmqz-cyyq.gxzf.gov.cn/yqgk/yqjj/t4333799.shtml.

州本地供应商采购形成的固定资产投资总额,按照该部分固定投资总额的2%给予一次性奖励,最高奖励金额不超过1亿元人民币。

(3)鼓励外资企业扩大对外贸易。支持外商投资企业依法申领原产地证书,并利用原产地证书提高通关效率、获得进出口关税减免优惠。加大对外贸综合服务企业的信用培育力度,使更多符合认证标准的外贸综合服务企业成为海关"经认证的经营者"(AEO)。创新贸易方式开拓市场,鼓励外资企业通过中欧班列、铁海联运班列、货运航线、跨境电商等途径扩大外贸进出口。

(4)加大对外资企业生产要素支持力度。在钦州港片区设立的外商投资企业平等适用《广西壮族自治区人民政府办公厅关于印发优化土地要素供给若干措施的通知》(桂政办发〔2018〕54号)。对合同外资1500万美元以上(含1500万美元)的国家鼓励类外资重大项目,用地指标由自治区统筹安排,给予保障。经自治区人民政府审定列入自治区重大外资项目库的项目,在用地、交通运输、通信、用电、用水、用能等方面给予优先保证,在用地指标、联席审批、外汇管理、通关便利化、信用额度、发展问题协调等方面,协助自治区层面给予统筹协调和优先支持。

(5)加大对外资企业金融支持力度。支持银行业金融机构按市场化原则积极保障重点外资企业融资需求。支持外商投资企业在符合中马钦州产业园区金融创新试点框架下,开展境外项目人民币贷款、跨境人民币双向流动便利化、人民币NRA账户离岸划转、境内信贷资产跨境转让业务。支持外商投资企业依法依规在主板、科创板、中小企业板上市、在新三板挂牌以及发行公司债券等方式拓展融资渠道。

3. 支持外资企业降低经营成本

(1)实行税收优惠政策。对经认定的技术先进型服务企业,按国家有关规定减按15%的税率征收企业所得税。对境外投资者从中国境内居民企业分配的利润,直接投资于非禁止外商投资的项目和领域的,凡符合规定条件的,暂不征收预提所得税。

(2)支持企业开展技术改造。鼓励外资工业企业从工艺、技术、设备等创新链各环节开展技术改造升级,运用先进适用技术升级传统产业,推动重大创新技术和产品应用、工业基础能力提升、新动能成长,提高劳动生产率。实施技术改造设备投资补助,对符合产业发展方向、产出效益好的"千企技改"工程项目,根据《广西壮族自治区人民政府办公厅关于印发广西"千企技改"工程实施方案的通知》(桂政办发〔2019〕58号)相关规定,对设备投资分类分档予以补助。

4. 进一步保护外商合法权益

(1)保障外商投资待遇公平。建立优化营商环境法治保障工作机制,积极营造内外资公平竞争的市场环境,外商投资企业依法平等适用钦州港片区支持企业发展的各项政策。保障外商投资企业依法平等获取人力资源、资金、土地使用权和自然资源等生产要素,公平参与市场竞争。

(2)保障外商合法经营活动。无法律、行政法规依据的,各有关单位一律不得减损外商投资企业的合法权益或者增加其义务,不得干预外商投资企业的正常生产经营活动。支持外贸企业、跨国企业因办公自用等原因需要通过专线等方式跨境联网时,向依法设置国际通信出入口局的电信业务经营者租用。

(3) 保障外商投资的收益处置权。依法保护外国投资者的投资、收益和其他合法权益，外国投资者的出资、利润、资本收益、资产处置所得、知识产权许可使用费、依法获得的补偿或者赔偿、清算所得等，可以依法以人民币或者外汇自由汇入、汇出，允许外商依法在自贸试验区内的银行设立的账户内资金自由进出、沉淀、购买金融产品等。

(4) 支持外商企业参与标准制定。全面落实内外资企业公平参与国家标准化工作，鼓励外商投资企业参与国家医疗器械、食品药品、信息化产品等标准制定，提高行业标准和技术规范制修订的科学性和透明度，确保内外资企业平等享受标准化专项资金补助。

(5) 保障外商企业依法平等参与政府采购。各部门在政府采购信息发布、采购需求确定、供应商条件确定、评标标准等方面，不得对外资企业实行歧视待遇，不得限定供应商的所有制形式、组织形式、股权结构或投资者国别，以及产品或服务品牌等。

(6) 加强外资企业知识产权维护。发挥中国（广西）知识产权维权援助中心广西自贸试验区钦州港片区分中心作用，进一步健全外国投资者和外商投资企业知识产权保护体系，加大行政司法保护力度，完善知识产权快速维权机制，平等保护外国投资者和外商投资企业的知识产权。推动符合条件的外商投资企业使用地理标志保护产品专用标志。

(7) 建立健全外商投资服务制度。优化外商投资项目、外资企业设立、变更审批服务程序，精简审批材料，推行全流程互联网"不见面"审批。支持符合条件的外商投资企业实施简易注销登记。建立外商投资全生命周期服务的工作机制，实施重大外商投资项目一站式服务机制和"直通车"制度，落实项目责任人，实施"一对一"代办服务。建立健全外商投资企业投诉工作机制，及时受理解决外资企业各种投诉和问题，保障投资者的知情权、参与权、求偿权和监督权。强化事中事后监管，构建高效便捷的外商投资事中事后监管和服务体系。

(8) 提升外商来华工作便利度。为外籍人员办理出入境和工作许可提供便利，优化提升外籍人才服务水平，建立安居保障、子女入学和医疗保健服务通道。

(9) 不重复奖励原则。同时符合本政策支持措施和其他相关扶持政策的，按照"从优不重复"的原则处理。

备注 以上措施自 2020 年 12 月 29 日起施行，有效期至 2024 年 12 月 31 日，由中国（广西）自由贸易试验区钦州港片区制度创新局会同有关部门负责解释❶。

（二）促进建筑企业发展

为深入贯彻落实《广西壮族自治区人民政府关于印发〈中国（广西）自由贸易试验区建设实施方案〉的通知》（桂政发〔2020〕3 号）、《广西壮族自治区人民政府关于印发促进中国（广西）自由贸易试验区高质量发展支持政策的通知》（桂政发〔2019〕53 号）有关文件精神，促进中国（广西）自由贸易试验区钦州港片区（以下简称钦州港片区）建筑业加快发展，加大建筑企业的扶持政策，提高钦州港片区建筑企业核心竞争力制订以下相关政策。以下所称建筑企业为钦州港片区本地注册设立的建筑企业。其中，包含：规划、

---

❶ 中国（广西）自由贸易试验区钦州港片区深化鼓励外商投资若干支持措施[EB/OL]. (2020-12-29)[2021-06-15]. http://zmqzcyyq.gxzf.gov.cn/tzzs/zcwj/t7477386.shtml.

设计、勘察、施工、监理、检测、测绘、招标代理以及造价咨询等企业。

1. 纳税奖励

建筑企业在钦州港片区以外承揽的工程,并在钦州港片区纳税,按其当年对钦州港片区地方经济贡献的50%给予奖励。

2. 建筑产值增长奖励

建筑企业年度总产值比上年度增量大于1000万元(含1000万元)的,按照其企业年度总产值增量的0.5%给予奖励,单个企业奖励最高不超过500万元。

新成立的或新迁入的建筑企业,当年年度总产值大于1000万元的,按其当年年度总产值的0.5%给予奖励,单个企业奖励最高不超过500万元。

3. 奖励申报程序及申报材料

(1)奖励申报程序。每年1月1日—3月31日受理上一年度奖励申报,受理单位为钦州港片区自然资源和建设局。需要税务部门及市场监管部门审核确认的,由钦州港片区自然资源和建设局统一转送相关部门审核。钦州港片区自然资源和建设局根据各部门审核意见会同财政部门拟定奖励方案,报钦州港片区管委批准后,由财政部门直接拨付奖励资金到相关企业。

(2)奖励申报材料。

1)中国(广西)自由贸易试验区钦州港片区建筑企业奖励申报表;

2)中国(广西)自由贸易试验区钦州港片区建筑企业奖励申报承诺书。

3)其他税收及产值相关证明材料。

备注 以上办法自2021年2月23日起实施❶。

(三)推进工业振兴

1. 加大财政对工业的扶持

2021—2023年,每年统筹整合资金400亿元用于支持工业振兴,其中每年安排一般公共预算100亿元、新增政府专项债券300亿元,主要用于符合条件的企业贷款贴息、重大工业项目建设、企业技术改造、园区基础设施建设、企业发展扶持、企业上台阶和市场开拓扶持、股权投资、融资担保、企业贡献奖励和考核奖励等。

2. 支持重大工业项目建设

对列入自治区"双百双新"产业项目计划的重大优质项目新增贷款在2年建设期内给予贷款市场报价利率(LPR)全额贴息支持,由自治区本级财政和项目所在市县财政按5∶5的比例承担;将其他重点工业项目纳入"桂惠贷"政策范围给予支持。对列入自治区"双百双新"产业项目计划的重大优质项目,自治区本级财政给予最高不超过10%的固定资产投资补助,补助资金最高不超过1亿元。对产业发展具有明显牵引带动作用的龙头项目,采取"一事一议"方式给予支持。

---

❶ 钦州港片区出台促进建筑企业发展办法[EB/OL].(2021-02-23)[2021-06-15]. http://zmqzcyyq.gxzf.gov.cn/tzzs/zcwj/t8110974.shtml.

3. 加大企业技术改造奖补力度

对自治区"千企技改"在建项目，自治区本级财政给予最高不超过10%的设备投资补助，补助资金最高不超过1000万元。对自治区认定的智能工厂和数字化车间，自治区本级财政分别给予企业100万元和50万元的一次性资金奖励。对年度购置10台及以上工业机器人的企业，自治区本级财政按购置金额的20%给予一次性补助，补助资金最高不超过500万元。

4. 支持园区基础设施建设

统筹地方政府专项债券资金及自治区本级财政资金，重点支持园区标准厂房和"七通一平"基础设施建设。对园区管理委员会和国有企业按照质量高标准、用地集约化、功能现代化要求建设的高标准厂房及配套用房、研发楼项目，按不超过800元/m² 安排地方政府专项债券资金；对一般性标准厂房按不超过500元/m² 安排地方政府专项债券资金。

5. 扶持企业做大做强

实施百亿元企业梯度培育计划，对规模以上工业企业营业收入首次突破1000亿元、500亿元、100亿元、50亿元、30亿元的，分别给予一次性奖励1000万元、500万元、100万元、50万元、30万元。支持"个转企、小升规"，对新入库企业一次性给予10万元奖励（转专业、当年入统当年退库企业除外），对新入库的高技术制造业和战略性新兴产业企业再额外奖励10万元。对国家、自治区认定的专精特新"小巨人"企业分别给予不超过100万元、50万元奖励，对国家、自治区认定的单项冠军企业分别给予不超过100万元、50万元奖励。支持企业开拓市场，举办广西工业新产品暨广西工业品牌发布会，开展线上线下工业品专项促销活动。

6. 加大产业股权投资力度

加快广西工业高质量发展基金的资金募集和投资，力争2021年基金累计投资规模达500亿元，到2023年达1000亿元。对重点战略性新兴产业项目，自治区、设区市和企业可通过合作建立产业投资基金给予支持。完善新兴产业直接股权投资方式，优化投资审批决策流程，强化设区市、县（市、区）风险防范和管理职能，每年安排新兴产业直接股权投资资金20亿元，加大对战略性新兴产业项目直接股权投资力度。

7. 拓宽企业融资渠道

扩大制造业贷款规模，进一步加大再贷款再贴现对制造业的支持力度，支持自治区地方法人银行业金融机构联合开发性银行设立广西制造业专项贷款。将制造业贷款增量、增速列入对各银行业金融机构考核范围。加强工业企业融资担保，力争到2023年广西工业新兴产业融资担保基金规模达到30亿元。大力发展供应链金融，支持供应链龙头企业发行债券融资支付上下游企业账款。

8. 加大企业经济贡献奖励力度

对符合条件的新建重大工业项目，自投产之日起5年内，每年按照企业当年对地方经济贡献自治区本级所得部分的30%对企业进行事后奖励，企业5年累计获得奖励资金不超过固定资产投资额的50%，奖励资金最高不超过2000万元。对列入自治区"双百双新"产业项目计划的重大优质项目可采取"一事一议"方式给予支持。

9. 强化资源要素保障

加强土地节约集约利用,支持各设区市、县(市、区)划定工业用地保护线,设区市和工业增加值排前35位的县(市、区)每年出让土地总量中,新增工业用地指标占比不低于30%。对自治区层面统筹推进的重大项目、"双百双新"产业项目、重点园区、"5个50"产业项目实行用地计划指标核销制。实行有保有压能耗指标差别化配置,自治区预留部分新增能耗指标,用于调剂保障重大工业项目,优先保障能耗强度优于"十四五"工业能耗强度目标值、优于国家能耗限额标准先进值或达到行业领先水平的项目。推行能耗要素配置市场化改革,开展用能权有偿使用和交易工作。加大电力市场交易改革力度,电力市场交易电量占广西电网售电量比例不低于55%。加强电力运行调度,实施峰谷分时电价机制。

10. 加强工业绩效考核

强化绩效考评正向激励,提高设区市工业投资绩效考评指标的分值权重。建立工业投资奖励制度,自治区每年考核各设区市工业项目推进情况,对排位前3名的设区市给予奖励;将工业投资工作纳入自治区激励干部担当作为奖励范围。每年对工业高质量发展成效突出的先进市、先进县予以通报表扬,给予产业发展资金、发展指标等支持。

备注 以上政策措施自2021年2月19日起执行,有效期三年。自治区人民政府已出台的政策措施与此政策措施不一致的,按照此政策措施执行,同类型政策不重复享受。

(四)产业发展支持政策

1. 实行产业发展税收优惠

(1)对在经济区内新注册开办,经认定为高新技术企业或符合享受国家西部大开发企业所得税税收优惠政策条件的企业,自其取得第一笔主营业务收入所属纳税年度起,免征属于地方分享部分的企业所得税5年。

(2)对在经济区内新注册开办,以《关于促进新时代广西北部湾经济区高水平开放高质量发展的若干政策》(桂政发〔2020〕42号)第三条规定的产业为主营业务的工业企业,自其主营业务收入首次达到总收入的60%以上(含)所属纳税年度起,免征属于地方分享部分的企业所得税5年。

(3)对在经济区内新注册开办,符合享受国家促进集成电路产业和软件产业高质量发展企业所得税税收优惠政策条件的企业,在国家规定的减征企业所得税期限内,免征属于地方分享部分的企业所得税。

(4)对在经济区内新注册开办,除国家限制和淘汰类项目外的小型微利企业,自其取得第一笔收入所属纳税年度起,免征属于地方分享部分的企业所得税5年。

(5)经有关部门认定,属于经济区内距离陆地边境线0~20km范围内的新设加工型企业,自其取得第一笔收入所属纳税年度起,免征属于地方分享部分的企业所得税5年。

2. 加大财政支持力度

(1)自治区财政每年安排不低于13亿元的广西北部湾经济区发展专项资金,列入年度预算,用于支持经济区重点产业发展及基础设施项目建设等。

(2)对经济区内重点产业园区引进世界500强企业、中国500强企业,且在园区投资项目符合国家产业政策,完成项目投资超过10亿元的,由自治区与园区所在地设区市人民政府按现行政策和视财力情况对园区和企业给予一定奖励。对经济区内新引进的世界500强企业、中国500强企业，自其取得第一笔收入所属纳税年度起，免征属于地方分享部分的企业所得税5年。对世界500强企业的认定，以引进年度上一年美国《财富》杂志评选公布的"全球最大500家公司"为准；对中国500强企业的认定，以引进年度上一年由中国企业联合会、中国企业家协会公布的企业排名为准。

（3）对在经济区内新注册开办或从经济区外迁入的企业总部或地区总部，经有关部门认定后，根据营业收入规模、实缴注册资本、经济贡献等，给予不超过500万元的开办补助和研发补助。对扩大经营和员工规模，提升能级的，根据其营业收入规模和经济贡献给予不超过300万元的奖励。所需资金从广西北部湾经济区发展专项资金中安排。

3. 港口物流支持政策

（1）鼓励新开辟北部湾港至其他国家和地区的外贸集装箱直航航线。对新增外贸集装箱直航航线，视其使用船型和运行情况给予相应补助。补助资金由自治区和港口所在地设区市人民政府分别承担50%。

（2）对在经济区内新注册开办，从事航运金融、航运保险、航运交易、航运研究等高端航运服务业务的企业，视其业务开展情况给予一定奖励。奖励资金由自治区和企业所在地设区市人民政府分别承担50%。

（3）对在北部湾港内开展集装箱"穿梭巴士"业务且正常营运1年以上、安全生产运行良好的运营企业，自治区财政每年给予适当补助。

（4）鼓励货主企业将原以散货形式运输的货物改用集装箱运输。自2020年1月1日起，自治区财政每年对产生的增量部分集装箱给予适当补助。当年补助资金应在下一年度3月31日前核准并拨付至北部湾港口经营企业统筹使用。

（5）鼓励航运企业在北部湾港开展集装箱中转业务。对与北部湾港口经营企业签订港口货物装卸协议的航运企业，自2020年1月1日起加大增量部分集装箱补助力度，调减存量部分集装箱补助标准。补助资金由自治区和港口所在地设区市人民政府分别承担50%。当年补助资金应在下一年度3月31日前核准并拨付至北部湾港口经营企业统筹使用。

（6）对自治区内生产贸易型企业适箱外贸货物通过北部湾港进出的，视其物流成本和集装箱箱量给予适当补助。补助资金由自治区和港口所在地设区市人民政府分别承担50%。

（7）对为北部湾港集装箱业务发展作出重要贡献的航运企业，按"一事一议"原则核定后给予适当补助。补助资金由自治区财政承担。

（8）支持北部湾港口应急能力建设和安全环境设施建设。对港口危险化学品应急处置能力建设、污染物接收设施建设、船舶岸电建设等项目给予适当补助。补助资金由自治区和项目所在地设区市人民政府分别承担50%。

4. 金融支持政策

（1）加快推进金融业发展。

1)《广西壮族自治区人民政府关于印发加快建设面向东盟的金融开放门户若干措施的通知》（桂政发〔2020〕19号）有效期满后，在经济区内延长执行至2025年12月31日。

2) 积极培育企业上市融资。启动科技型企业上市培育计划，对在经济区内注册、在境内外资本市场实现首发上市的企业,自治区财政按规定分阶段给予300万元的奖励和500万元的科研经费补助。所需资金从广西北部湾经济区发展专项资金中安排。

(2) 提升融资保障能力。充分运用"桂惠贷"优惠利率贷款政策,优先将经济区内符合条件的企业纳入名单制服务模式范围。优先支持经济区内民营和中小微企业享受普惠型贴息贷款服务。

(3) 鼓励金融机构支持小微企业发展。

1) 对银行业金融机构、农村资金互助社、小额贷款公司为经济区符合条件的小微企业、个人经营性贷款中的小微企业和个体工商户提供的贷款,以其上一年度对小微企业贷款平均余额为基数,按当年小微企业贷款平均余额新增部分的0.6%给予风险补偿,补偿资金由自治区财政承担。

2) 支持通过多种方式加强与政府性融资担保机构的合作,创新业务模式和产品,突出特色,提高资金的使用效率,促进小微企业高质量发展。

(4) 实行金融发展税收优惠。对在经济区内新注册开办,从事中小微企业担保的法人信用担保机构,自其取得第一笔收入所属纳税年度起,免征属于地方分享部分的企业所得税3年。

5. 资源要素支持政策

(1) 实行优惠地价。

1) 在符合规划的前提下,经济区重点产业园区内的重大工业项目使用城镇建设用地范围外的国有未利用地,且土地前期开发由土地使用者自行完成的工业项目用地,在确定土地出让价格时,可按不低于项目所在地土地等别相对应《全国工业用地出让最低价标准》的15%执行。使用城镇建设用地范围内的国有未利用地,可按不低于项目所在地土地等别相对应《全国工业用地出让最低价标准》的50%执行。

2) 对属于经济区优先发展产业且用地集约的工业项目,以及以农、林、牧、渔业产品初加工为主的工业项目,可按不低于项目所在地土地等别相对应《全国工业用地出让最低价标准》的70%确定土地出让底价。对其他工业用地项目,在不低于国家统一规定工业用地出让最低价标准的前提下,可适当调低出让底价。

3) 对重点开发的北部湾港公共码头项目以及港口、物流项目建设用地,除符合《划拨用地目录》的项目可以划拨方式使用以外,其余建设用地土地出让金按出让地块所在地基准地价的70%执行。

(2) 支持数据开放共享和流通交易。

经济区内各设区市人民政府部门在依法加强安全保障和隐私保护的前提下,通过自治区公共数据开放平台开展地区和部门间数据共享开放和业务协同。支持经济社会数据开放共享和交易。鼓励经济区探索构建基于数据交易所的跨区域数据交易机制,盘活数据资源,促进数据流通,实现数据资产有效利用和数据跨区域流动。

6. 人力资源支持政策

(1) 创新人才培养引进和使用机制。

1) 建立人才激励机制。对经济区内各地认定引进的高层次人才,由所在地设区市人民政府按规定给予住房补贴和生活补助,其子女义务教育由所在地教育行政部门就近就便优先安排入学。

2）实施柔性引进人才政策。对不转户口、不转关系、以柔性流动方式引进的服务经济区发展重大战略需求的"高精尖缺"人才，可依法申领《广西壮族自治区居住证》，并在人才奖励、科技成果转化、社会保险、公积金缴存、子女义务教育入学、购房购车等方面，享受当地户籍人才的同等待遇。留学回国人员持有的中国护照可作为投资主体资格证明。

3）实行专才特聘制度。柔性引进重点产业、重大项目、科研机构和大专院校等急需的高层次人才，其薪酬待遇形式和标准由引进单位自主确定。事业单位引进符合自治区人才认定标准的高层次创新型人才，可不受单位编制数、岗位总量、最高等级专业技术岗位结构比例和身份的限制。经济区内各设区市可参照自治区相关人才认定标准自行制定适合实际发展需要的高层次创新型人才认定标准及人才引进政策。

4）创新职称政策。对经济区内各地引进的高层次急需紧缺人才，在职称申报评审、岗位聘用管理等方面给予倾斜支持。赋予职能部门决策自主权，打破单位、身份和地域界限，放宽学历资历要求，鼓励破格申报评审。适当提高经济区内事业单位专业技术高中级岗位结构比例。

（2）为外籍来华人员提供入境居留便利。对需多次临时入境的外籍"高精尖缺"人才、执行政府间无偿援助协议人员和符合相关规定的投资者、国家新出台政策给予出入境便利的其他外国人，根据实际需要签发入境有效期不超过 5 年的多次有效人才签证（R 字签证）或访问签证（F 字签证）；对上述需在经济区内常住的外国人，可签发居留期 6 个月以上、最长不超过 5 年的居留许可；在经济区内直接投资数额达 50 万美元以上（含）的外国籍投资者、对经济区建设有重大突出贡献以及国家特别需要的外国人、国家新出台政策给予出入境便利的其他外国人，经国家有关主管部门、省级人民政府或国家重点发展区域管理部门推荐，可向公安机关出入境管理部门申请在华永久居留，其外籍配偶和未成年子女可随同申请。

（3）创新人才激励机制。

1）自治区财政每年安排不低于 3000 万元的广西北部湾经济区人才发展专项资金，用于支持经济区人才队伍开发建设。

2）大力培养经济区高技能人才。对成功申报建立国家、自治区级高技能人才培训基地、船员实训评估考试基地的单位或企业，从次年起每年从广西北部湾经济区发展专项资金中给予不超过 30 万元的补助，连续补助 3 年。

3）鼓励经济区重点产业、重点项目、重点学科聘用急需紧缺的海外专业人才。对入选国家重大人才项目的专家，在聘期内按每年 20 万元、总计最高 100 万元的标准给予补助，特别优秀的可以提高到每年 30 万元、总计最高 150 万元。补助资金由自治区和所在地设区市人民政府分别承担 50%。

4）经济区内各设区市（园区）把人才住房保障作为引才用才留才的重要内容，多渠道筹措资金优先保障人才住房建设，并完善配套学校（幼教、小学、中学）、医院、交通等设施，实现宜居宜业。坚持实物配租和货币补贴相结合，可安排租住各设区市（园区）人才住房。未能安排人才住房的，可领取购房补贴、租房补贴，具体标准由各设区市（园区）制定。

(4) 实施人才税收补贴。对新落户经济区重点产业园区的年薪30万元以上(含)的生产型企业专业技术骨干,以及年薪50万元以上(含)的金融、保险、证券等服务业高层次人才给予补贴。补贴额度按其上一年(自然年)在经济区内实际缴纳的"工资、薪金所得"个人所得税自治区和设区市地方分享部分,前3年补贴80%、后2年补贴60%。每年兑现一次,兑现时间为次年的3月31日前(领取补贴时,必须仍为该企业在职员工)。补贴资金由自治区和企业所在地设区市人民政府分别承担50%。

备注 以上政策执行期限为2021年1月1日至2025年12月31日。在执行期限内,如国家有新规定的,从其规定❶。

相比较天津生态城与苏州工业园来说,中马钦州产业园区的政策特色如下:

一是中马钦州产业园区针对园区内的技术设施建设,提供了较多的政策支持,对于园区更好地进行园区基础设施的建设具有重要的促进作用。

二是由于独特的区位优势,中马钦州产业园区与东南亚之间的交流密切,因此,园区在外事方面拥有较多的政策优势。

三是在土地政策方面,中马钦州产业园区进行创新发展,拥有特殊的政策扶持。

相比较之下,在某些政策上,园区还存在着一定的争取空间:

一在人才政策方面,园区的人才政策较少,因此对于高水平高层次人才的吸引力较弱。

二对于成果或项目的奖励政策较少,对园区内企业创新发展的促进作用不足。

第五节 区位对比分析

一、天津生态城区位

中新天津生态城位于环渤海地区京津发展主轴北侧,天津滨海新区沿海城市发展带的北翼,西侧紧邻区域生态廊道,并临近塘沽城区、汉沽城区和大港城区形成了一轴一带三城区的空间结构。

(一) 生态优势

作为九河下梢、河海要冲的天津,是我国主要的江海港口。天津与附近的山川、河流、湖泊、海原融为一体,周边湿地众多,自然生态条件良好。近年来,天津努力构建生态保护体系,加强城市周围生态环境保护区的建设,构建风景名胜、自然保护、生态走廊一体的生态保护体系。因此天津生态城在生态环境方面与其他园区相比具有一定的对比优势。

(二) 交通优势

中新天津生态城附近拥有包括天津滨海国际机场、京津塘城际铁路等包括机场、铁

---

❶ 关于促进新时代广西北部湾经济区高水平开放高质量发展的若干政策 [EB/OL]. (2020-12-24) [2021-06-15]. http://zmqzcyyq.gxzf.gov.cn/tzzs/zcwj/t7427710.shtml.

路、高速公路、公路在内与周围城市联系密切的交通网络。而中新天津生态城的选址，距离周围的滨海新区、机场、港口、工业区均在50km之内，可以有效便捷地利用周围的各项资源，具有良好的城市和产业依托。

二、苏州工业园区位

苏州工业园位于江苏省苏州市，具有很大的区位优势。

（一）地理区位优势

苏州地处长江三角洲中心区域，靠近上海、嘉兴、无锡等市。城市四周交通便捷，张家港等港口均为工业园的水上贸易提供了重要支撑。经济的不断发展，帮助苏州在长江三角洲内的地位逐渐升高，已成为了三角洲内的核心城市之一。

（二）苏州工业园与上海的区位关系

上海作为中国经济发展最具活力与动力的城市之一，是我国经济发展的重要核心城市。地处华东地区的上海，自然对华东地区的各城市具有一定的经济带动作用，其辐射半径覆盖江苏、浙江、安徽等省，为这些省份的经济发展提供了较多实惠。而作为距离上海最近的几个城市之一，苏州有效的利用上海的辐射作用，积极的化优势为实际效果，是苏州能实现快速经济发展的关键因素。

目前的苏州市，提出了新一轮的接轨上海的经济发展计划，通过主动的吸收上海人才，充分利用科学技术等方面的辐射作用，力争缩小与上海之间的差距，并努力避免重复建设、无序竞争等负面效应，把接轨的视野进一步放宽，把接轨的目标进一步放大，理性的站在苏州的整体角度去统筹规划，谋求更为科学和长远的大发展。倡导接轨的延伸性，不仅使苏州各地的接轨浑然一体，互相呼应，还把与上海接轨的行动纳入到整体长江三角洲的范围予以关注，即一方面研究和借鉴周边城市的经验，另一方面在接轨上海的同时加快与周边城市的关系整合与合作，善于发现周边城市接轨上海成果的外延和由此带来的机遇，为苏州所用，达到事半功倍的成效。倡导接轨的人文性，在适当的时候，适时的场合打出"大苏州"这张品牌，把分开的五指握成拳，使接轨的效应更为放大。

（三）苏州工业园与长三角的区位关系

长江三角洲地区是指包括上海、江苏、安徽、浙江在内的华东地区，三角洲城市群拥有着包括金融、教育、科技在内的多领域的先进条件，并使得长江三角洲的经济成为我国最具竞争力和经济拉动作用的地区。

长三角城市群以上海为中心，通过上海与江苏、浙江、安徽三省部分城市之间的紧密联系，形成了长江流域经济的发展核心地带。包括教育、科技、贸易、金融在内的多方面竞争力的不断增强，使得长三角城市群在国际范围内均拥有较强的核心竞争力。

目前，长江三角洲城市群所涵盖的面积不断增多，目前长三角城市群以包括超过中国2%的国土面积以及超过8%的人口规模，为我国贡献了超过五分之一的财政收入，成为

第五章 中马钦州产业园国内竞争环境分析

我国经济发展的重要推动力。而优越的地理位置加上政府的政策支持赋予了苏州极强的生命力，在广泛借助外资的条件下，已成为长三角发展最为迅速的城市之一，与长三角城市群形成了相辅相成、共同发展的状态。

（四）苏州工业园与太湖经济圈的区位关系

长三角城市群有三个非常重要的组成部分，分别是上海、宁波和杭州，它们共同撑起一个大的城市网络体系，即太湖经济圈。太湖经济圈尚属于新概念，它来自城市群的发展和竞争，某种意义上围绕太湖形成小三角。上海对太湖经济圈经济发展的影响具有突出的贡献，同时它也成为长三角的核心部分。

太湖经济圈周边也同样拥有其他经济圈，但是相对来说这些经济圈和太湖经济圈内涵相同却含义不同。包括常州、无锡、苏州和嘉兴、湖州、太湖领域和长三角。太湖流域的核心部分是苏西的长家湖区，而苏西的长家湖区起源于现代资本主义和民族工业。根据指标显示，太湖周边经济圈的GDP达到了长三角经济区的30%以上，其土地面积约占长三角土地面积的27%，外资的利用也超过了40%。随着指标的逐年上升，周边经济圈也日益凸显它的核心地位。

受上海地理辐射的影响，太湖经济圈成为了上海科研成果转化和支柱产业支撑的延伸基地。在太湖经济圈中，苏西五市在不可逆转的紧密衔接和相互配合中，长家湖已形成了长三角地域服务的核心部分，并将不断的显示其重要地位和作用。

（五）苏州工业园与东亚经济圈的区位关系

东亚经济与欧洲经济和北美经济共同位列世界三大区域经济。1997年发生亚洲金融危机，东亚国家为极力减少金融危机造成的损失，加快了经济政治改革，推动了东亚新一轮经济快速增长。在有利的国际经济环境和中国经济快速增长的积极影响下，东亚各国经济蓬勃发展，地区贸易依存度日益增强，东亚经济合作也从概念走向现实。

中国地处东亚，中国经济的发展离不开东亚。中国高度重视与东亚经济体的合作，在金融领域取得了许多成就。为了促进东亚自由贸易，中国与东亚经济体正在相互竞争、合作、共同发展，共享繁荣，实现双赢。苏州作为中国经济的发达地区，更积极融入东亚经济圈，发挥自身优势，实现经济的良好发展。

三、中马钦州产业园区区位

中马钦州产业园位于南海北部湾，位于中国西南内陆，与马来西亚隔海相望，面向东南亚。地理位置优越，自然位置便利。同时也是东盟经济圈、中南经济区、西南经济区、泛北部湾经济区和东南沿海经济区的重要枢纽，是广西北部湾经济区的核心区，具有明显的特色和区位竞争力。

（一）坐拥国际区域经济合作新高地——北部湾

广西北部湾经济区的发展已成为一项国家战略，北部湾经济区以北海湾为基础，服务于西南、华南、东南亚等多地区；广西北部湾经济区的发展已成为一项国家战略。园区在沟通、合作和开放方面发挥着重要作用，园区建立了中国与东盟开放合作后勤基地、贸易基地、加工基地，并以此来加强中国与东盟之间的紧密合作。它将享有自己的优惠待遇，并将在开放和发展北部湾以及加快建立新的国际和区域经济合作方面发挥重要作用。

（二）面向东盟，中国—东盟自由贸易区的枢纽园区

中马钦州产业园区拥有海岸线长度为1020km，海岸线长度为1629km。这里是距离东南亚国家最近的工业园区，有很多天然海湾。拥有最适合向东盟出口的海运渠道。

首先，钦州港背靠大西南，面向东南亚，地理位置十分优越，南面由海洋环绕，深水海岸线长45.289km，深水泊200多个。中国港口的吞吐量在300万～5亿t之间，运输条件良好，目前的最大深水深度为-15.1m，是中国最适合航行的港口之一，且是广西湾北部海岸的最大港口。由于国际金融危机影响了世界经济，减缓了国内增长，尽管经济放缓，国际贸易水平降低，海运市场需求降低，但钦州港航运量仍达6035.2万t，增加了4.7%；国内贸易增加了3447.3万t，增加了9.4%。

"钦州港距马来西亚巴生港1549海里、关丹港1225海里，距越南胡志明港800海里，距菲律宾马尼拉港836海里，距印度尼西亚雅加达港1720海里，距新加坡港1338海里，以及距香港440海里。"2010年8月，钦州港与越南海岸警卫队之间的对外贸易集装箱路线开始正式运行，这使得钦州港与越南海岸警卫队之间的运输时间从12天减至5天。同时，钦州港在新加坡和泰国曼谷之间建立了定期航班，增加了集装箱路线的密度，大大增加了钦州对东南亚的区域优势。

（三）辐射西南、中南，经济腹地开阔

广西与云南等省市接壤，是西南部最好的海上通道，随着对外开放与合作的加强，广西主要的海上和越界走廊及沿海基础设施得到改善。南青高铁、柳州至钦州港高速公路和钦州复线高速公路的建设速度加快，同时，钦州港已成为广西、四川、重庆等西南省份最方便的港口。随着广州和深圳港口条件的优化和海运密度的提高，钦州港也将成为湖南的入境点，成为西南和中部的出海口。

例如，2008年，当国内金融危机爆发时，越南通过钦州港从其他省份进口和出口的货物继续高速增长。根据海关统计，2008年1—5月期间，越南和钦州企业的进出口货物和服务的进出口情况如下：钦州港周边地区的出口额为4959万美元，增加了39.1%，出口额为4486万美元，增加了1.5倍，占总价值的90.5%，其中西南各省的企业是主要的出口力量。仅在云南省、贵州省和四川省，钦州港的进出口总价值就达到4391万美元，外国公司占钦州港进出口总价值的88.5%；6—10月，总出口额为2830万美元，减缓了增长，但保持了增长趋势，在出口方面，东盟是一个重要的目的地，在1—5月期间，其他省级企业出口了12亿元。从钦州港向越南、泰国和印度尼西亚等东盟国家出口3200万美元，占钦州港出口总额的24.8%，在过去十年中，各省的公司，特别是西南和中南地区各省份的公司进出口额达10多万美元。通过钦州港转运的货物数量每年增加37%。钦州港作为我国西南部的一个重要海运港口，发挥着日益重要的作用。

第五章 中马钦州产业园国内竞争环境分析

中国西南和中南部地区是一个庞大的经济中心,将为中马钦州产业园区的发展做出巨大贡献,连接广西西南、中南的铁路运输系统也在改善。广西政府发布了一系列关于加快铁路建设的意见,其中明确指出,2015年,广西北部海湾经济区将完全由"123小时城市经济圈"组成,即区域内城市为一小时的城市经济圈。北部海湾经济圈由广西北湾经济区主要城市和相距两小时的城市组成,毗邻的省会城市与北部湾只需3小时车程,形成"三小时城市经济圈",进一步加强了西南部和中南部地区的出海能力。在钦州,每周有五次飞往台湾的定期航班,进一步突出了钦州西南部和南部的辐射优势。

(四) 泛珠、泛北合作的重要节点

2003年提出了泛珠三角的概念,即"9+2"。其中,广东主要与广西、海南、云南、贵州等地对接,海西经济区主要与江西、湖南等地对接。因此,广西已成为珠三角地区主要的经济社会对接区。

中国和东盟国家于2006年启动了北部湾经济合作,2008年成立了由11个国家和12个缔约方组成的联合专家组,2009年在广西成立了中国北方合作秘书处。中国和东盟于2011年11月在东南亚国家联盟(东盟)北湾经济合作高级官员会议上通过了《北部湾经济合作可行性研究报告》,2014年1月17日在广西和南宁举行的经济合作——路线图(战略框架)会议上通过了这个路线图,它是中国和东盟之间海上合作的一个重要机制,钦州、北海、茂名、阳江以及珠江三角洲作为广西北部湾的中心地区,将成为中国南部沿海经济发展的主要走廊,随着国家战略在北部湾经济区的完善,该走廊将成为"东部沿海区"和泛珠三角沿海经济区之后的"南部沿海区"。

此外,随着21世纪对海上丝绸之路的建设给予更多的关注,作为古代丝绸之路出发点之一的钦州将为发展开辟新的机会,因此,中马钦州产业园区将成为两国之间重要的合作中心。

四、对比分析

中马钦州产业园与天津生态城、苏州工业园区相比,具有一定的区位劣势。首先,与天津生态城、苏州工业园区相比,中马钦州产业园区缺乏重要的核心城市辐射。天津生态城周边的北京和苏州工业园区周边的上海对这两个园区具有重要的辐射效应,极大地促进了园区的经济发展,在产业转移、物流合作和基础设施建设等方面具有合作空间。其次,与天津、苏州相比,京津冀经济区和长三角经济区的巨大城市群对促进园区的发展起到了重要作用。

相对而言,中马钦州产业园区也具有一流的区位优势。中马钦州产业园区位于广西壮族自治区钦州市,与马来西亚仅一海之隔,并毗邻众多东盟国家。随着我国"一带一路"倡议的逐步推进以及我国与东盟各国之间关系的逐步升温,我国与东盟各国之间的文化与经济交流定会不断增强,这将为园区的发展带来重要的发展机遇。另外,钦州港作为中国最重要的海上港口之一,将为园区的海上交流提供极大的帮助,为园区更好地拓展海外市场带来重要优势。

第六节 园区的其他优势与劣势分析

一、其他优势分析

(一) 生态优势

园区周边为孔雀湾的自然区域,东部相邻4A景区、中国野生白海豚所在的三娘湾地区和西部的茅台海,环境优美,空气质量高,地表水质好。该区域以中马钦州产业园区为中心,目前已达到100%利用孔雀湾及其周边地区的旅游资源,并已成为一个国际旅游胜地和一个以度假、娱乐和休闲为重点的区域经济总部。

(二) 发展模式的优势

建立中国马来西亚合作工业园区是两国领导人共同发起、两国政府共同建立的一个开放式国家平台。中马钦州产业园区是中国与东盟之间工业合作的新工具,是中国与东盟之间合作的新平台、新动力和新的希望,标志着中国与东盟之间的合作已进入一个新的合作模式。中国与东盟合作的试验性项目:"两国两园"的独特模式已成为中马钦州产业园区的一个主要竞争优势。

(三) 战略优势

中马钦州产业园区是中国与马来西亚政府的重点合作项目,位于广西壮族自治区钦州市,是古代海洋丝绸之路的起点之一。因此,它具有参与21世纪丝绸之路建设的独特优势,随着我国与东盟之间友好关系的进一步深化,中国和马来西亚之间全面战略联盟的推进,双方的经济往来将会更加密切,不断增强的经贸与文化的交流合作,将会为中马钦州产业园区的快速发展提供重要的战略机遇。

在中国与东盟进行了多次谈判和磋商之后,修订版《中国与东盟自由贸易区议定书》于2017年7月1日生效。另外,中国与东盟签署了《扩大自由贸易区议定书》,有效加强了中国—东盟自由贸易区的政策扶持力度。促进了产业园区利用现有条件,与东盟展开更为充分的经贸合作,共同促进两国的经济与文化发展。中国与东盟自由贸易区的贸易额将达到10亿美元,双向投资额将增加1500亿美元,这将有助于加强双方的经济发展,实现东盟与中国自由贸易区的目标。中马钦州工业园区利用这一机会在促进投资、贸易自由化、金融国际化和监管方面发挥了重要作用,并努力建立一个中国—东盟工业合作试点区。创新、开放和睦邻友好示范区。

2013年7月8日,李克强总理在访问广西时指出,北海湾经济区的建设和发展不仅对西南地区,而且对中南地区和整个地区都具有战略重要性。广西必须成为西南部和中南地区开放和发展的新战略支持点。

二、其他劣势分析

(1) 合作国。马来西亚领土约为新加坡领土的46.5倍,这两个国家的经济总量大致相同，2011年，新加坡的国内生产总值（国内总产值）为2966.2亿美元，略高于马来西亚的2879亿美元。目前虽然马来西亚的GDP已接近3500亿美元，超过了新加坡，但马来西亚的人均国内生产总值远远低于新加坡，新加坡在2011年和2012年的人均国内总产值分别是马来西亚的5.1倍和4.8倍，马来西亚和新加坡之间的贸易差距也是如此。新加坡的对外贸易量是马来西亚的大约4倍，因此，可以看到，虽然马来西亚和中国的贸易量和国内生产总值都超过了新加坡，但马来西亚的经济实力和经济影响仍然不如新加坡。

（2）园区吸引力。苏州中部工业园区成立于1994年，主要经济指标保持了高年增长率，综合经济力量在国家经济和技术发展中占有重要地位。苏州工业园区在半导体工业、光电和电子工业一体化的基础上发展了工业结构，目前已基本完成70km^{2}左右的基础设施建设。包括自来水厂、污水处理厂、天然气厂、供暖和发电厂，以及商业和文化设施，卫生和教育等体系基本形成。中新天津生态城于2007年建成，地理优势显而易见，交通方便，天津中部生态城市离天津中心45km，离北京150km，离唐山50km，离天津新海区中心15km。距离天津滨海国际机场40km，离天津港20km，城市和工业支持良好。

而中马钦州工业园区起步较晚，目前仍处于基础设施发展的后期阶段，其辅助支撑服务仍处于规划阶段，尽管地点的优势显而易见，总的吸引力仍然低于中国其他类似的工业园区。

第六章 中马钦州产业园国际竞争环境分析

第一节 中国—东盟经贸合作发展概况

一、中国—东盟经贸合作发展历程

1991年7月,时任中国外交部长钱其琛应邀出席第24届东盟外长会议,开启了中国与东盟的对话。1996年,中国成为东盟的全面对话伙伴。1997年,中国与东盟建立了睦邻互信的伙伴关系。2003年,中国作为东盟对话伙伴,率先加入"东南亚友好合作条约",与东盟建立"和平与繁荣战略伙伴关系"。2004年,制定了实施"中国—东盟和平与繁荣战略伙伴关系联合宣言"的第一份行动计划(2005—2010)。2009年,中国政府任命了第一位中国驻东盟大使。2010年建立中国—东盟自由贸易区,制定了第二个战略伙伴关系行动计划(2011—2015)。2011年成立中国—东盟中心。2012年,中国成立了东盟常驻代表团,并任命了第一位常驻东盟大使。当习近平总书记2013年访问印度尼西亚时,他提议与东盟建立"21世纪海上丝绸之路",并提出建立中国—东盟命运共同体。2013年,李克强总理在第十六届中国—东盟(10+1)领导会议上提出了"2+7合作框架"。即,"加强战略互信,注重经济发展"的两个政治共识,以及政治、经济、贸易、互联、金融、海事、安全、人文等八个关键领域;举行《纪念中国—东盟战略伙伴关系十周年联合声明》。2015年12月14日,第一次受到广泛关注的东亚峰会在马来西亚吉隆坡成功召开。东盟、中国、日本、韩国、澳大利亚、新西兰和印度等16个国家和地区的领导人出席了会议。就国际、区域政治和经济问题以及世界和区域面临的挑战交换意见,并签署了旨在推动东亚经济一体化的吉隆坡宣言。各种事实证明,当前东亚各项合作呈现出蓬勃发展的势头,东盟领导下的东亚合作机制已初具规模。同时,作为东亚合作的重要基石,中国与东盟10国的经贸合作也在不断深化。

二、中国—东盟经济贸易合作的背景与依托

中国与东盟共同体建设的影响因素是多维度的,很难就某一个因素进行整体推断。同时,由于东盟10个国家的国情差异较大,每个国家与中国的相互依赖程度、互信程度和合作程度各有不同。在研究工业经济区中国—东盟命运群体的建设时,有必要充分考虑不同类型国家的经济发展水平。根据不同经济发展程度国家和中国的合作深度,对具体的研究对象做详细分类。从东盟十国的分布来看,东南亚经济结构由南北两块构成,菲律宾、马来西亚和文莱等国所在的南方区域经济较为富裕,而越南、柬埔寨、缅甸、老挝等国所处于的北方地区经济较为贫困,北方区域占中国与东盟贸易总额较小。

第六章 中马钦州产业园国际竞争环境分析

(一)"中国—东盟自由贸易区"是中国—东盟经贸合作的基础

中国—东盟自由贸易区无疑是经济全球化对区域经济一体化影响的重要体现。越来越多的跨国家、跨地区经济联系发生,不同经济主体之间的经济依赖程度越来越深,因为地缘关系而形成的超越国家经济调节范畴的经济共同体,成为区域战略合作中政治联盟的重要补充。从近年来的发展情况来看,虽然中国与东盟国家在贸易结构上有一定的相似性,但随着中国在金融、电子、基础建设等方面的快速发展,中国在金融、咨询、教育、基础设施管理和城市规划等方面与东盟实现更广阔的经济合作。自由贸易区的建立对于中国与东盟各国经济发展、经贸合作、地区经济竞争力的提升提供了规范化的制度平台,双方不断从中获取更多的收益。为响应东盟国家的"中国—东盟自由贸易区"战略、东盟经济共同体,政治安全界和东盟社会文化界共同形成了东盟共同体的概念。从建立东盟共同体的过程来看,东盟国家特别重视加强社区建设中的经济合作。21世纪的"海上丝绸之路"和"中国—东盟命运共同体"战略为中国—东盟经贸合作提供了新的基础和平台。中国政府各部门正逐步针对东盟共同体建设提出发展蓝图,中国企业也在关注东盟经济共同体的发展。在经济合作方面,中国与东盟经济合作的全面深入加强,不仅有助于双方共同应对世界经济的缓慢步伐。这也有利于中国和东盟经济共同体的双赢发展。

(二)"大河次区域"是促进中国—东盟经贸合作的基础

国际经济一体化中低于区域合作的是次区域合作开发,在具体的合作形式上,拥有"国家间自由贸易区、地方政府为主体经济合作、或国家间自由贸易区双边贸易协定"等外在表现形式。20世纪初期,中国在参与大湄公河次区域合作以来,在农业、能源、交通领域与东盟各国展开深入合作,经济效果显著。目前,已经建设或规划建设的项目包括漫湾、大朝山、小湾、景洪、糯扎渡等水力资源开发工程;在大湄公河次区域交通便利化协议的框架内,中国计划为东盟铁路、公路和航运区域建设交通基础设施以及为农业生产技术与稻谷开发提供支持。在20多年的大湄公河区域开发过程中,广西和云南两省作为我国联结东南亚的便捷通道,不断发挥两省的区位优势和地缘优势,已成为中国参与大湄公河地区合作的前沿和主体。由于大湄公河次区域存在内部经济基础悬殊、政治主张差异等问题,应建立适当的组织机构,安排适当的交流机制和渠道,从而达到GMS内外的贸易制度、贸易政策得以充分的交流与合作。毫无疑问,经济一体化已经形成了相互依存的作用,是区域一体化的重要切入点,也是区域主义认同形成的重要物质基础。在此基础之上,在"中国—东盟命运共同体"战略的框架中,政治安全的协商对话无疑会对经济贸易的深入合作提供更宽容的对话空间,借力经济利益的紧密联系,以经济为纽带增强地区共命运的联系。

(三)跨境经济合作区是深化中国—东盟经贸合作的引擎

跨境经济合作通过互补的区域贸易,实现包括经济资源在内的各国的合作,同时,经验、知识和专业技能的交流为孤立的边境地区带来实际利益。跨境经济合作区往往借助于空间位置,以边境区域内的口岸城市或腹地地区为依托,通过各级政府的授权,中央或地方政府将领导边境地区的经贸合作和经济互补。从中国与东盟各国目前已经建成的跨境经济合作区的发展情况来看，参与企业和边境地区民众作为经贸合作的承担者，是参与跨境经济合作的积极力量。2012年中国商务部规划与东盟成员国建设五个经贸合作区，计划投资额达5000亿美元，2013年，中国与越南贸易和工业部签署了建立跨境经济合作区的谅解备忘录。"一区两国，海关，自由贸易，通关业务"管理模式是跨境经济合作区的共同战略。结合中国和东南亚在矿产资源和农产品资源方面的优势，产业类型往往集中在加工制造业和生产、跨境旅游、金融服务、现代物流等方面，通过集合人才、打通物流、吸引资金流、引进技术流等方式，在跨境合作区内形成产业要素集聚，区域国际商业的形成也影响了周边经济。中马钦州产业园区和中马关丹产业园区的建设是中国和东盟国家促进跨境经济合作的典范。同样，云南省也在积极与东盟国家合作，打造老挝，越南河口，越南老街，瑞丽居杰等跨境经济合作区。中国与东盟国家在跨境经济合作区的区域经济合作，能够开发适合不同国家资源特点的行业合作方法，中国—马来西亚、中国—越南、中国—老挝、中国和新加坡的经济带将联系在一起。为中国—东盟经济发展建立新的增长极，参与更广泛领域的"中国—东盟命运共同体"建设，成为建设命运共同体的新引擎。

2013年，在访问中亚和东盟期间，习近平主席提出了共同建设丝绸之路经济带和21世纪海上丝绸之路（简称"一带一路"）的战略构想。它赋予古丝绸之路新的时代内涵，为泛亚和亚欧区域合作注入了新的活力。它得到了国际社会的广泛关注和积极响应。"一带一路"的建设是党中央作出的重大战略决策，主动应对全球形势的深刻变化，要正确把握"一带一路"的背景、深刻内涵和战略意义，与世界各方建立共识。在建设过程中，要充分发挥经贸合作的基础和主导作用，不断扩大与沿途国家的贸易和投资，促进区域经济一体化和共同繁荣。

第二节 "一带一路"倡议对中国沿线经济合作的影响

目前，经济全球化正在深入发展，区域经济一体化正在加速，贸易和投资模式正在深刻调整。亚欧国家正处于经济转型升级的关键阶段，需要进一步激发区域内的发展活力和合作潜力。"一带一路"倡议构想的提出符合沿线国家的共同需求，为沿线国家的互补和开放发展开辟了新的机遇。"一带一路"的建设有利于中国建设新的全方位开放格局。30多年来，中国对外开放取得了举世瞩目的成就，但受地理位置、资源禀赋、发展基础等因素的影响，对外开放一般表现出东西方较慢的格局。"一带一路"将打造新一轮的"一体两翼"，加快向西开放，同时提高对外开放水平。沿着边界推进内陆地区，从开放的边缘向前推进。大多数"一带一路"沿线国家是新兴经济体和发展中国家，总人口约44亿，经济总产值约21万亿美元，占全球总数的63%和29%。这些国家一般处于经济发展的时期，互利合作的前景广阔。深入挖掘中国与沿线国家合作的潜力，必将提升新兴经济体和发展中国家在中国开放格局中的地位。推动中西部地区和边疆地区对外开放，促进东部沿海地区开放型经济转型升级。反过来，它将形成一种新的开放式的陆地和海洋规划，东西

第六章 中马钦州产业园国际竞争环境分析

方互助和全球定位。

"一带一路"的建设将有助于沿线国家相互补充优势形成双赢的结果。沿线不同国家的国家禀赋各不相同，发展水平不同，比较优势明显，互补性强。中国的市场规模居世界第二位，外汇储备居世界第一，技术优势越来越多，基础设施建设经验丰富，外商投资合作进入快速发展阶段。2014—2019年，中国将进口10万亿美元以上的商品，外国直接投资将超过5000亿美元，出境游金额将超过5亿美元。"一带一路"的建设将有助于中国及其沿线国家进一步发挥比较优势，创造新的竞争优势。促进区域内元素的有序自由流动，资源的有效配置，市场的深度整合，将经济互补性转化为发展的动力，产生"一加一大于二"的叠加效应，形成互利互惠的良好局面。建设"一带一路"有利于建立一个地区利益共同体和命运共同体。"一带一路"连接中亚，南亚，东南亚，西亚等地区，连接亚太和欧洲两大经济圈。沿线国家面临着转变发展方式，增强发展动力的共同任务，有着密切经贸关系，扩大经贸合作的共同愿望。"一带一路"的建设将促进该地区基础设施的改善，贸易和投资的进一步自由化，便利化水平的进一步提高，以及供应链、产业链和价值链的深度整合。人文交流日趋顺畅，泛亚与亚欧的区域合作达到了新的水平。"一带一路"的建设，也将促进各行各业的交流，增进相互了解，增进友谊，为各方共同应对各种传统和非传统创造有利条件。促进沿线国家的和平发展和区域和谐与稳定。

一、中部钦州会展产业园区经济合作背景

从历史上看，中国与马来西亚保持着友好关系。为了实现进一步发展，两国在经济上开展了全面合作，政治互助，互利互惠。文化体育方面的互相交流，各种民间活动的开展等使两国更加紧密相连。2014年，中国—马来西亚两国建交40周年，两国成为未来发展的战略伙伴，两国的外交关系发生了标志性的变化，进入全新的阶段。

首先，中国与马来西亚两国之间政治互信程度较高，两国高层领导人频繁交往，政治方面互信度提高。

其次，中国与马来西亚在区域经济发展的各种国际事件上都有着一致的观点。两国都一致主张独立国家的各种事务都是其自己的事情，理应由本国自己处理，对于国际上的各种事情，独立国家都有权参与协商讨论而且地位平等，有着一样的话语权。两国一致主张平等看待各国文明的多样性，这是各国的特点，理应尊重，而且在国际竞争中各国应当看到别国的长处，结合本国的实际情况加以应用，在求同存异中达到各国共同发展，互惠互利。两国都一致觉得，经济全球化不是仅仅让强国得到更好的发展，而是应该使发展中的各个国家共同受益，加强区域经济的深入合作，区域各国相互支持，发展迅速。中国十分配合马来西亚主持的各种事务及举办的各种活动。在处理跨国犯罪案件时，双方积极合作，共同处理问题。

再次，在文化方面，中国与马来西亚交流频繁且深入。经济全球化、信息网络、文化多样性和一体化可以反映一个国家的开放性。两国深入交流，了解双方的文化背景，才以避免两国交往中的一些不必要的误会。

最后，在军事合作方面，两国之间也有很多合作。

二、中马钦州会展业园区的经济合作机会

中国为东南亚经济发展创造了新的动力。从需求方面来说，由于国内的市场是有限的，本国企业生产的商品和服务在国内市场饱和的情况下，必须寻找新的市场，而国外是一个巨大的市场，只有积极开放，大胆走出去，才能够开阔市场，扩大需求。从生产方面来说，每个国家所拥有的资源种类是不同的，很少国家能够同时具备充分的人力、财力、自然资源，因此，中马钦州产业园区的建设有利于生产要素的自由流通和跨国贸易企业的生产力。中马钦州产业园区的建设是中国进一步开放对外开放的必要条件。中国拥有丰富的自然资源和廉价劳动力，但缺乏资金、先进的技术、设备和管理。对外开放能够吸引外资来华投资，进行生产经营，为经济发展带来资金和技术等要素。在目前中国经济进入发展速度有所下降的新常态中，要保持经济持续稳定发展，扩大对外开放的程度尤为关键。当前，中国必须改变对外开放的方式，提高对外开放的水平。提高产品附加值，加大企业研发力度，从"中国制造"转向"中国创造"，积极参与国际经济竞争。中马钦州产业园区的建设无疑将有助于扩大开放的广度和深度。中马钦州产业园区的建设是中国经济持续稳定发展的需要。自2010年4月起，中国经济已不再是高速增长，而是变为中高速增长。如果经济增长速度不断下降，就会影响民众的投资心理，对市场的信心也会下降，企业投资以及技术创新的积极性也会受到负面的影响。公共服务的数量和质量（例如社会保障等）也需要政府的大力支持，经济增长速度降低，会直接影响政府的财政收入，而政府财政收入减少，为经济发展提供良好环境的能力也将受到一定的削弱。目前，中国经济发展速度仍然较高。必须想方设法寻找经济的新的增长点，而产业园可以成为新经济增长爆发点。中国不少地方都纷纷建设产业园，大力招商引资，一些产业园产生了较好的经济效益，推动了地方经济的发展。中马钦州产业园区的建设，也是在这样的经济发展背景下提出来的，中马钦州产业园区一旦全部建成，将为钦州乃至广西的经济发展起到不小的推动作用。中马钦州产业园区的建设是中国与东盟加强政治互信的需要。随着冷战的结束，中国与东盟关系中的旧的政治基础，即应对共同的威胁——苏联在东南亚的扩张和越南的地区霸权主义已经不存在，而经济贸易合作已成为这新历史时期奠定双方关系的新基础。1997年东亚金融风暴的爆发加速了与邻国的经济合作。金融风暴使原来强烈依赖美国为主的东南亚国家经济严重受挫，而日本经济的衰落更证明了依附美国的模式已经落伍。同时，风暴中只有中国的经济未受很大的影响，因此在全球化趋势无法避免的情况下，产生了东盟国家与中国进行经济合作的机会。虽然东盟国家肯定美国军事存在对维护地区安全的重要性，但他们也反对美国的强权政治。反对美国干预东盟贸易政策、民主和人权以及其他内政，不希望看到美国主宰亚太地区。中国和东盟各国间的共同利益就是稳定及和平，军事力量介入将会影响亚洲的和平环境影响各国的经济建设，这是中国和东盟国家所不愿意看到的。对于中国和马来西亚政治关系来说，中马钦州产业园区的建设，有利于为中国的和平崛起与和平发展消除"中国威胁论"的疑虑。同时，进一步推动中马双方经济合作，巨大的经济利益将使马来西亚高度重视与中国的政治关系。对于双方存在争议的方面例如南海问题，也会采取更为谨慎的处理态度和方式。

三、中马钦州产业园区的建设历程

2011年，时任国务院总理温家宝和马来西亚总理纳吉共同见证了中马钦州产业园区合作协议的签署。2012年，时任国务院总理温家宝和马来西亚总理纳吉布来钦州参加开幕式并为园区奠基。2013年，当习近平主席对马来西亚进行国事访问，会见纳吉总理时，他明确提出要将钦州和关丹产业园区作为两国投资合作的旗舰项目。带动两国产业集群式发展。2013年10月9日，李克强总理会见马来西亚总理纳吉，并指出将建设钦州和关丹产业园区。广西壮族自治区领导也高度重视中马钦州产业园区的建设和发展。

中马钦州产业园区毗邻广西钦州保税港区和国家级钦州港经济技术开发区，位于钦州市南部港区。作为广西北部湾经济区中东部地区重要的跨境经济合作区，是21世纪广西丝绸之路建设新家园的重要阵地。中马钦州产业园区的地理位置和战略地位及其重要的平台效应，决定了中马钦州产业园区的重要地位。按照园区规划，产业类别主要是发展生物科学技术、电子信息服务、食品材料加工、高端产业服务等方面，实现企业的快速发展。中国和马来西亚两国成立了基础设施的开发公司，主要负责基层设施的建设，确保园区能按时建成。此外，还成立了管理委员会来管理中马钦州产业园区。

第三节　马中关丹产业园概况

一、发展时间及历程

2012年6月，中国与马来西亚两国共同签署了《关于马中关丹产业园合作的协定》。它标志着马来西亚—中国关丹产业园的正式建立。2013年2月5日，马中关丹产业园于2013年2月5日在马来西亚关丹开业。马中关丹产业园区由马来西亚和中国双方分别出资51%、49%组建合资公司，且主要负责产业园区开放建设、运营管理等工作。中国参与的公司是钦州发展投资有限公司和广西北部湾国际港口集团；马来西亚参与的公司是由马来西亚实达集团、长荣集团和彭亨发展机构共同投资的马来西亚股份公司。

马中关丹产业园位于马来西亚半岛东部，彭亨州关丹市，是马来西亚东海岸经济特区的经济特区。距市区25km，距关丹港5km，距关丹机场40km。特殊的区位条件和港口优势，将使马中关丹产业园区发展成立为立足中马产业合作、面向东盟国家、亚太地区及远东的策略性投资门户。关丹拥有比较完整的海陆空三维交通网络，包括东西两通道等陆路交通网络，关丹机场，高考机场等航空运输网络，以及关丹港口的海上运输网络。

二、目前效益定位

（一）发展定位

马中关丹产业园区依托港口资源的独特优势，立足于马来西亚东海岸经济特区，面向中国沿海地区，进一步辐射东南亚。努力把马中关丹产业园区建设成为马来西亚东部交流合作的重要门户。建设高水平，高科技，高品质的现代制造业集群和现代物流基地，立足马来西亚、面向中国、辐射东盟及世界各国经济贸易合作战略发展新平台,将马中关丹产业园打造成为亚太地区投资创业新高地及中国和东盟经济合作的示范试验区。

(二)产业定位

园区依托自身资源和产业发展基础,立足中国和东盟,面向亚太地区,构建完整的产业链,形成产业集群,打造特色产业园区。重点发展传统优势加工产业,战略性新兴产业和生产性服务业。目前,约有100多家跨国公司和中小企业在园区邻近区域投入运营,与园区形成协同发展效应。

(1) 双方传统优势加工业。重点发展清真产品,钢铁,汽车装配,铝深加工,橡胶,棕榈油加工等传统优势加工业。

(2) 战略性新兴产业。重点发展基于信息通信,电子电气行业和环保产业的战略性新兴产业。

(3) 生产性服务业。积极发展以贸易和物流、R&O展览、金融保险业为基础的生产性服务业。

(三)服务体系

坚持"客户至上"的招商理念,专门组织设立了一支能熟练精通华语、英语等多语种的专业服务团队,为入驻产业园区企业实现无语言障碍办理相关业务和"一站式"24小时全天候、全方位免费服务,入园企业相关业务可在无语言障碍的环境下轻松完成。

(四)优惠政策

马中关丹产业园享受更加独特的优惠政策,享受马来西亚出台的财税、岸线开发、市场准入、进出口管理等优惠政策,同时享受中方出台的国家和广西地方性政策,中方将出台国家和广西地方的财政、税收、金融、进出口管理等优惠政策,马方将出台财税、岸线开发、市场准入、进出口管理等方面给予优惠政策,同时,马中关丹产业园15年内减免100%所得税,并享受马来西亚东海岸经济特区的所有优惠政策,形成"特殊,更优惠"的政策体系。

三、"两国双园"前景广阔

苏帕曼说,今天中国有很多好的举措,比如"一带一路",马来西亚非常感兴趣。他希望两国在"一带一路"框架下加强交流,促进相关产业的合作。为了连接"一带一路",苏帕曼认为马方应该有一个全面的战略计划,并制定一个如何更好地参与"一带一路"宏观战略的计划。他说马来西亚方面有这样的期望和热情,关键是如何促进合作。苏帕曼认为,在全球经济衰退的背景下,虽然中国与东盟的贸易额下降,但并不意味着中国与东盟的贸易发展缓慢。重点应放在双方合作的质量上。中国在东盟拥有越来越多的投资和技术教授,这些都是我们所需要的。他认为,中国与东盟之间的贸易质量水平进步很快。中国企业将采取更多措施来增加中国与东盟之间的贸易额。苏帕曼指出,在马中关丹产业园区的建设中,马来西亚政府机构必须明确建立什么样的工业园区。可采用何种发展模式,更好地实现互利共赢。他说，有必要将重工业和轻工业机构，小微企业等联系起来，为他们提供一系列促进其发展的支持服务。政府的政策规划非常重要。为了使他们享受发展的红利，他们需要适应发展的气氛。

他希望中国企业能够成为东盟企业发展的合作伙伴，共同创造互利共赢的共同体。希望中国和东盟国家友好相处，远景，及时预测风险，更加深入地实施"两国双园"合作计划。

第四节 泰国罗勇工业园区概况

一、发展时间及历程

由中国华力集团和泰国艾湄集团资助的泰国罗勇工业区将为中国投资者建设一个现代化的工业园区。2005年7月1日，中泰正式签署了北京泰中罗勇工业园区开发建设合作文件。该园于2006年3月开始开发建设。同年8月，泰国罗勇工业园被中国商务部认定为首批海外经贸合作区之一。泰中罗勇工业园区将建成集生产、制造、加工、展览、贸易、物流、贸易、生活于一体的现代化综合性工业园区。

二、目前效益定位

据华力集团总经理徐根禄介绍，按照计划，泰中罗勇工业园区的产业定位主要是：具有比较优势的中国工业，如汽车零部件、机械、建材、家用电器和电子产品。该园区计划引进50~100家中国公司，年产值15亿美元，形成一个集展览、仓储、物流、商业和生活区为一体的现代化综合公园。徐根禄总经理表示，自泰永罗勇工业园区开发建设以来，投资环境良好、完善的基础设施和周到细致的服务吸引了越来越多的企业到业界投资和参观。截至2019年10月底，园区已成功开发$7km^2$，吸引140家企业入驻园区；至2018年底，拉动中国企业对泰国投资超35亿美金，入园企业累计实现工业总值超150亿美金，目前园区有近4万泰国员工，3000余中国委派员工。目前，落户的企业包括浙江敦安环境、重庆力帆摩托车、杭州中策橡胶、无锡西姆斯钢管、富通集团、河北立中车轮、重庆宗申摩托车等中国知名企业，以及美国菲利普、韩国Monami等国际知名企业。投资领域涉及汽车零部件制造、摩托车装配、电子电气产品加工、建筑材料和机械产品加工。未来，泰中罗永工业园将重点吸引机械、建材、汽车零部件、电子电气等领域的企业，以及其他有兴趣开拓泰国和东盟市场的企业。徐根禄总经理特别强调，泰中罗勇工业园倡导"感动顾客"的理念。为投资公司提供24小时全天候"一站式"服务。作为园区的亮点，泰中罗勇工业园区成立了由中泰员工组成的专业团队，为进入园区的企业提供一站式投资服务。从投资前商务访问、政策咨询到土地产权管理、公司注册、BOI优惠申请、工程承包、会计税务服务推荐、员工招聘和培训，亦可从泰国本地银行获得融资，而在华语服务人员的帮助下，可以轻松完成公司入驻。"一站式"服务主要内容为：园区可以代表客户向泰国投资促进委员会（BOI）提供投资政策建议，并申请投资和设立工厂的优惠政策；可以为客户提供泰国公司注册的相关咨询和注册程序；园区进入园区建厂时，可协助客户安排设计，施工招标，建筑施工许可证申请，工厂验收许可证和启动许可证；可以为企业提供招聘服务，员工培训和劳务认证服务；可为企业提供标准厂房、办公楼、仓库、展厅、庭院等设施的租赁服务；可以为员工提供生活区、高端公寓、中式餐饮等生活配套设施和服务。徐根禄总经理表示，在中泰两国政府的大力支持下，太阳罗勇工业园区的建设步伐将进一步加快。几年后，它将形成一个现代化的综合园区，年生产规模15亿美元，集生产，仓储物流，转口贸易和商业生活区于一体。为更多中国企业"走出去"探索东盟市场提供坚实的平台，我们热烈欢迎国内相关企业到太平罗勇工业园区参观和投资，共同开拓东盟市场。

（一）发展定位

建设成为中国产业向东南亚制造业和出口汽车与配件、机械、家电和电子、建材等基地，打造成为中国传统优势产业集群中心。

（二）投资服务

坚持"邀请客户"的投资理念，实行"一站式"全天24小时全方位免费服务，包括商务人士的建筑服务、商务访问、BIO证书申请、政策咨询、土地产权管理、商业登记服务、人力资源服务、租赁服务、生命支持服务、商业服务、其他服务以及员工招聘和培训等。同时，他们也享受当地银行的融资，公司所有企业人员都可以享受中国服务人员的所有服务。

（三）优惠政策

中资企业进入园区可享受四种优惠政策。第一，进入园区的企业自投资之日起8年内免征企业所得税，免征进口税和契税。免税期后，企业所得税将在5年内减半。第二，原材料进口关税将在园区企业投资之日起5年内免费进口。第三，自初始销售之日起10年内，交通、水电等费用可以加倍作为所得税的收入。第四，自收入之日起10年内，所得税可从任何一年的基础设施安装和建设费的25%中扣除。

（四）园区开发和管理体制

泰国投资促进委员会是泰国工业部的子公司，由泰国总理和工业部长担任主席和副主席。主要负责泰国国内投资促进工作，制定工作园区及相关投资促进激励政策，泰国投资促进委员会根据现有投资激励措施为投资者提供各种与投资相关的服务措施。进一步增强吸引投资的吸引力。泰国投资促进委员会主要制定工业园区和公园投资的优惠政策，并对其进行审查和批准。由工业园区手机投资企业提交的申请投资鼓励政策统一向BIO申报。

泰国工业管理局是泰国工业部的管理机构，负责执行政府管理职能。实施园区基础设施、征地和分配得统一管理。根据泰国相关法律法规，工业园区的建立需要泰国工业区管理局的核查和批准。为工业园区管理、工作许可、土地使用、外国劳务、税收优惠等提供相关服务。

（五）基础设施不断完善

根据总经理徐根禄的说法，泰中罗勇工业园总规划面积$12km^2$，将建成一般工业区、保税区、物流仓储区和商业生活区。其中，一期占地 1.5km²，二期占地面积 2.5km²，第三期占地面积 8km²。自 2006 年 3 月开发建设以来，已发展超过 1.5km²，基础设施不断完善。其中，公园的土地开发被砍伐和填补，紧密度达到 80%。平整的土地海拔 90～105m，为重型机械和建筑工厂的安置奠定了坚实的基础，节省了打桩成本。该水库蓄水量 350 万 m³，年供水量 600 万 m³，外部水库年供水量 600m³。园区变电站可提供 22kV 电力，泰国当地电力局提供 110kV 电力。泰国石化局铺设的天然气管道直达公园可以完全供应给需要天然气的用户。园区配备 2048 线的光纤电信系统和 ISDN/ASDN，可确保有效的通信要求。公园内的所有道路均采用钢筋混凝土铺设，主干道宽 52m，宽 8 道。同时，园区活性污泥废水处理系统可以接受符合排放标准的各工厂废水，目前处理能力为每天 18000m³。该公园可提供垃圾收集服务，焚烧炉日产量为 33t。此外，园区环境优美，绿化率达 30%，并通过 ISO 14001 环境标准认证。目前，园区道路宽阔、植物整齐、空气清新、环境优美。它已经形成了一个在泰国具有一定知名度和影响力的"中国海外经贸合作区"。同时，园区中资企业俱乐部、诊所、餐厅、银行、宿舍、商业中心的配套设施也基本完善，具备大型企业进入生产的基本需求。

三、区位优势

在谈到泰中罗勇工业园区的投资优势时，徐根禄总经理指出，泰中罗勇工业园区交通便利、区位优势明显、投资政策优惠、基础设施完善。

泰中罗勇工业园位于泰国东部沿海，靠近泰国首都曼谷和连邦邦深水港，毗邻罗勇 331 高速公路。从曼谷到园区只有一个半小时的车程，距离泰国最大的深水港只有 27km。园区周边水、陆、空三维交通网络十分发达，非常适合转口企业的发展。园区按照"现代工业园区"的高标准配备基础设施。提供蒸汽、天然气和污水处理，完整的基础设施得到财富 500 强企业的认可。与此同时，该园区是一个与泰国工业区管理局（IEAT）签订合同的工业区。园区客户可享受泰国工业区管理局提供的"一站式"服务，以及园区提供的服务，包括 BOI 证书、法律政策咨询和员工培训。与其他工业园区不同，泰中罗勇工业园区在泰国享有最优惠的第三区政策。它是三区政策中最好的工业区。投资泰中罗勇工业园区，拥有该土地的永久产权；前 8 年可免征企业所得税，企业所得税将在未来 5 年内减半；8 年内免征进口机器关税；出口目的，进口原料在 5 年内免征关税；自产品销售之日起 10 年内，运输和水电费用可以作为所得税收入的两倍；自企业收入之日起 10 年内，25 项基础设施安装和建设成本可从利润中扣除，作为成本（任何一年的可选扣除额）。

第五节　经　验　借　鉴

一、掌握主动权

要充分发挥中马钦州产业园区和马中关丹产业园区的优势。在资源开发、产业链延伸、市场开拓、信息共享、港口互联互通、海关特殊监督管理体制等方面，全面推进中马钦州产业园区与马中关丹产业园区的交流与合作,实现两国,两园区的优势互补,互动发展。按照以中方开发为主的原则,充分掌握园区发展的主动权,积极引进燕窝加工、清真食品、棕榈油加工、生物制药、北斗卫星定位等特色产业。加快推进产业配套设施建设。大力实施"引商、引资、引才、引智"战略,加快建立引商、引资一站式服务体系和引才引智管理体制。

二、改革管理体制

按照"政企分开,管建分离"的机制,加快设立中马钦州产业园管理委员会,大力实施以管理委员为园区管理体系,下设各职能部门,管理委员会代理钦州市政府对中马钦州产业园履行职责,实施统一行政管理,及负责园区内的土地收购、管理和储备,同时负责园区开发建设相应的投资权、经营权和收益权。积极探索建立两国政府副总理级"两国两园"协调沟通机制,成立国务院跨部委领导协调机制,由分管副总理任领导协调组组长,有利于争取各类产业发展优惠政策,有利于推动两国两园加快发展,有利于在产业园区发展过程中避免发生不必要的摩擦和分歧。

三、加快创新人才管理工作机制

推进干部制度改革,从"身份管理"转向"岗位管理",打破公务员和招聘人员的身份之间的边界,并大力弘扬竞争上岗,形成以岗定酬,按绩定酬的分配机制,改善人才成长的激励机制、加大产业工人培训力度。积极探索建立"高薪引才"的人才引进机制,设立钦州产业园区人才发展基金,为"高薪引才"奠定基础,积极向自治区和国家申请把中马钦州产业园区列为"人才特区"建设,吸引国内外大量中高端产业技术人才、管理人才、创新人才等到园区工作和创业。积极学习和借鉴国内外先进产业园区人才管理机制,积极落实人才管理体制,包括征聘制、任用制、培训制、考核制、薪酬制,不断完善人才储备。

四、实施产城融合

加快推进中马钦州产业园基础设施建设和产业项目建设,严格按照工业布局计划,支持产业设施应该合理分配,基础设施和公共服务设施的建设应加强,加快形成产业、生活、环境和谐发展的运行机制,加快促进产城融合。根据整体开发、产业布局、统筹发展的要求,按照市场化运营机制,加快建立完善的产业转型推进机制,提高园区开发效益。

五、创新服务体系

加快推进中马钦州产业园区建立全天候、全过程、全方位的亲商服商服务体系。积极创建核心公共服务平台,为园区企业提供"一站式"服务。积极探索设立中马钦州产业园海关监管体系,主要包括港口互通、保税物流、进出口加工、综合保税区等特殊监管区域和保税监管场所,加快创新创建园区产品进出口电子申报和空陆联程通关模式,一次性在园区内办理通关手续,逐步形成较为完善且具有国内外领先的海关监管机制。建立全方位、立体式的服务体系，积极设立一站式服务中心，大力削减审批事项、压缩审批流程积极营造良好的软环境；大力开展全方位、多维度的服务，主要包括公共服务平台、人才服务中心、项目申报系统、金融服务、政策支持等"五个维度"的支持，加快产学研合作和投融资的对接。积极探索设立园区发展基金，创新设立入园企业投资补贴机制，如：苏州产业园专门设立了每年1亿元的创投补贴资金，30%的跟进投资和13%的投资奖励。

六、下放审批权限

下放省级审批权限，逐步实行负面清单管理。将省级管理权限充分给予园区，赋予管委会社会事务管理权、经济考核权和行政审批权等权限，园区内实行封闭式管理，确保"园区事园区办"。通过下放审批权限：一方面是极大地缩短了企业入驻和项目审批的周期和环节，办事效率得到明显地提升，另一方面有益于大幅降低企业运营成本，对进一步提升园区行政效能、增强园区发展活力具有积极的促进作用，为园区未来的持续健康发展奠定了基础。如苏州工业园、广州知识城等园区都被赋予了较多的行政管理权限。

七、成立法人机构

探索成立法人机构，试行法人治理机制，园区管理主体不是开发区综合管理委员会，也不是政府机关、事业单位，而是公开向市场招用人才的"法定机构"。采用的是企业经营管理模式，负责管理园区的日常经济事务等；成立法人机构更有益于园区的快速发展，降低运营成本、扩大资本融资渠道、有效合理管理园区，对今后园区快速发展提供了良好的发展环境和基础。

八、加快投资融资体制改革

通过设立控股公司、股权融资、项目融资等方式，拓宽投融资渠道。整合分散在相关部门的专项扶持资金，统筹使用。将竞争机制、市场机制引入财政资金分配，打破了长久以来专项资金"撒胡椒面"式的传统分配方法。投融资创新对进一步完善园区各部门职能、实现资源合理配置、促进重大项目建设、促进经济转型升级发挥了重要作用。珠海横琴新区、平潭综合试验区、天津生态园等都实施了创新投融资改革。更有效地提升各园区的投融资效率，降低运营成本，为园区产业发展提供基础保障。

九、加强知识产权保护

成立知识产权保护中心，加快出台中国—马来西亚钦州产业园区知识产权保护工作方案，加快建立一个综合性的知识产权公共服务平台和国家级马来西亚资产企业聚集区知识产权保护基地，加快创建现代知识产权立法、执法、司法"三位一体"的创新试验基地，为园区企业科技研发提供保障。如中国—德国生态园积极营造国际商业环境、文化环境和现代知识产权法治环境，高效发挥中国—德国生态园在知识产权标准化、保护等方面的标杆引领作用和辐射示范作用，并出台《中国—德国生态园知识产权保护三年工作方案》，从而实现其战略目标。

十、积极争取优惠政策

要积极争取国家和自治区支持,在重大产业布局上对园区给予倾斜,在政策、资金、财税等方面给了大力支持。立足具有先行先试的优惠政策条件,通过不断创新园区管理制度和政策,根据入园企业和战略性新兴产业项目的实际情况,加快制定和出台相应的支持政策和保障措施,将中马钦州产业园打造成为战略性新兴产业的政策"硅谷",促进园区产业聚集化、节约化、集群化发展。为了更好的发展中新天津生态城,国家给予中新生态城非常优惠的政策,2012—2020 年,中央财政每年将投入 5 亿元,支持生态城市建设,住建部、环保部、文化部等部门均有专项资金支持。中马钦州产业园应积极争取中央财政转移支付和相关部门专项资金的支持,确保园区前期建设。

十一、建立园区会商协调和经济运行分析机制

加快建立园区商会协调和经济运行分析机制,加强协调,明确职责,定期举行联席会议,在园区建设中,及时研究所存在的问题和面临的挑战,积极制定相应的对策措施,解决融资、规划、项目申报、技改等工作中出现的问题,提高经济运行监测,完善经济运行分析机制。

第六节 对比分析(PEST 分析法)

一、政治环境

(一)园区享受的一般优惠政策

1. 享受国家级经济技术开发区的政策和国务院有关优惠政策

国务院办公厅《关于促进国家级经济技术开发区进一步提高发展水平的若干意见》规定建设用地必须以承接服务外包业、高新技术产业和现代制造业为主,不得擅自改变土地利用,不可用于大规模的商业零售,不可用于房地产开发,这便为中马钦州产业园区招商投资指出了方向。在金融方面,鼓励国家政策性银行和商业银行对国家经济技术开发区符合条件的基础设施和公用事业项目给予信贷支持,符合条件的企业通过资本市场拓展直接融资等。为企业入驻园区提供了资金来源的保障。该意见对中西部地区国家级经济技术开发区的发展作出了具体规定,明确提出,继续实施中西部地区国家级经济技术开发区基础设施建设项目贷款贴息政策,适当提高贷款贴息规模。中西部地区对外贸易发展专项资金和政府间国际组织的援助资金,可以用于支持中西部地区国家级经济技术开发区的建设。鼓励跨国公司在国家经济技术开发区设立研发中心、金融中心、技术服务中心、培训中心、采购中心、物流中心、运营中心和配套基地。鼓励建立创业服务机构、留学生创业园等,为吸引高素质人才投资创业。鼓励符合条件的国家级经济技术开发区申请建立出口监管仓库、保税物流中心、出口加工区和保税仓库;支持技术成熟的国家级经济技术开发区开设与出口加工区、保税区联动试点,实现互补优势。中马钦州产业园区招商是立足于中

马，面向全世界，积极引进具有实力、有影响的跨国公司，并非常注重各种研发中心、检测中心等落户园区，园区毗邻钦州保税港区，具有优势互补、合作发展的条件和优势。国家有关部委的政策首先主要专注于基础设施项目贷款贴息，如《商务部办公厅关于中西部等地区国家级经济技术开发区服务外包基础设施项目享受中央财政贴息政策的通知》（商办资函〔2009〕81号）规定：国家级经济技术开发区服务外包中西部基础设施建设项目贷款，按规定享受中央财政贴息政策。《国家发展改革委关于印发促进中部地区崛起规划实施意见的通知》（发改地区〔2010〕1827号）第四条第三项规定：继续对中部地区国家级经济技术开发区和高新技术开发区公共基础设施项目贷款实施贷款贴息。国家财政部制定实施了《中西部等地区国家级经济技术开发区基础设施项目贷款财政贴息资金管理办法》。

2. 享受国家西部大开发有关政策

2000年，中国启动实施西部大开发战略并发布了《国务院关于实施西部大开发若干政策措施的通知》（国发〔2000〕33号），为了加快西部地区开发，推进区域经济协调发展。中马钦州产业园区是两国政府合作项目，是中国对外开放，促进中国与东盟合作的新平台和新动力，《国务院关于实施西部大开发若干政策措施的通知》中"扩大对外对内开放的政策"是中马钦州产业园区发展可充分利用的重点。按照规定，中马钦州产业园区在农业、能源、水利、生态、交通、旅游、市政、环保、矿产等其他基础设施建设和资源开发，并建立技术研发中心等方面充分利用外资，试点以BOT和TOT的方式，充分利用外资，让外商投资项目开展项目融资，包括人民币在内；在外贸易方面，鼓励利用优势产品出口、劳务合作和对外工程承包到境外特别是周边的国家投资办厂，放宽人员出入境限制，享受更加实惠的边境贸易政策。

3. 广西北部湾经济区享受五个方面的政策支持

（1）土地管理制度、行政管理体制、市场体系等综合配套改革方面的相关政策支持。

（2）重大项目的布局和审批等方面的政策支持。

（3）在保税物流体系方面的相关政策支持。广西北部湾经济区目前已经建立了"三区一中心"的保税物流体系，即北海出口加工区、凭祥综合保税区、钦州保税港区和南宁保税物流中心。

（4）在金融改革方面的相关政策支持，国家鼓励在北部湾地区建立地方性银行，鼓励符合要求的企业发行企业债券。目前，广西已经成立了北部湾银行。

（5）在开放合作方面的相关政策支持，中马钦州产业园区是中国与东盟合作的旗舰项目，毗邻钦州保税港区，也同样享受保税物流、对外开放合作等方面的优惠政策。

除此之外，中马钦州产业园区也充分享受《广西壮族自治区人民政府关于促进广西北部湾经济区开放开放的若干政策规定》中关于重点支持的产业、财税支持、外经贸发展等各种优惠政策。

（二）园区特有的优惠政策

为了吸引全球投资者，中国各级政府对中马钦州产业园区提供了一系列特殊创新空间和政策优惠。一是两国应允许合资企业开发建设园区，包括共享土地开发增值收益和园区地方税收，并同意将10年的地方税收返还园区，用于滚动开发。二是园区土地使用拥有优惠条件。园区工业用地出让标准为9.6万元/亩，同时对于园区重点鼓励的项目和产业，最低可优惠10%。三是投资园区企业拥有税收优惠。这包括将国家鼓励产业的企业所得税减半，税率为15%，并免除自治区的地方所得税。四是政府特殊支持。例如，企业可以建立自己的标准工厂，建立自己的品牌，为港口物流提供优惠和鼓励政策。此外，2012年中马钦州产业园区正式开园后，广西壮族自治区第十一届人民政府第109次常务会议审议通过了《关于中国—马来西亚钦州产业园区开发建设的优惠政策》，从金融政策、土地政策、财政政策、税收政策、社会保障政策和人力资源及外事和其他政策等六个方面阐述了中马钦州产业园区享有的各项优惠。

（三）现行体制机制存在弊端

体制竞争力是指为了实现战略管理目标，行政管理部门通过对管理模式创新、金融体系、机构建制、制度安排、人员配置、权责层次等管理体制的构建来实现相对更可持续、高效地向市场提供产品和服务，并获得盈利、发展自身的综合能力。由于我国各种园区性质和规模的不同，管理模式也不尽相同。每一种管理模式都有不同的管理机制和制度安排，不同的管理模式和制度安排表现出不同的管理和服务效率，从而形成园区体制竞争力。作为中马两国政府共同建设的项目，中马钦州产业园区现行的管理机制和财税机制存在诸多弊端，制约了园区健康、有序、快速发展。中国各种园区的一般机构设置有园区管委会、党委会和园区投资开发总公司，党委、政府、企业三位合一体。2012年12月28日，中国—马来西亚钦州产业园区工作委员会和中国—马来西亚钦州产业园区管理委员会（以下简称园区工委、管委）正式揭牌，标志着中马钦州产业园区官方机构——园区工委、管委正式启动运行。中马钦州产业园区工委、管委负责园区的管理工作。园区机构设置高级干部是园区管理机制的一个重要特点。中马钦州产业园区工委、管委在行政级别上均为地厅级设置。这样管理机制的优势在于管理者可直接面对招商、建设和服务工作，其运行的工作对象是各类企业，有益于减少行政程序，大大地提高了工作力度；有益于避开外部环境影响，直接解决了一线矛盾；有益于直接获取政府制机高层信息，能充分把握政策动态等。这样管理体制在园区建设的初期可以增强了工作效能，对园区的发展具有重要的作用。而这样管理体制使园区管委会与园区所在的钦州市地方党委和政府相脱钩，随着园区发展的深入，迫切需要新的制度创新。

二、经济环境

（一）中马产业园经济现状

2015年，中马钦州产业园区继续得到中央政府给予的2013—2015年开发补助资金24亿元。自治区政府支持园区发挥金融杠杆作用，通过设立直投资金、产业股权投资基金、城市开发建设基金（PPP）等，推动产业和城市项目加速布局和发展。支持园区建设跨境金融服务中心，开展外资股权投资类企业试点、境外人民币的贷款业务等工作。支持园区设立改革创新先行园区，探索法定机构的管理体制和模式，推进行政管理体制改革、人才人事制度改革和财政体制改革，推广项目建设EPC（设计施工总承包）模式。支持中马两国贸易产业与燕窝加工合作，国家质检总局在园区建立国家级重点实验室检测燕窝及营养保健食品，年底完成主体施工。

目前，中马钦州产业园区建立税收征收管理机构，推行一级财政管理体制。园区年度预、决算方案分别在钦州市本级预算方案和决算方案中单列，由钦州市人民代表大会进行审议。除自治区确定的开发建设给予的财政资金支持外，在2020年以前，自治区人民政府每按部门预算另行安排专项经费确保管委会正常运转。除此外，从2013开始，中央政府财政将持续3年、每年拨付8亿元支持，推动中马钦州产业区基础设施建设。中马钦州产业园区自身没有财政自主权，因此，为更好地推动园区的发展，亟须进行财税机制改革。

（二）创新金融体制

2013年11月20日，经国务院同意，中国人民银行、国家发展和改革委员会、财政部、商务部、海关总署、国务院港澳事务办公室、国务院台湾事务办公室、中国银行业监督管理委员会、中国证券监督管理委员会、中国保险监督管理委员会、国家外汇管理局等11部委发出通知，印发《云南省广西壮族自治区建设沿边金融综合改革试验区总体方案》（以下简称《方案》）。《方案》的实施，将有力地推动滇桂沿边金融、地方金融改革创新、跨境金融先行先试，推动人民币周边区域化，促进两省区沿边金融综合改革试验区建设、全面提高两省区贸易投资和对外开放便利化水平。沿边金融综合改革试验区的核心范围是钦州，应该以建立沿边金融综合改革的试验区为契机，发挥中马产业园两国共建的模式优势，在投融资体制上进行大力创新，大力推进跨境贸易结算和人民币国际化，建设人民币国际化先行先试区，以中国东盟港口城市合作网络和航线为金融合作纽带带，打造中国—东盟金融走廊。

1. 创新金融体制，做大金融服务

鼓励园区设立金融租赁公司、财务公司、信托投资公司、股权投资基金等非银行金融机构，发行园区基础设施设立债券，把握IPO上市的有利时机，大力促进园区企业上市，多渠道筹划园区建设资金，全力保障重大项目、特色优势产业、重点工程、周边国家或地区与战略性新兴产业相互畅通基础设施项目的融资需求。同时，积极争取园区金融机构能够开设自由贸易账户，逐渐实现资本项目下的可兑换，促进贸易和投资的便利化。鼓励围绕园区产业体系，研究推出金融支持产业发展的办法和措施，高校破解中小企业融资难、贷款难等问题，给予园区产业发展灌入源源不绝的动力。

积极推进跨境人民币贷款业务快速发展。2014年9月19日，广西中马钦州产业园区开发有限公司和马来西亚中国银行签订贷款合同，中马钦州产业园区获得了贷款3000万元，用在中马钦州产业园区启动区标准厂房（一期）项目建设。跨境人民币贷款合同成为广西第一笔跨境人民币贷款业务。今后需要继续推动发展跨境人民币贷款业务，畅通人民币回流机制。推动外汇改革。鼓励外商投资企业到园区投资，实施"意愿结汇制"结汇，鼓励负责中马钦州产业园区开发建设的合营企业，将外资资本金和外汇结汇后所得到的人民币资金用在实施园区土地开发、基础设施和公用设施建设等经批准的业务，做好国家层面的优惠政策。

2. 发挥两国共建的优势，推动金融开放合作

一方面把马来西亚甚至东盟国家的资金、管理、机制、人才等引进来，推动东盟金融机构在园区设立分支机构，服务园区企业及广西与周边国家的经贸往来合作，同时，促进园区和广西金融机构走出去，抢占跨境金融合作、沿边金融和人民币跨境使用的制高点。另一方面，从政府、金融监管部门、金融市场主体三个层次探索建立园区与周边国家相对应的沟通交流机制，把园区建设成为我国金融"走出去"的示范区、人民币周边化和区域化的先导区、跨境金融业务创新的试验区。同时，进一步扩大金融开放合作区域域，东盟国家作为桥梁和纽带，加强与港澳台地区、东亚、南亚国家等合作，全面提升广西的国际影响力和区域影响力。要积极利用和主动参与亚洲基础设施投资银行的设立，争取将中马产业园纳入其重点支持示范项目。争取国家有关部门批准 CEPA 先行先试相关政策扩大到中马产业园，从而进一步提升园区的开放度，提高园区和广西与周边国家和地区的合作水平。

3. 鼓励金融实体多样化和资本市场繁荣

允许民营企业进军金融市场，是十八届三中全会关于金融改革的一大亮点。中马钦州产业园要在这方面大胆先行先试，依法组建地方银行、小额贷款公司、融资性担保公司等，支持消费金融公司、金融租赁和民间资本发起设立民营银行，鼓励民间资本和外资金融资本参与地方中小法人银行的增资扩股，积极推动保险市场发展，率先推动园区内国有制、股份制、合作性和民营等多种所有制金融市场主体共同发展、共同繁荣，加快建立起多元化、多层次的金融组织体系，促进金融对园区发展的支撑。积极利用周边国家丰富的生物资源、生态优势、矿产资源和农业资源，在园区建设国际大宗商品交易与资源配置平台，争取尽快在园区设立商品现货期货交割仓库。积极推进园区保险市场发展，鼓励在园区开展中国与东盟国家跨境保险业务合作，开展跨境电商保险、跨境人民币结算再保险业务、培育发展再保险市场。

三、社会环境

社会是个综合概念，在此主要从地理位置环境来分析中马钦州产业园的优势。中马钦州产业园区位于南海北部湾，背靠中国西南，与马来西亚隔海相望，其地理位置优越。自然区位较为便利。优越的自然区位造就了中马钦州产业园区优越的经济区位。中马钦州产业园区处在东盟经济圈、中南经济区、西南经济区、泛北部湾经济区和东南沿海经济区的重要结合部。

（一）坐拥国际区域经济合作的新高地——北部湾

泛北部湾等国内外区域合作中具有不可替代的战略地位和作用。2008 年，《广西北部湾经济区发展规划》获国务院正式批准实施，广西北部湾经济区的发展已成为一项国家战略。并明确了北部湾经济区立足于北部湾，服务西南、华南和中南，沟通东中西、面向东南亚，充分发挥连接多区域的重要通道、交流桥梁和合作平台作用，以开放合作促开发建设，努力建成中国与东盟开放合作的物流基地、加工制造基地、商贸基地和信息交流中心，成为带动、支撑西部大开发的战略高地，实现辐射力强、开放度高、经济繁荣、社会

第六章 中马钦州产业园国际竞争环境分析

和谐、生态良好的重要国际区域经济合作区的功能定位。中马钦州产业园区处于中国北部湾海域顶端的钦州市,处于北部湾经济区南(宁)北(海)钦(州)防(城港)四市的中心位置,拥有北部湾优势区位,将在北部湾开放开发、加快建设国际区域经济合作新高地中享有各自优惠,发挥重大作用。

(二)面向东盟

中国—东盟自由贸易区的枢纽园区,中马钦产业园区位于广西,是我国唯一与东盟海陆相连的省份,陆地边界为1020km,海岸线为1629km,中国拥有东盟的"一湾七国"和众多的天然港口,是距离东南亚国家最近的产业园区,拥有向东盟出口的最佳海路,在中国—东方自由贸易区的建设中具有特殊的地位,将成为打造中国—东盟自贸区"升级版"的枢纽园区。首先,中马钦州产业园区与马来西亚隔海相望,是中国通往东南亚的最佳海上通道。其中,钦州港三面环海,南临大海,规划码头海岸线长74.54km,其中深水海岸线长45.289km,可建成10万~20万t级大型深水泊位30多个,形成吞吐量5亿多t。运输条件优越。目前钦州港通航的最大吃水深度达到-15.1m,成为中国通航条件最佳的港口之一,2012年,钦州港港口已经完成货物吞吐量5622万t,集装箱47万标箱,比去年同期增长17.9%。在广西北部湾沿海港口中居第一位;2013年,由于国际金融危机的持续影响,在全球经济持续不振、国内经济增速减缓、国际贸易不景气和航运市场需求不旺盛等严峻形势下,钦州港仍然完成吞吐量635.2万t,增长7.3%,集装箱吞吐量达到60.1万标箱,增长26.9%。其中外贸2587.9万t,增长4.7%,内贸完成3447.3万t,增长9.4%。增长9.4%,港口生产成功逆势而上,实现稳中有进。此后,外贸航线进一步辐射东盟国家和中国香港、台湾地区,截至2020年钦州港集装箱吞吐量完成395.04万标箱,同比增长30.98%。钦州港到东盟各国的海上直线距离较近,是连接东盟的最佳航线。钦州港距马来西亚生港1549海里、关丹港1225海里,距离菲律宾马尼拉港836海里,距离越南胡志明港800海里,距新加坡港1338海里,距离印度尼西亚雅加达港1720海里。2013年,钦州港开通了直航新加坡和泰国曼谷的外贸集装箱班轮直航航线。随着集装箱密度的增加,钦州对东南亚的区位优势大大增强。

(三)辐射西南、中南部,经济腹地广阔

广西西接云贵等省,是我国西南地区出海的最佳通道。随着广西对外开放和对外合作地位的提高,广西海上和沿海基础设施大通道建设不断完善。如南宁至钦州高速铁路已经开通,钦州至崇左高速公路、六景至钦州港高速公路等"七铁四高"正在加快推进。同时,中马钦州产业园区毗邻的钦州港成为广西、重庆、四川、贵州和云南等西南省区最便捷的出海口,随着港口和航运条件的优化,加上广州港和深圳港航运密度的增加,湖南也将成为钦州港的腹地,逐渐成为西南乃至中部海域的入海口。以2008年为例,2008年国家金融危机爆发,中国对外出口受到不小的冲击,但外省通过钦州港的进出口仍保持高速增长。据海关统计,2008年1—5月,经钦州港的外资企业进出口总额达4959万美元,比去年同期增长39.1%,出口4486万美元,增长1.5倍,占进出口总额的90.5%,西南省市区的企业是钦州港进出口的主力军。四川等省经钦州港的企业进出口总额高达4391

万美元，占同期钦州港外资企业进口总额的 88.5%。6—10 月，共出口货物总值 2830 万美元，增速放缓，但继续增长。在出口方面，东盟的四个重要目的地，1—5 月外省企业从钦州口岸出口越南、印尼、泰国等东盟国家的商品达 1232 万美元。外省企业，特别是西南和中南部地区的企业，每年通过钦州港进出口货物超十几多吨，年均增长 37%。钦州作为我国西南出海大通道的地位日益显著。西南、中南作为广阔的经济腹地将极大地促进中马钦州产业园的发展。广西连接西南、中南的铁路运输体系也日益完善。2010 年，广西出台《关于进一步加快铁路建设的若干意见》明确提出，到 2015 年全面建成 "123 小时城市经济圈"，即广西北部湾经济区内 "1 小时城市经济圈"、到相邻省会城市 "3 小时城市经济圈"、到分区内主要城市 "2 小时城市经济圈"，目前中马钦州产业园区辐射西南、中南的能力将进一步提升。目前，南昆以路、湘桂铁路、黔桂铁路、焦柳铁路等西南出海通道均经过钦州，钦州港已开通每周 5 班至香港的定期班轮及至台湾高雄的直航航班，这进一步凸显了钦州辐射西南、中南的优势。

（四）泛珠、泛北合作的重要节点

2003 年，泛珠三角的概念被提出，简称 "9+2"。其中，广东主要对接广西、海南、云南和贵州，海西经济区主要对接江西和湖南，因此，广西成为珠三角首要的经济社会对接区域。2006 年，在广西的积极倡导和推动下，中国与东盟国家开展了泛北部湾经济合作。2008 年，成立了 11 国 12 方组成的联合专家组，2009 年，泛北合作中国秘书处在广西成立，2011 年 11 月，中国—东盟第十四次领导人会议通过了《泛北部湾经济合作可行性研究报告》，2014 年 1 月 17 日，中国—东盟泛北部湾经济合作高官会在广西南宁通过了《泛北部湾经济合作路线图（战略框架）》。泛北合作已成为中国—东盟海上合作的重要机制。钦州作为广西北部湾经济区的核心城市，钦州—北海—湛江—茂名—阳江—珠三角将成为中国南部沿海一级经济发展走廊，随着北部湾经济区的崛起成为国家战略，该走廊将成为继 "东部沿海经济区" 之后的 "南部沿海经济区" 的概念，并将成为泛珠三角沿海经济区。除此外，随着 21 世纪海上丝绸之路的建设逐渐引起国家的关注，钦州作为古代海上丝绸之路的出发港之一，也将迎来新的发展机遇。因此，中马钦州产业园将成为泛珠、泛北合作的重要节点。

四、技术环境

目前，中马钦州产业园区缺乏科技研发部门，科技项目实施较少，产业科技水平不高。园区虽有技术支持单位，但技术支持单位与园区的关系比较松散。大部分园区的科技合作仍在协议上，与国家最高研发单位没有密切关系。与园区主导产业有关的高端科技成果储备较少，产业发展的能力较弱。科技人才短缺，科技创新能力不强。

（一）鼓励园区技术创新

1. 提高园区技术创新能力

技术创新对园区影响极大，对于区域甚至国家整体经济的发展都能够起到一定的推动作用。一般来讲，科技的进步通常能够促进资源的合理配置，在这种情况下，同等数量的资源投入，通常能够获得更好的收益。一般在投入保持不变的基础上，科技进步可以有效地提高单一要素的生产效率，从而促进整体产出。科技进步一般可以分为三个不同的阶段，一是技术发明阶段，二是技术创新阶段，三是技术创新扩散阶段。从技术创新的价值角度看，其真正的价值表现是科技进步的第三阶段——技术创新扩散阶段，即通过促进和广泛应用技术创新成果，以各种形式来实现推动社会经济的快速发展，使经济结构的快速升级得到促进和生产力的水平得以提高。

美国著名的经济学家舒尔茨在《人力资本投资》一书中，指明了扩散的重要性，由此可以清楚地认识到技术创新扩散的重要地位。因为它可以带动社会的技术的不断进步，从而促进经济的快速增长。在生活中，最简单的技术创新扩散方式是把一种技术从一个地方转移另一个地方，或是在不同使用者手中进行转换。傅家骥作为我国著名的学者，他针对技术创新扩散提出了自己的观点：技术的创新扩散，实际上指的是在不同的使用者之间，通过技术创新相互传播或相互采纳的过程。基于技术创新的视角，创新不能只局限在自身价值的数量上，还更需要关注创新的扩散，技术创新对国民经济的影响主要取决于该技术在整个经济系统中的扩散和应用。在企业的发展过程中，一旦出现了大规模的技术创新扩散，在一定程度上必会引起社会的科技进步，进而能够有效的带动经济不断发展。

2. 营造创新网络

持续的技术创新是企业集群的生命力。如果一个集群区域间停止创新或技术崩溃，那么集群就会衰退并最终消亡。若是把产业园区发展培养成技术创新的网络平台，保持集群内持续的技术创新力，对产业园区和区域经济的发展具有重要而深远的意义。因此，产业园区的发展建设，必须要注重创新氛围的营造，政府应从政策方面，多手段、多渠道地为企业提供风险投资和信息交流以及技术的共享等方面的支撑。

随着全球经济一体化进程的推进，地区知识技能也伴随全球经济一体化进程的推进，逐渐成为地区企业竞争优势和地区经济技术创新的关键点。知识溢出效应直接影响着产业集群内部的企业对产业园区知识和科技创新的模仿，这种现象将直接导致企业的创新，进一步创新中马工业园区的发展思路。地区政府应该从行政干预手段对此类情况进行正面干预，建立针对创新企业的有关补偿机制。

营造创新网络是一项复杂而长期的工程，因为创新网络的知识体系是动态的、不断更新的，因此，创新网络将带动集群内的企业各部门，尤其是涉及的知识性、专业性人才的流动会促进工业园区集群内的企业之间的相互学习和创新。同时，高校院所等创新中心和企业间的联合创新也将被推动。

3. 多渠道解决人才问题

工业园区的就业制度将直接影响其吸引人才的能力，而园区能否健康、可持续地发展，在一定程度上取决于其内部人才的素质和能力。因此，多渠道解决人才问题是园区发展的另一个重点。①注意引进人才，培养人才。在人才选拔上，要坚持"公平竞争、择优录用"的基本原则，逐步突破传统的人才选拔机制，在开放原则的基础上，不以行政级别来限制人才的选拔。利用员工制度、定向挂职等方式，不断拓展人才选拔渠道，积极创建优秀人才选拔机制。同时，园区还应加强人才培养，通过与各高校或培训机构的合作，根据自身产品定位和未来发展目标，针对性地培养专业技术人才。园区要发展到一定规模，如高度开放,就要建立内部人才库,完善内部人才的基础台账,实行人才动态管理,在保证人才稳定供给的基础上,兼顾人才流动。②建立科学、完善的激励措施。园区应立足于效率优先的基本原则,同时坚持以人为本的管理理念,重视自我价值导向和培养工作,通过事业心、福利待遇、情感热情等方式吸纳人才,并为其创造良好的发展、需求和生活环境,坚持以聘任制为核心的全员人事机制体系,做到"冻结身份、管理岗位",特别是在任用期间冻结所有人才的档案身份。全面实施岗位管理制度,实施"最后淘汰"制度,建立健全员工绩效考核体系,实行定量考核管理制度,对人员进行竞争性定期考核,根据岗位确定福利,最终形成干部能力可调节、福利待遇可调节、人员数量可调节的激励机制。

(二)发展高新技术产业和特色优势产业

中马钦州产业园区应立足于区域资源禀赋以及产业基础、比较优势、重点发展区域优势产业和特色优势产业,并对各园区进行准确的产业定位。促进钦州市的高新技术产业和特色优势产业的发展,逐步形成高新技术、特色工业园区,促进这高新技术和特色优势两个主导产业的发展,形成良好的格局。园区应明确产业重点,不断集聚产业优势,增强产业的可持续发展能力。根据国家产业政策,要进一步明确各园区的产业定位和功能定位,加快园区产业布局的调整,实现生产要素的合理配置和优化组合,突出产业发展的规模效应和集聚效应。依据当地的资源禀赋和特色优势,鼓励龙头企业分离、转移一些配套件和特定的生产工艺,形成一批专业化的配套合作企业。延长龙头企业的产业链,使产业链延伸到产业的上下游,延伸到全市及周边地区,在园区内衍生或吸引更多相关的企业项目,从而促进完善的生产体系,使其朝向专业化的方向发展,增强竞争优势,增强园区的产业特色。依托国家级园区循环转型示范建设,不断探索不同类型、不同层次的循环经济实践模式,不断完善循环经济链,进一步延伸产业链,促进周边经济的发展。同时,加快对新兴产业的集聚,导致新的结构升级,创造新的经济增长点,使产业结构进入新的利润领域。在注重园区的全面发展的同时,以实现创新化和国际化为最终发展目标,形成了一套完善的产业链。同时,园区还推出了一系列优惠政策,吸引投资,选择最优的商户入驻。

第七章 中马钦州产业园核心竞争力提升策略

第一节 提 升 目 标

一、产业园区定位

(一) 先进的制作基地

中马钦州产业园拥有东盟的资源优势和区位优势,园区致力于发展新兴战略产业,并且加深传统产业的合作,推动主导产业链条的发展。此外,中马钦州产业园将制定产业集聚区规划,完善产业集群融资体系,打造中国—东盟生物、多媒体等先进制作新兴产业的聚焦区。

(二) 信息智慧走廊

中马钦州产业园借鉴马来西亚"多媒体超级走廊"(MSC) 计划的成功经验,打造具有国际竞争力的生物、多媒体技术交流和研发试验基地,构筑产学研一体化的智慧园区。

(三) 文化生态新城

中马钦州产业园重视生态环境,高标准地建设绿色生态产业园区,将城市空间与周边的自然山水空间有机融汇,打造出绿色生态的山、水、城相融合的艺术空间,并且将东南亚的文化特色融入景观园林和城市建筑的塑造中。

(四) 合作交流窗口

中马钦州产业园充分利用临近东盟的优势区位以及信息源优势,将中马钦州产业园区打造成服务中国—东盟自由贸易区的信息发布平台、贸易往来平台、项目展示及商务合作窗口。

二、整体经济效益目标

随着我国改革开放的逐步深入和社会主义市场经济体系的不断完善,自党的十一届三中全会以来确立的以经济建设为中心的执政理念和指导思想已经深入人心。

近年来,全国各地的工业园区、科技园区以及主题产业园纷纷涌现,引起了经济建设者和各界民众的关注。各个园区都采用不同的吸引投资政策和招商手段，在这样的产业发展环境下，如何提高园区的市场吸引力、如何建立和形成园区的核心竞争力，是每一位产业园经营管理者必须关注的一个重要课题。有学者认为，一个园区可以成功吸引投资者的主要因素分为三个层面，第一个层面的因素包括园区所提供的各项优惠扶持政策、税费减免政策对投资客户的吸引力以及项目入驻后的实施情况；第二个层面是让投资客户在项目入驻投产后，能够只专注于该企业经济方面的经营和管理，不需为应付其他非经济类的问题而耗费精力；第三个层面是园区所特有的社会影响力和市场号召力，也就是品牌效应，能够在经济层面给入驻企业带来很大的效益。产业园区的招商建设亦是如此，只要把握以上三个层面的要素，就能够保证产业园区的整体经济效益。

就第一个层面而言，这是投资者对于其将要入驻的园区的总体印象和判断标准，也对项目入驻后双方合作是否融洽起到重要的作用。目前在国内，部分园区经营者由于缺乏长远的发展目标，只注重短期的经济效益，对于投资者所承诺的各项政策和所描绘的企业发展蓝图极为美好，而一旦项目企业入驻之后，则以各种借口拒绝履行之前的各项承诺或进行在落实上进行折扣处理，这种做法既损害了入驻企业的经济利益，又伤害了投资者的投资热情，并且给园区的形象和信誉带来了负面的影响，因此，在产业园招商建设工作中，必须以诚信为核心出发点，牢固树立一诺千金的思想意识，积极实现预先承诺的各项优惠扶持政策，用热情诚信、勇于担当的工作作风来打动客户、确定其投资意向，并树立园区的良好口碑和诚信声誉。

从第二个层面来讲，这是投资者对于所入驻园区综合水平的基本测试和决定项目运营周期的重要因素。为了园区的长远发展和经济效益，就要做好这一层面核心竞争力元素的打造工作，立足于服务二字，不仅要全面落实对于入驻项目和企业的各项承诺，还应在企业未来的生存中发挥项目扶持和产业引领的作用。发展园区管理决策者应充分发挥企业服务中心的作用，将其定位为与招商中心同等重要的核心业务部门，用专业高效的服务为企业排忧解难、为投资者的合法经营管理活动保驾护航，尽全力确保入驻企业的健康发展和投资者的经济收益。

第三个层面的因素也是决定园区发展前景和发展高度的最重要的条件，这对最终形成的产业集群效应、入驻项目企业和园区主导产业的发展都有很重要的决定性作用。在我国，大部分园区都能够确保制定各项优惠扶持政策的落实，并对企业服务功能给予了充分的重视，但是很难对产业导向和整体发展规划做到持之以恒的稳定和贯彻，这些通常会受到高层领导的人事变动的影响，无法形成具有号召力和影响力的品牌效应，以至于对企业的发展产生消极影响，使很多园区在经营发展中遇到瓶颈，因此园区的高层管理者在制定产业规划、把握发展脉络的同时，应时刻重视园区品牌的树立和打造，这是园区能否获得可持续发展、能否实现发展预期目标的关键环节。要达成这样的目的，需要从园区建立之初就注重自身规划和行业标准的建立与校检；要充分根据园区所在地实际情况，实事求是地制定产业导向和发展规划，并做到对主导产业长久如一的调查和研究；要从建立健全完整产业链的高度来指导园区的招商工作和产业扶持工作；要始终以产业主导者的标准来对自身进行检验和评估；要让所有工作人员，特别是领导干部无时无刻不以园区品牌形象作为所有工作开展的首要着眼点；要随时关注产业新闻、发展趋势和科技更新，并积极参与

第七章　中马钦州产业园核心竞争力提升策略

各种国际国内产业论坛、展会和峰会等活动，逐步确立园区在主导产业内的地位，最终形成品牌效应。

第二节　提　升　思　路

工业园区必须拥有自己的核心竞争能力，才能在建设发展中不断实现新跨越。1990年，学者 Hamel 和 Prahalad 在管理学研究中首次提出：核心能力（核心竞争力）是组织中的积累性学识，特别是关于如何协调不同生产技能和有机结合多种技术与学识的论断，他们同时还指出：核心能力既是组织资本又是社会资本；组织资本反映的是协调和组织生产的技术方向，社会资本显示了社会环境的重要性。

核心竞争力（core competitiv eness），原指企业在市场竞争条件下得以生存发展的核心能力，它是企业战略管理研究范畴（刘冀生，2003）。在经典战略管理理论中，能构成组织核心能力（竞争力）的要素需要具备一定的条件，即核心竞争力的构成要素应具备一定的特征。一是有价值性；二就是不能被竞争对手所模仿；三是具有独特性；四是具有内生性；五是具有延展性（刘冀生，2003）。从这些组成要件出发，总结南宁高新区在建设科技工业园区核心竞争力方面的经验，工业园区核心竞争力应由以下几个基本构件组成：①工业园区人才的知识和技能水平（整体技能结构合理性）；②工业园区的产业创新体系（包括软、硬件环境体系）；③工业园区的管理体系（含高层特色管理艺术）；④工业园区特色文化构筑（包括共同价值认知）。工业园区核心竞争力的四个构件不仅可以独立自成体系而且还相互驱动，从而形成内在的核心竞争力建设管理循环链条。

2016 年年初，中马钦州产业园迎来新的发展模式。园区不仅服务中马两国企业，并且同时面向全球招商。随着区域经济发展，中马产业园的规划逐渐转成东盟商谷的概念，主要考虑到钦州园除了服务马方商家外，也鼓励东盟及其他区域企业前来投资。"两国双园"模式的合作，也促成了中国广西北部湾国际港务集团在关丹地区投资关丹港的扩建项目。关丹港口的扩建项目的完成，会使航线有所增加，两个产业园区投产后将有更多互动。目前马中贸易主要通过巴生港衔接中国主要城市港口（如广东、深圳、上海等），至少需要 7～8 日的航程，但如果开通关丹港至钦州直航，只需要 3～4 日。这是"两国双园"的优势之一。

园区产业方面的发展将为以下方向：重点支持生物医药、光电新材料、跨境电子商务、卫星应用和科技创业园等一批重点产业发展平台建设，通过设立多种类型的产业投资基金和其他金融扶持形式，促进一批重点骨干企业加速入园，带动战略性新兴产业规模化发展。

目前，园区已建立了中国—东盟植物药与天然药研究与产业化基地、易通浩光电产业园、弘信创业工场（物流电商平台）、中马科技园（科技孵化平台）等产业发展平台。

中马钦州产业园区作为中国和马来西亚两国政府合作的项目，需要采取一系列的对策措施提升其核心竞争力，加快园区的开发建设，最终将园区建设成为中马及中国—东盟合作的示范项目。

一、对策一:强化管理体制、运营机制和政策创新

(一)体制机制创新

1. 行政管理体制创新

一是进行行政权限自主改革创新;二是解决行政管理权限落实不到位问题;三是与当地党委、政府的关系创新。

2. 财政管理体制创新

一是设立一级财政体制;二是在一级财政体制的基础上,将园区财政预算在钦州市本级财政单列;三是把园区预、决算作为本级预、决算的组成部分,将园区预算汇总到钦州市本级总预算。

3. 行政审批制度创新

建议自治区人民政府将国务院下放给自治区人民政府进行行政审批的事项全部下放或委托给中马钦州产业园区行使,委托的行政管理部门对园区管委会实施行政许可事项进行指导和监督。

4. "两国双园"协调沟通机制创新

一是作为第三个两国政府合作园区,建议参照中新苏州工业园区和中新天津生态城的合作协商机制,建立国务院副总理级"两国双园"协调沟通机制,同时成立国务院跨部委领导协调机构,由分管副总理任领导协调组组长,统筹协调两个园区工作。二是建议推动中马两国政府签订中马钦州产业园区合作协定,作为两国政府合作开发园区的指导文件,促进园区的深入稳定合作。三是促进两园在产业链协作、资源开发、市场开拓、港口互通、海关特殊监管等方面加强合作运营,实现互动发展。

(二)配套服务创新

(1) 加快相关配套服务机构的引进、建立和完善。本着服务企业、服务群众、服务项目、服务人才的精神,加速相关配套服务机构的引进、建立和完善。

(2) 打造中国—东盟信息交流中心。在中马钦州产业园区共建"智慧科技园"。建设面向东盟的信息和互联网出入端口、云计算中心、呼叫中心和主机托管中心等。

(3) 建设燕窝及食品检测国家重点实验室。在中马钦州产业园区建设燕窝及食品检测实验室,建设燕窝及高级食品的进口口岸、加工生产基地、检测中心,在园区形成中国燕窝监测标准,从而发展壮大燕窝产业。

(4) 建立国际清真食品产品认证中心。在中马钦州产业园区建设国家级清真食品认证中心,出台相关清真食品国际标准,为园区建设统一清真食品产业基地奠定基础,园区将生产符合国际认证标准并为东盟各国及国际认可的高级清真食品。

(5) 设立中马钦州产业园区综合保税区B区。以钦州保税港区为依托,拟请国家批准在中马钦州产业园区设立保税区B区,扩展园区的保税物流功能,更好地服务于东盟国家及中国西南腹地。建设保税仓储、保税区、保税物流园区、出口加工区、多功能区和综合服务中心等。

(6) 建立自由贸易港。在钦州港成立自由贸易港，依托钦州港、保税港区与中马钦州产业园区综合保税中心联动，服务西南中南经贸活动，建设中国—东盟国际航运中心。

(7) 城市群建设。

（三）核心政策创新

(1) 土地政策。一是创新用地指标分配方式。二是创新建设用地动态保障机制，提高保障面和保障率。三是支持园区进行土地管理改革。开展农村集体建设用地流转及土地收益分配、新型城镇化建设、增强政府对土地供应调控能力等方面的改革试验。

(2) 财税政策。一是财经政策。建议在2015—2025年间，园区实行中央新增财政收入全免上缴的支持政策。二是税收政策。建议国家在2015—2025年10年间，对园区内新办的属于《西部地区鼓励类产业目录》范围内的企业，给予自取得第一笔生产经营收入所属纳税年度起企业所得税五年免征、五年减半优惠。

(3) 产业政策。加大国家各类科技和产业计划对园区的支持力度，设立科技型中小企业创新基金，实施科技成果转化的股权激励政策，设立中马钦州产业园区产业发展资金，专项用于入园产业项目扶持补助和奖励。

(4) 金融与外汇政策。鼓励园区进行金融改革、创新和金融国际合作。

鼓励园区进行金融改革、创新和金融国际合作。对已经到位的园区内外商投资企业资本金，允许其试行"意愿结汇制"，允许广西中马钦州产业园区开发有限公司突破外汇结汇的限制，将外资资本金及结汇后所得人民币资金用于产业园区征地拆迁、土地开发、基础设施、公用设施建设及经批准的经营范围业务。

(5) 海关特殊监管政策。支持在园区内设立海关特殊监管区域、设立综合保税区，有利于促进两国之间发展保税仓储、出口加工、转口贸易等国际业务，有利于深化与其他东盟国家的国际贸易合作关系。

(6) 外贸支持政策。根据园区产业导向及布局，给予园区内的企业经营上述种类进出口商品在申请资质、配额、许可证时适当倾斜，从而利于外贸发展。

(7) 投资政策。中马产业园规划为集工业、商业、居住三位一体的产业新城，组建合资公司合作开发园区具有示范意义。为促进园区开发建设的顺利进行，允许合资公司在园区范围内从事外商投资产业目录中限制类房地产开发业务，项目实行备案管理。

（四）运营机制创新

(1) 推进中马钦州产业园管委会改革为法定机构管理。作为法定机构，既非政府，也不同于普通的事业单位，而是实行企业化管理，但不以营利为目的的公共机构，而且它享有完整的中马钦州产业园管理权限。

(2) 建立机构精干，办事高效的运营机制。中马钦州产业园区作为开发区要按照"小政府、大社会""小机构、大服务"的要求，"精简、统一、效能"的原则，机构设置综合化，强化企业和中介机构，防止行政机构扩大，使行政管理以最小的投入获得最大的效率。强化服务经济发展职能，进一步理顺和完善各部门工作职能，形成统一高效的运行机制。

(3) 积极探索设立"三位一体"运营模式。积极探索设立决委会、管委会、咨委会。

(4) 合资公司拟采用以"政府引导,企业主导,市场运作"的运营模式。在中马钦州产业园前期运用"政企合一"的运营模式,度过前期发展后,采用"企业为主导,市场运作"的运营模式。在开发管理上,严格区分园区开发建设和政府层面的管理。

二、对策二:着力打造人才聚集高地

(一)着力改革创新园区人才管理体制

实行"身份封存",推动"身份管理"向"岗位管理"转变,打破公务员和招聘人员身份界限,大力推行竞争上岗、全员聘用,形成以岗定酬、按绩定酬、薪酬联动的分配机制,建设人事人才管理改革试验区。

(二)加快出台引进人才留住人才的系列政策

加快出台《关于建设"人才强园",加快推进创新型人才高地建设的意见》等政策,设立人才开发专项资金,实施"孔雀湾国际领军英才计划",与国内外著名高校合作建立研究生院,积极吸引高层次人才。

(三)加强人才培养工作

派出人才赴马来西亚进行专业培训,建立人才培养的长效机制,加大专项资金投入,对园区失地农民、失海渔民实行就业援助,加大产业工人培训力度,积极开展与区内外有关大学和科研院所合作,为园区发展提供强大的人才智力支持。

(四)加大人才地区合作力度

积极与苏州工业园和天津生态城等同是两国共建的园区建立长效的合作机制,定期或不定期派人员学习成功经验,或者聘请苏州工业园和天津生态城的管理人员,到中马钦州产业园指导园区的建设,大力推动人才交流互动,实现人才共享。

三、对策三:加快提升与东盟互联互通的能力与水平

(一)加快港口基础设施建设和新航线的开辟

按照规模化、专业化的要求,进一步加快北部湾港大能力泊位和深水航道建设,完善连接中南、西南等港口后方集疏运通道,加密以东盟主要港口为主的国际航线,开通多条与越南、马来西亚等东盟国家国际航班班线,培育集装箱、件杂货、散货等班轮航线,与中国香港、新加坡等航运业发达的国家和地区合作,建设集装箱分拨中心,建设完善与东盟各国港口公共信息共享平台,把北部湾港打造成为我国面向东盟的区域性国际航运中心。

(二)建立港口物流互联互通机制

通过积极争取举办泛北港口合作与发展论坛,共同探索构建中国—东盟港口企业合作

机制；建立研究支持机制，开展中国—东盟港口物流基本情况的联合研究，成立中国—东盟物流合作跨国专家小组，研究建立中国—东盟港口物流合作机制。推进中国—东盟港口城市网络建设，推进中国—东盟主要港口签署合作备忘录，建立友好合作伙伴关系。用好中国—东盟投资合作基金的作用，推动亚洲基础设施投资银行加快设立，为中国—东盟国家加强港口基础设施，建设大型深水码头项目提供专项贷款。

（三）加快中国南宁—新加坡交通走廊建设

用好中国—东盟互联互通合作委员会和中国—东盟交通部长会议等机制，争取国家帮助协调越南加快推进河内—谅山、下龙—芒街河内—海防—芒街高速公路和快速铁路的前期工作，推动项目尽快建设，尽早实现两国间两大高速公路和快速铁路通道的全线贯通。积极开展南宁—河内标准轨快速铁路方案研究，联合沿线各国智库开展南宁至新加坡陆路交通走廊研究和设计等工作。

（四）加大政策协调力度，提高通关便利化

加大双边互联互通合作的政策和资金扶持力度。一方面是制定合理政策措施，实现口岸货物流通便利化。通过建立"绿色通道"、统一自贸区各国相关报表、推行"无纸化"检验检疫模式、建立中国—东盟检验检疫认证认可合作机制等政策措施。另一方面是加大资金扶持力度。加强广西与东盟交通基础设施、保税物流体系和重点产业园区的资金支持力度，升级口岸设施，完善与东盟互联互通服务体系。

四、对策四：加大与保税港区的"港园"合作

（一）加大与保税港区的合作，加快完善路网等基础设施建设

加快开工建设钦州火车东站经中马钦州产业园区至三墩铁路专线，加快开工建设沿海高速公路改扩建钦州段，加快建设钦灵一级公路及火车东站综合客运枢纽，南宁至钦州二级公路改扩建项目，加快浦北至中马钦州产业园区一级公路等项目前期工作。加快园区锦绣大道、中马大街、友谊大道、中马北二街、中马南三街等道路工程施工建设。积极参与保税港区的基础设施建设，包括码头、航道建设，提升保税港区的基础设施建设、加快建设西南国际航运中心。此外，园区的供水工程、再生水工程、雨水工程、污水排放、电力、燃气、通信网络都可以与保税港区互联互通，实现资源高效利用。

（二）加大"港园"合作，开辟和经营至东盟国家主要港口航线

中马钦州产业园与马中关丹产业园是"姊妹园"，两园互动发展，合作建设是其特色和优势。一方面，随着中马两国之间经贸物流合作的增加，两国双园产业合作的增加，必然会带来大量货源，需要增加更多航线和航班。另一方面航班和航线的增加，保障和支撑中马两国之间的经贸合作，促进两国双园的互动和互补发展。

第三节　提　升　措　施

一、PPP 项目建设

（一）产业园区 PPP 项目产生的背景

在我国，产业园区总体上是在政府主导和推动下进行的，产业园区的开发建设、运营管理基本由政府包揽。随着时间的推移，政府大包大揽的做法逐渐显现弊端。政府短期内将面临巨大资金缺口的压力；创新创业型园区与一般产业园区相比，有一定公益性，现金流有限；需要筹建工程管理团队及专业运营团队，费时费力。这为社会资本进入产业园区创造了需求空间。此外，深入推进政府和社会资本合作，一方面有助于国家提升治理能力、创新我国公共产品供给机制，提高公共产品供给效率，对当前供给侧结构性改革、稳定经济增长；另一方面，政府和社会资本合作有助于产业园区创新管理模式，提高核心竞争力。

据统计，截至 2018 年 6 月，各地相继推出片区开发类项目高达 852 个。财政部第四批 PPP 示范项目中片区和园区相关 PPP 数量为 31 个，投资额约为 584 亿元。

（二）PPP 模式的含义、开发方式和获取收益的途径

PPP（Public—Private—Partnership）模式，是指政府与私人组织之间，为了提供某种公共物品和服务，以特许权协议为基础，彼此之间形成一种伙伴式的合作关系，并通过签署合同来明确双方的权利和义务，以确保合作的顺利完成，最终使合作各方达到比预期单独行动更为有利的结果。PPP 模式将部分政府责任以特许经营权方式转移给社会主体（企业），政府与社会主体建立起"利益共享、风险共担、全程合作"的共同体关系，政府的财政负担减轻，社会主体的投资风险减小。

产业园区 PPP 项目的开发方式主要包括分项开发和综合开发。园区分项开发，即对园区开发项目中具有综合性的众多子项目，拆分成一个个独立的单一项目或以单一项目为主辅之以少量相关内容的"打包"项目进行运作。如园区规划设计采取服务外包的运作方式，土地整理和基础设施建设采取政府付费方式，招商引资采取管理服务方式，园区运营采取委托经营方式。园区综合开发，旨在充分发挥园区开发项目的综合性、系统性优势，将园区开发作为一个整体项目，对规划设计、土地整理和基础设施建设、产业发展和运营主要环节采取分批、分期开发的方式进行运作。

财政部的《政府和社会资本合作法（征求意见稿）》中明确阐述了社会资本参与 PPP 项目是获得收益的三种途径：一是由政府付费；二是向使用公共产品或服务的用户收费，也就是"使用者付费"；三是可行性缺口补助，包括与合作项目相关的其他配套开发经营权益等。

（三）PPP 模式的优点和适用范围

国内外的大量实践表明，通过 PPP 模式进行园区综合开发具有多方面优势。首先，

能够平滑政府财政支出,缓解政府财政资金压力,在短时期内加快园区基础设施及公共服务设施的建设;其次,PPP模式能够优化项目风险分配,降低全生命周期成本,提高公共服务效率,从而有利于提高园区综合开发和基础设施建设运营的整体效率;第三,有利于引进具有丰富园区运营经验的国内外社会资本参与园区的开发和运营,弥补政府能力的不足;第四,社会资本高水准的基础设施建设运营水平将显著提升园区的整体品质,有利于项目用地范围内储备土地的出让,有利于园区招商。

PPP模式主要适用于政府有提供责任又适宜市场化运作的公共服务、基础设施类项目:燃气、供电、供水、污水及垃圾处理等市政设施,公路、铁路、机场等交通设施,医疗、旅游、教育培训、健康养老等公共服务项目,以及水利、资源环境和生态保护等项目。其中,中马钦州产业园区金鼓江区域综合整治开发与建设项目主要建设内容包括道路桥梁、强弱电管沟、市政广场、学校、医疗、体育、文化设施及金鼓江治理工程等。

(四) 如何有效推进 PPP 项目建设

为了积极稳妥推进中马钦州产业园区 PPP 项目建设,提升核心竞争力,必须做到以下几点:

(1) 建立完善 PPP 法律法规体系,是保障项目顺利实施的前提。2015 年《基础设施和公用事业特许经营管理办法》明确了在能源、交通、水利、环保、市政等基础设施和公用事业领域开展特许经营,境内外法人或其他组织均可通过公开竞争,在一定期限和范围内参与投资、建设和运营基础设施和公用事业并获得收益。此外,中马钦州产业园区要进一步明确 PPP 项目在园区的适用范围、政府的职责、参与各方的权利与义务、项目风险的分配、项目融资以及项目的执行和监管等,从而维护投资主体的合法权益,提高社会资本参与积极性。

(2) 加快构建综合性管理平台。目前全国大部分地方都成立了以财政部门为牵头单位的 PPP 管理机构,但由于其机构性质。职责等因素无法完全承担指导、管理和监督 PPP 项目。因此,建议钦州市政府财务部成立具有行政管理职能的机构,专门履行 PPP 管理职能,以适应 PPP 项目特点。其重点发挥的职能,包括做好 PPP 项目库和专家库等综合信息平台建设,建立大数据分析体系,实现 PPP 项目信息充分公开和共享,完善统计监测、绩效评价、动态调整和监督考核机制,为 PPP 项目全周期服务。

(3) 积极培育完善资本市场。PPP 项目的推广应用离不开资本市场,钦州产业园应该利用发达的资本市场缓解融资难、融资贵以及产权交易、社会资本退出的问题。通过建立多元化的 PPP 市场,积极吸引银行、证券、保险、信托等金融资源;同时创新金融产品,设计与 PPP 项目全生命周期相匹配的融资产品,保障 PPP 项目有较稳定的现金流以顺利运营;此外还应完善信贷评审制度,提升综合性融资服务能力。

(4) 全面强化市场化运作。政府作为 PPP 项目的监督者和合作者,在引导项目实施的同时,要充分调动市场的积极性,减少政府直接干预,尊重市场规律,保证市场化运作。政府与企业双方要强化契约精神,共同信守契约,政府避免政策"朝令夕改",拒绝透支政府信用,企业做到严格履行 PPP 合同项目进行建设、运营和移交。

(5) 持续加强专业人才队伍建设。PPP 模式在我国推广应用时间较短,特别是当前发展速度迅猛，相关专业人才匮乏将严重影响 PPP 项目实施。因此要加快建立政府、高校、企业联合培养人才集中，鼓励高校开设 PPP 专业教育，建立 PPP 示范性实务培训基地，以适应产业园区 PPP 项目建设的需求。

（6）深入推进相关配套制度改革，是 PPP 项目顺利实施的关键。要深化行政体制改革，创新管理方式，使政府和社会资本平等合作，增强社会资本投资信心；同时深化财税体制改革，完善价格、税收等相关政策配套，确保 PPP 项目相关主体的收益和风险匹配，达到政府、社会资本等参与方共赢。

（7）加大宣传力度。利用各种媒体、会议、轮胎等形式为 PPP 项目建设营造良好的社会氛围和舆论环境，引导公共产品和公共基础设施供给理念的转变，政府从"管理者、提供者"转向"监督者、合作者"，同时强化 PPP 项目操作的规范引导，防范 PPP 项目"异化变形"，避免 PPP 项目"悲观论""万能论"等错误观点。

二、生态工业园区

工业快速发展给人们带来便利的同时，加剧了生态环境的恶化。中共十九大提出到 2035 年要实现绿色发展、低碳发展、循环发展。生态工业园区是缓解资源环境压力、发展资源环境友好型产业、实现可持续发展的必然选择。生态工业园区是依据循环经济理念、工业生态学原理和清洁生产要求而建设的一种新型工业园区。它通过理念个性、体制创新、机制创新，把不同工厂、企业、产业联系起来，提供可持续的服务体系，形成共享资源和互换副产品的产业共生组合，建立"生产者——消费者——分解者"的循环方式，寻求物质闭环循环、能量多级利用、信息反馈，实现园区经济的协调健康发展。

生态工业园区是顺应绿色经济潮流的必然趋势，它具有竞争功能、示范功能和带动功能。生态工业园区要求园内企业生产环保产品以满足国内外日益提高的绿色消费要求，这样的绿色企业和绿色产品在市场中具有较强的竞争力；生态工业园区充分体现经济和环境协调发展的思想，对于提高人们的可持续发展意识起到重要示范作用；此外，生态工业园区通过推广环保观念，带动生产企业成为区域经济龙头。

生态工业园区的发展带来的效益是多方面的。首先，对园区企业来说，对废物进行再生利用而使企业降低生产成本、提高效率，也可能生产出更具市场竞争力的产品。同时废物管理、培训、采购等可以在企业间共享等。其次，生态工业园区企业生产会减少许多污染源和废物源，同时减少对自然资源的需求，降低对生态环境系统的影响。比如防治污染、能源开发利用管理、水资源管理、资源循环使用以及其他环境管理技术和方法。最后，园区有可能为企业提供更加好的创新和服务环境。同时吸引过来的新企业也为所在地区提供了更多的就业机会。而且，同社区的企业也可以在吸引过来的企业中找到新的客户，以进一步减少投入。

中马钦州产业园区作为一个新兴产业基地，实现产业发展和城市发展协调推进，实现"产城融合、产城互动"是必然抉择。园区应加快编制《中马钦州产业园区产城一体化规划》，推进企业生产区和居民生活区的功能互补，实现工业区与城镇的和谐衔接，形成"生态—生活—生产"的低碳绿色环境。

同时，在城市景观的塑造中尽量展现东南亚风情特色。要从以下两个方面体现东南亚

第七章 中马钦州产业园核心竞争力提升策略

风情：一是在景观园林设计展现东南亚风情特色。东南亚风格是一种具有岛屿特色、崇尚自然、健康、休闲的风格。东南亚园林最大的特点是还原最自然的风情。即强调自然通风、光照和本地材料的使用，充分运用当地材料，就如植物、桌椅、石材等都取材当地，强调简朴、舒适的度假风情。在打造中马钦州产业园的景观园林时，可以充分考虑这一特点，利用本地材料，在园林设计中充分体现棕榈树、灌木丛、喷泉水景、原木的小亭台、鱼尾狮、大王椰、美人蕉等元素营造浓郁的东南亚风情。二是在建筑上尽量展现东南亚风情特色。马来西亚是一个以伊斯兰教为主的国家，所以当地的建筑风格很大部分都以伊斯兰教的风格为主。为充分体现中马钦州产业园的风情，可以在建筑风格上将现代建筑风格与伊斯兰教风格相融合。

中马钦州产业园区建设生态工业园区必须集约利用自然资源，优化园区功能布局，严格入园项目管理，鼓励发展循环经济以及加强园区环境监督管理。

1. 完善立法机制

制定完善明确的环境保护、生态建设、资源使用等方面的相关法律。做到有法可依，有法必依，用法律来约束生态工业园区内制定的发展政策。达到制约企业不良行为、推进生态文明建设的目的。制定完善员工与企业之间雇佣关系的法律，保护员工自身权益的同时维护企业的发展利益，使生态工业园区建设的雇佣者与被雇佣者都能够在法律的保护下，安心做好每一个环节。

2. 集约利用自然资源

产业园区的建设必须重视生态环境，防止自然资源的浪费，不搞圈地运动，不追求园区面积，不能超前圈地，浪费资源。同时，根据园区的土地状况合理规划，尽量保留土地的生态原貌，高起点高标准建设绿色生态产业园区，实现人与自然的和谐。

3. 优化园区功能布局

产业园区必须科学用地，优化布局，避免区域功能交叉混乱重复，必须防治污染。有污染的产业和污染较小的产业应分开布置，尤其食品工业和有污染的产业一定要隔离，工业集中区和园区生活区之间建设卫生防护隔离带，尽量把有污染的产业和污水处理厂等布置在园区主导风向的下风侧，生活区建设在园区主导风向的上风侧。通过优化园区布局，建设现代文明高效的清洁生产园区。

4. 严格入园项目管理

对入园项目要进行科学筛选。根据中马钦州产业园区的产业发展方向，在诸多引进项目中，选择符合国家产业政策、符合当地资源环境条件的产业。避免走"先污染，后治理；先发展，后保护"的传统工业化模式，必须严格执行建设项目环保准入制度，积极引进高科技和污染小的行业，杜绝引进高污染、高能耗、工艺落后、经济效益差的产业。

5. 鼓励发展循环经济

切实推进节约降耗，抓好资源综合利用，促进产业园区物质集成、水系统集成、能源集成、技术集成、信息共享和设施共享。一方面，在企业内部，大力实施清洁生产，对生产过程中产生的废渣、废水、余气、余热、余压用作二次能源或再资源化，提高资源在企业内部的循环利用程度。另一方面，在企业之间，通过副产物和废物交换，能量和废水梯级利用，以及基础设施共享，推进产业链延伸，使单个企业无法充分利用的废弃物集中成为另一家企业的原料和能源,形成资源梯级利用和循环利用的生态产业链,实现资源利用的最大化和废物排放的最小化。

6. 加强园区环境监督管理

相关部门要加强对园区环境监督管理,园区排放的污染物总量必须满足环境保护行政管理部门下达的总量指标,园区企业要领取排污许可证,实行持证排污,逐步建立园区污染源信息动态管理系统和各企业环保信用档案。对优秀企业给予奖励或资金补助,并在税收、贷款等方面给予适当优惠,以提高企业投身环保行列的积极性;对污染企业要针对其对环境所污染的类型,加大治理费用与罚款力度,并采用法律手段规范其行为,促使企业走可持续发展的经营之路。

7. 加强国际合作

通过中国与马来西亚的国际合作,能更好吸取国外先进理念,帮助中马钦州产业园区更好实现生态环保与循环利用。建立生态产业园国际合作机制,创设各类国际交流平台,学习来自国外的成功经验,协调产业、经济与生态之间的关系,进一步提升产业园核心竞争力。

三、文化创意产业区

(一) 中马钦州产业园发展文化创意产业的意义

目前,我国政府高度重视文化创意产业并大力支持其快速扩张、集群发展,十八大报告中亦将其提到了新的高度,确立文化产业在 2020 年成为国民经济支柱性产业。可以预见,伴随知识经济的快速发展和信息技术的不断进步,文化创意产业正逐步成为新经济时代的核心产业,蕴藏着巨大的潜在价值,将成为全球经济发展的新动力。同时,文化创意产业将成为下一阶段推动我国经济持续稳定增长的主力军,以集群为主要发展模式的文化创意产业,将会对我国经济实现新一轮增长以及经济发展模式的根本转变起到巨大的推动作用。

以创新、创造、创意为核心的文化创意产业的发展规模和水平,正在逐渐成为一个产业园区或地区整体竞争力高低的重要标志之一。同时,文化创意产业涉及范围广泛,既包括文化创意产品的设计与生产功能,也包括了工业产品的宣传与增值功能。

文化创意产业原是指以文化为基础、以创造为核心、以思想为动力,通过利用高科技手段对文化资源进行深度整合与提升,通过知识产权的不断开发和广泛运用,生产出高附加值产品和服务的新兴产业。但作为提升中马产业园区核心竞争力的措施之一,发展重点不仅仅是对文化创意产品自身的开发,更要强调其与园区内其他产业的融合及其带来的新发展、新机遇。与此同时,文化创意产业的开发也有利于园区内部娱乐休闲区域的发展,给园区内部人员和外部来访人员带来具有特色区域文化的体验。

(二) 中马钦州产业园发展文化创意产业的可行性

首先,作为一个发展较为完备的园区,中马钦州产业园运营模式成熟、配套服务机构健全,且经过近几年的发展,园区的融资、文化、政策等环境的优良发展,都给发展文化创意产业提供了良好的软硬件基础。

其次,中马钦州产业园设在广西壮族自治区钦州市,坐拥北部湾经济区,东临粤港澳,背靠大西南,面向东南亚,作为中国—东盟自由贸易区的枢纽园区,优越的地理位置造成了该区域文化的多元性,多民族、多国家的人文环境也提供了丰富的可供开发利用的文化宝藏。

最后,广西区相关部门出台政策大力扶植文创产业及项目。《关于推动文化文物单位文化创意产品开发的实施方案》致力于培育文化创意产品开发示范基地,打造拥有自主知识产权、在全国有一定影响的文化创意品牌,建立文化创意产品开发业务服务平台。《广西文化产业跨越发展行动计划(2017—2020)》完整的规划了近几年广西文化事业的发展方向以及为打造文化创意品牌所进行的筹备工作。

(三)中马钦州产业园发展文化创意产业的具体实施建议

第一,利用区域地理特优势,建设单纯的文化创意产业,促进国家间、民族间文化交流与融合。首先,由于中马钦州产业园地处多民族地区、紧邻多个国家、文化多元且开发潜力巨大的特点,建议园区开辟一定面积的区域扶植画廊、拍卖行、手工工作室、俱乐部等中小型企业,开发具有本地民族特色、融合东南亚文化的产品与服务。其次,广西文化创意产业已有珠玉在前。①文创企业,如:广西南国创意文化传媒有限公司依托于《南国早报》《南国网》等平台打造了具有广西特色的新媒体服务。②产业园区,如:桂林国家级高新区创意产业园,支撑了桂林市软件、动漫、设计三大行业的发展;南宁东盟文化博览园以东盟十国文化为背景,打造了东盟十国项目主题园区,以文化娱乐的形式展现独具特色的东南亚文化。③产品开发方面,政府部门一直致力于广西民族文化创意产品的开发、设计和推广工作,创新演绎广西民族文化品牌,如:广西文化创意产品设计大赛,促成了一批创意成果转化,助推了广西文化产业融合发展。

中马钦州产业园可以借鉴以上企业与园区的经验,加强与政府机构的合作,引进影视媒体、出版展览等文化传播交流机构,进行文化创意的宣传,以提升文化项目的吸引力与增值率。

第二,以吸引消费与投资、推动产品宣传为目的文化创意产业与其他产业融合发展。"一个有故事的产品,也是一个有产品的故事"。一件优秀产品的推广必须要有深入人心的宣传,尤其是那些传统工艺与现代科技相结合的产品,其背后一定有深厚的文化宝藏值得推广。例如中医药行业,广西已经诞生了许多著名的医药品牌,如:桂林三金药业、金嗓子、源安堂等,这些品牌之所以为大众所知,精准且富有创意的宣传推广功不可没,也给广西中医药推广打下了良好的口碑基础。当下,园区内已经建设了(如:瑶药/中药研发基地)跟传统医学或饮食保健文化有关的产业基地,在此基础上结合民族文化加以宣传推广,讲述科技产品背后的故事,揭示现代工业与传统工艺的紧密关联,即提升了产品的知名度也能够帮助消费者更加了解产品。与此同时,园区内设置传统产品体验馆,如:草药种植展示田、传统医疗发展纪录片影视厅等,利用现代科学技术让参观者能够获得身临其境的体验,体现现代医疗对传统医疗的传承与发展。

除了与传统文化相关的产业,现代科技产业也能够利用文化创意产业经行宣传。园区内已经引进了如生产 3D 打印机的 UNIZ Technology LLC、曲面玻璃的鑫德利等高科技企业,开辟一片区域进行园区产品体验,或生产流程模拟以展示产品性能或企业文化。

第三,建设以文化创意产业为基础的休闲娱乐区域。引进城市规划与建筑设计等企业,以文化创意提升园区内人居环境,结合生态工业园的建设,体现以人为本、生态环保的理念,进一步提高园区内建筑设计、园林设计和装饰设计的文化品位和现代化水平,建设具有民族风情的、文化氛围浓厚的园区环境。同时,建议园区引进泰式按摩馆、瑶浴养生馆、民俗文化展览馆等文化休闲体验场所,提升旅游吸引力的同时也丰富园区内工作人员和居民的生活品质。

第八章 总结与展望

中国—东盟自由贸易区无疑是经济全球化对地区经济一体化影响的重要体现,"大湄公河次区域"是推进中国东盟经贸合作的依托,跨境经济合作区是深化中国东盟经贸合作的引擎,越来越多的跨国家、跨地区经济联系发生,不同经济主体之间的经济依赖程度越来越深,因为地缘关系而形成的超越国家经济调节范畴的经济共同体,成为地区战略合作中政治联盟之外的重要补充。

中国—马来西亚钦州产业园区是中马两国政府合作项目,也是中国政府和外国政府合作建设的第三个国际园区。重点发展生物医药、电子信息、装备制造、新能源与新材料、现代服务业和东盟传统优势产业,致力于建设高端产业集聚区、产城融合示范区、科教和人才资源富集区、国际合作与自由贸易试验区,中马产业园是一个立足高起点、高规格、开发建设模式创新的国际园区。中马"两国双园"开园以来坚持"零起步、高起点、快发展",园区开发建设各项工作取得重要进展,经过6年多的开发建设,中马钦州产业园区产城项目已初具规模,一座现代化的国际产业新城将在北部湾畔崛起,至2019年4月底,园区注册企业达347家,引进工业项目50个,总投资达670亿元,为"五年见成效"打下了坚实基础。近年来,中马钦州产业园以建设具有自由贸易功能的新一代产业园区为目标,坚持以模式创新推进园区开发建设,探索出了以资本为引导的园区开发体系、推进财政资金资本化战略、加快建设科技金融融合发展社区等一系列创新举措,园区开发建设已进入初步收获新阶段。

随着"一带一路"、陆海新通道和中国—东盟自由贸易区建设的深入推进,中马钦州产业园区开发建设将再次提速,金融领域的改革创新空间将大幅度拓展,中马钦州产业园将依托中马"两国双园"合作架构,探索建设"两国双园"跨国自由贸易试验区,构建中国—东盟金融合作平台,建设面向东盟的金融开放门户试验区,积极在"两国一检"等便利化安排、金融"点对点"开放创新试点等方面先行先试,将"两国双园"打造成为中国—东盟自由贸易区"升级版"建设的试验田,由中国和马来西亚共建的中马钦州产业园和马中关丹产业园,开创了"两国双园"的"一带一路"产业合作新模式,将成为中马投资合作旗舰项目和中国—东盟合作示范区。

参 考 文 献

[1] 《中国—东盟全面经济合作框架协议》简介 [J]. 当代广西, 2009, (21): 16.

[2] 刘正华. 中国—东盟自由贸易区的构建对云南货物贸易的影响研究 [D]. 武汉: 武汉理工大学, 2010.

[3] 共赢的历程合作的典范——写在《中国—东盟全面经济合作框架协议》签订10周年之际 [EB/OL]. (2012-09-20) [2019-10-06]. http://www.gov.cn/jrzg/2012-09/20/content_2229431.htm.

[4] 王国平, 李见明, 马腾飞. "早期收获"计划与云南—东盟农产品贸易 [J]. 东南亚, 2007, (01): 46-52.

[5] 马奎. 社会转型期推进社会治理创新的对策研究——以青岛市夏庄街道为例 [D]. 青岛: 中国海洋大学, 2015.

[6] 朱振明. 适应形势发展加快"两廊一圈"建设——以昆明—河内—海防经济走廊为中心 [J]. 东南亚南亚研究, 2007, (Z1): 32-38.

[7] 陆锐. 中国—东盟自由贸易区的建立及其对云南经济的影响 [D]. 重庆: 西南师范大学, 2005.

[8] 姜木兰, 覃宏兴, 欧科, 等. 南宁到谅山河内海防广宁经济走廊解读 [N]. 广西日报, 2008-07-21 (006).

[9] 陈健. 北部湾（广西）经济区成为区域全面合作新增长极的分析 [J]. 中国发展, 2014, 14 (01): 84-89.

[10] 黄耀东. 中国—东盟的南宁盛会——第三届中国—东盟博览会、中国—东盟商务与投资峰会和中国—东盟建立对话关系15周年纪念峰会综述 [J]. 东南亚纵横, 2006 (11): 1-6.

[11] 刘伟, 王勉, 程群. 钦州行政效能建设助推北部湾经济发展 [N]. 钦州日报, 2009-11-16 (001).

[12] 唐思燕. 凭祥综合保税区保税物流发展策略研究 [D]. 南宁: 广西大学, 2016.

[13] 温国静. 凭祥综合保税区物流发展策略研究 [D]. 南宁: 广西大学, 2013.

[14] 中越两国签署经贸合作五年发展规划 [EB/OL]. (2011-11-10) [2019-10-01]. http://vn.mofcom.gov.cn/article/jmxw/201110/20111007776229.shtml.

[15] 广西凭祥综合保税区设立十年多项经济指标名列前茅 [EB/OL]. (2019-01-03) [2019-01-08]. http://sub.gxnews.com.cn/staticpages/20190108/newgx5c340efc-17949719.shtml.

[16] 刘艳艳, 莫小莎, 刘深, 等. 基于贸易引力模型的广西与越南进出口贸易状况评估分析 [J]. 东南亚纵横, 2013 (03): 55-60.

[17] 去年中越双边贸易额1060亿美元同比增长14% [EB/OL]. (2019-09-17) [2019-10-1]. http://finance.sina.com.cn/roll/2019-09-17/doc-iicezueu6267492.shtml.

[18] 中国—东盟经贸合作: 进步、机遇、前景. [EB/OL] (2012-01-10) [2019-10-1]. http://news-com.cn/news/a/20120213/0051360.shtml.

[19] 中国第二大贸易合作伙伴易主 [EB/OL]. (2019-08-27) [2019-10-1]. http://www.sohu.com/a/336817958_265147.

[20] 中国与马来西亚将共建钦州产业园面积45平方公里 [EB/OL]. (2010-10-22) [2019-10-06]. http://www.gxnews.com.cn/staticpages/20101022/newgx4cc1a808-3349370.shtml.

[21] 中马钦州产业园区2011—2018年重要大事摘录 [EB/OL]. (2019-01-31) [2019-10-06]. http://zmqzcyyq.gxzf.gov.cn/yqgk/yqds/20190131-35746.shtml.

[22] 中马钦州产业园区首批意向投资已达 121 亿元 [EB/OL]. (2013-12-17) [2019-10-06]. http: //district. ce. cn/newarea/roll/201312/17/t20131217_1937735. shtml.

[23] 约翰: 马中关丹产业园区优势明显 [EB/OL]. (2012-09-21) [2019-10-06]. http: //finance. sina. com. cn/hy/20120921/173913205901. shtml.

[24] 宋哲. 钦州沿边开放开发财税政策调查研究 [J]. 经济研究参考, 2016 (53): 18-23.

[25] 中国—东盟"跨国园区经济"探索产业合作新路 [EB/OL]. (2014-01-17) [2019-10-06]. http: //finance. people. com. cn/n/2014/0117/c70846-24155031. html.

[26] 世界华商 500 强圆桌会议首次在广东召开 [EB/OL]. (2013-08-29) [2019-10-06]. http: //roll. sohu. com/20130829/n385365643. shtml.

[27] 中国东盟保税贸易产业园一期建成 [EB/OL]. (2015-10-07) [2019-10-06]. http: //www. sohu. com/a/34449519_114812.

[28] "一带一路"与湄公河流域国家发展机遇研讨会在曼谷举行 [EB/OL]. (2018-10-26) [2019-10-06]. http: //news. cri. cn/20181026/4e3aa09b-5ed9-fb56-192a-5edcae9db9c2. html.

[29] 中国—东盟跨境电子商务产业园成立 [EB/OL]. (2015-06-26) [2019-10-06]. http: //www. gxnews. com. cn/staticpages/20150626/newgx558c854c-13066367. shtml.

[30] 北部湾经济区"触电"互联网,家门口可买到进口货 [EB/OL]. (2017-05-20) [2019-10-06]. http: //www. sohu. com/a/142115937_402008.

[31] 南宁聚力外经贸发展"南宁渠道"再升级 [EB/OL]. (2017-09-12) [2019-10-06]. http: //gx. people. com. cn/n2/2017/0912/c179430-30723816. html.

[32] 《南宁市人民政府办公厅关于印发南宁市进一步加快电子商务产业发展若干意见的通知》全文 [EB/OL]. (2019-03-23) [2019-10-06]. https: //wenku. baidu. com/view/76bc96db326c1eb91a37f111f18583d048640f39. html.

[33] 中国—东盟科技合作与跨境电商发展论坛在南宁举办 [EB/OL]. (2018-11-19) [2019-10-06]. http: //www. ce. cn/xwzx/gnsz/gdxw/201811/19/t20181119_30814521. shtml.

[34] 南宁市人民政府办公室关于印发中国(南宁)跨境电子商务综合试验区发展规划(2021—2025)的通知南府办〔2021〕7 号 [EB/OL]. (2021-03-18) [2021-03-20]. http: //www. gxcounty. com/zhengwu/gh/20210318/168397. html.

[35] 旅游助推中国—东盟区域经济一体化 [EB/OL]. (2017-09-22) [2019-10-06]. http: //www. sohu. com/a/193870538_395908.

[36] 东兴口岸 2018 年度出入境总数高达 1219 万人次 [EB/OL]. (2019-01-03) [2019-10-07]. https: //www. sohu. com/a/286364850_120025841.

[37] 中国—东盟商界领袖聚焦旅游产业合作共拓"美丽经济" [EB/OL]. (2017-09-13) [2019-10-06]. http: //www. sohu. com/a/191738093_12375.

[38] "一带一路"建设拓宽中国—东盟金融合作"钱景" [EB/OL]. (2017-09-14) [2019-10-06]. https: //finance. jrj. com. cn/2017/09/14170823115686. shtml.

[39] 中国—东盟深化金融合作共建"一带一路" [EB/OL]. (2017-09-13) [2019-10-06]. http: //www. xinhuanet. com/2017-09/13/c_1121659451. htm.

[40] 范祚军,徐啸. 中国—东盟区域经济一体化进程中的金融支撑 [J]. 改革与战略, 2014, 30 (09): 52-58.

[41] 中国电力工业"向海而生" [EB/OL]. (2017-10-31) [2019-10-06]. http: //www. sohu. com/a/201537238_732289.

[42] 文莱"2035 宏愿"与"一带一路"的战略对接研究 [EB/OL]. (2017-03-09) [2019-10-06]. https: //www. sohu. com/a/128370274_619333.

[43] 中马钦州、马中关丹产业园区进入快速发展新阶段 [EB/OL]. (2018-02-09) [2019-10-06].

https：//www.cnrepark.com/news/2018-02/20180209_166762.shtml.

[44] 梁文辉. 最强亮相！中马钦州产业园区高新产品一次看个够［EB/OL］. (2018-09-13)［2019-10-06］. https：//www.sohu.com/a/253700488_732289.

[45] 广西北部湾经济区再迎重大利好［EB/OL］. (2017-02-22)［2020-10-06］. http：//www.gxzf.gov.cn/sytt/20170222-579304.shtml.

[46] 任浩. 2013中国产业园区持续发展蓝皮书［M］. 上海：同济大学出版社，2014.

[47] 黄建英. 中马钦州产业园区核心竞争力研究［M］. 南宁：广西人民出版社，2015.

[48] 上海东滩投资管理顾问有限公司. 中国产业园区：使命与实务［M］. 北京：中国经济出版社，2014.

[49] 蓝天立，广西北部湾经济区规划建设管理委员会办公室. 泛北部湾产业合作：共享与共建［M］. 南宁：广西人民出版社，2013.

[50] 任浩. 园区不惑：中国产业园区改革开放40年进程［M］. 上海：上海人民出版社，2018.

[51] 王兴平. 中国开发区在非洲：中非共建型产业园区发展与规划研究［M］. 南京：东南大学出版社，2015.

[52] 雷鹏. 工业园区与区域发展研究［M］. 上海：上海交通大学出版社，2012.

[53] 刘国彬，黄成授. 中国与东盟交流合作史研究经济卷［M］. 北京：民族出版社，2007.

[54] 广西新闻网. 中马钦州产业园区总体情况、发展目标和产业定位［EB/OL］. (2018-8-30)［2020-10-08］. http：//news.gxnews.com.cn/staticpages/20120329/newgx4f739359-4956686.shtml.

[55] 中国广西钦州市中马钦州产业园区.【中马园区简报】(2019年第6期总第84期)［EB/OL］. (2019-07-20)［2020-10-08］. http：//zmqzcyyq.gxzf.gov.cn/zwgk/yzzygz/20190701-168752.shtml.

[56] ［美］弗兰克·H.奈特. 风险、不确定性与利润［M］. 北京：商务印书馆，2017.

[57] 程恩富，廉淑. 比较优势、竞争优势与知识产权优势理论新探［J］. 经济前沿，2005 (01)：23-27.

[58] 王知津. 竞争情报［M］. 北京：科学技术文献出版社，2005.

[59] 孙湘. 波特竞争力模型在战略管理中的应用［J］. 企业改革与管理，2012 (11)：61-62.

[60] 杨青松，李明生. 论波特五力模型及其补充［J］. 长沙铁道学院学报（社会科学版），2005 (04)：95-96，108.

[61] 刘颖琦，吕文栋，李海升. 钻石理论的演变及其应用［J］. 中国软科学，2003 (10)：139-144，138.

[62] 姚望. 基于SWOT-PEST分析范式的中国"走出去"战略环境研究［J］. 经济论坛，2006 (22)：54-57，64.

[63] 刘益. 波特"五力模型"的缺陷及其改进［J］. 管理工程学报，1999 (S1)：13-16，68-69.

[64] 陈卫平，朱述斌. 国外竞争力理论的新发展——迈克尔·波特"钻石模型"的缺陷与改进［J］. 国际经贸探索，2002 (03)：2-4，18-79.

[65] 李拓晨. 我国高新技术产业竞争力评价研究［D］. 哈尔滨：哈尔滨工程大学，2008：105.

[66] 张欣旻，陈天. 城市空间发展战略的竞争环境分析——以苏州太湖科技产业园规划为例［J］. 改革与战略，2009，25 (3)：43-46，72.

[67] 王敏. 中国钢铁产业竞争环境研究［D］. 大连：东北财经大学，2006.

[68] 许博. 滨海新区物流企业竞争环境的分析及对策［J］. 吉林工商学院学报，2011，27 (04)：24-26.

[69] 黄建英. 中马钦州产业园竞争力劣势分析——中马钦州产业园竞争力研究之二［J］. 广西经济，2015 (2)：43-45.

[70] 黄建英. 中马钦州产业园竞争力优势分析——中马钦州产业园竞争力研究之一［J］. 广西经济，2014 (12)：43-46.

[71] 郑华良. 中马钦州产业园区建设第四代产业园区研究［D］. 南宁：广西大学，2016.

[72] 唐玉龙,党唯铭,刘彦彬.中国境外产业园发展SWOT分析——以中马产业园为例[J].中外企业家,2018(23):238-239.

[73] 张涛.中马钦州产业园、马中关丹产业园发展环境的SWOT分析[J].广西质量监督导报,2019(05):91-92.

[74] 刘光辉.关于区域竞争环境的探讨[J].湖北财税,2003(12):8-11.

[75] 杨喜强,苏元媛.中马钦州产业园区获评自治区优秀服务业集聚示范区.广西新闻网http://www.gxnews.com.cn/staticpages/20190423/newgx5cbe71a3-18247970.shtml.

[76] 陆扬,刘志雄.中马钦州产业园中科技园区发展存在的问题与对策研究[J].金融经济,2018(14):41-43.

[77] 李凤珍,雷飞.区域经济一体化下中马钦州产业园区的发展研究[J].经贸实践,2018(21):22-23.

[78] 许可,肖尤丹,何丽敏.国立科研机构科技成果转化模式研究——以中国科学院为例[J].东岳论丛,2019年12期.

[79] 张彦忠,邓学来.创新促进科技成果转化机制[N].河北日报,2019-12-25(007).

[80] 高发营,黄海志.中马钦州产业园区:"四个强化"推进科技创新加快高质量发展[J].广西经济,2019年第2期.

[81] 蔡利超.广东省科技创新人才引进与培育现状分析研究[J].科技创业月刊,2016,29(21):1-3.

[82] 郑华良.中马钦州产业园区建设第四代产业园区研究[D].南宁:广西大学,2016.

[83] 钦州保税港区封关运营后面临问题的思考[EB/OL].(2010-10-25)[2020-10-08].http://qzbsgq.gxzf.gov.cn/xw/gqdt/20101025-17546389.shtml.

[84] 郑华良.中马钦州产业园区建设第四代产业园区研究[D].南宁:广西大学,2016.

[85] 陈正湘,陈惟杉.中马钦州产业园:依托"两国双园"实现国际产能大合作[J].中国经济周刊,2015(41):70-71.

[86] 中马钦州产业园区管委会2018年工作总结和2019年工作计划[EB/OL].(2019-01-15)[2021-06-10].http://zmqzcyyq.gxzf.gov.cn/zwgk/ghjh/t3468127.shtml.

[87] 中马钦州产业园区管委会2019年工作总结和2020年工作计划[EB/OL].(2020-02-06)[2021-06-10].http://zmqzcyyq.gxzf.gov.cn/zwgk/ghjh/t5442440.shtml.

[88] 中马钦州产业园区2020年工作总结和2021年工作计划[EB/OL].(2021-04-27)[2021-06-10].http://zmqzcyyq.gxzf.gov.cn/zwgk/ghjh/t8695535.shtml.

[89] 中马钦州产业园官方网站产业平台项目[EB/OL].(2021-03-09)[2021-06-10].http://zmqzcyyq.gxzf.gov.cn/yqgk/cyxm/t3190542.shtml.

[90] 黄建英.核心竞争力培育提升的重大任务——中马钦州产业园竞争力研究之三[J].广西经济,2015(03):33,36-39.

[91] 中马钦州产业园官方网站产业导向[EB/OL].(2021-03-09)[2121-06-10].http://zmqzcyyq.gxzf.gov.cn/tzzs/cydx/t3463164.shtml.

[92] 中马钦州产业园官方网站产业导向[EB/OL].(2021-03-09)[2121-06-10].http://zmqzcyyq.gxzf.gov.cn/tzzs/cydx/t3463167.shtml.

[93] 中马钦州产业园官方网站产业导向[EB/OL].(2021-03-09)[2121-06-10].http://zmqzcyyq.gxzf.gov.cn/tzzs/cydx/t3463153.shtml.

[94] 中马钦州产业园官方网站产业导向[EB/OL].(2021-03-09)[2121-06-10].http://zmqzcyyq.gxzf.gov.cn/tzzs/cydx/t3463162.shtml.

[95] 中马钦州产业园官方网站产业导向[EB/OL].(2021-03-09)[2121-06-10].http://zmqzcyyq.gxzf.gov.cn/tzzs/cydx/t3463170.shtml.

[96] 武丰有,李光斌."协"手同"鑫"共圆绿色中马梦[J].旗舰,2017(9):11-13.
[97] 琬琰.UNIZ Technology LLC:打造世界最快的桌面级3D打印机[J].旗舰,2017(9):26-28.
[98] 琬琰.大酉电机:打造中国新能源电机"绿色智造"领先品牌[J].旗舰,2017(9):16-17.
[99] 苏元媛.一片3D曲面玻璃引发的产业革命[J].旗舰,2017(9):8-10.
[100] 杨茂良.燕窝企业集群效应:搭乘中马园的产业快车[J].旗舰,2017(9):20-21.
[101] 张远秀.树中药生产领军品牌,立化药研发创新标杆——广西慧宝源医药科技有限公司打造中国医药新高地[J].旗舰,2017(9):5-7.
[102] 张蕾.中马粮油:为国际产能合作加油助推[J].旗舰,2017(9):14-15.
[103] 袁野丰琳.苏州工业园区"众创空间"体系构建模式及方法研究[D].南京:东南大学,2017.
[104] 汤笑.天津生态城建设的探索与实践[J].中国市政工程,2017(4):54-56.
[105] 商艳旭.天津滨海新区中新生态城区位分析[J].考试周刊,2011(36):235-236.
[106] 李锡元,陈俊伟.国家级高新区人才政策效能评估——以武汉光谷、北京中关村、苏州工业园为例[J].科技和产业,2014,14(7):114-120.
[107] 佚名.中马钦州产业园区先行先试获系列优惠政策[J].广西经济,2014(8):46-46.
[108] 何胜,刘昕.中国——东盟关系渐入佳境[J].当代世界,2006(10):42-44.
[109] "一带一路"共同命运[EB/OL].(2015.06.02)[2020-10-08].http://www.xinhuanet.com/world/2015-06/02/c_1115489289.htm?isappinstalled=0.
[110] 习近平:今后5年出境游将超5亿人次进口商品超10万亿美元[EB/OL].(2014-11-09)[2020-10-08].http://politics.people.com.cn/n/2014/1109/c1024-25999009.html.
[111] 马来西亚马中关丹产业园[EB/OL].(2016-11-11)[2020-10-08].https://www.yidaiyilu.gov.cn/qyfc/xmal/2464.htm.
[112] 马中关丹产业园区总体概况[EB/OL].(2021-03-09)[2021-03-06].http://zmqzcyyq.gxzf.gov.cn/.
[113] 经贸合作区——泰国泰中罗勇工业园[EB/OL].(2018-11-22)[2020-10-08].http://go.gdcom.gov.cn/article.php?typeid=38&contentId=13754.
[114] 泰中罗勇工业园."一带一路"倡议感召下中国境外园区的作用以及建议[EB/OL].(2020-04-20)[2020-10-08].https://baijiahao.baidu.com/s?id=16644778131140473798&wfr=spider&for=pc.
[115] 泰中罗勇工业园[EB/OL].[2020-10-08].http://www.sinothaizone.com/about.php?cid=26.
[116] 高潮.投资泰中罗勇工业园抱团开拓东盟市场[J].中国对外贸易,2012(09):82-83.
[117] 中马两国共建产业园区开启区域经济合作新模式[EB/OL].(2012-07-16)[2020-10-08].http://news.hexun.com.
[118] 马飚主持召开自治区第十一届人民政府第109次常务会议[EB/OL].(2012-08-14)[2020-10-08].http://www.gxzf.gov.cn.
[119] 中国—马来西亚钦州产业园区工管委揭牌[EB/OL].(2012-12-28)[2020-10-08].http://www.gxnews.com.cn/staticpages/20121228/newgx50dd9dc4-6685745.shtml.
[120] 李世泽,程文豪,甘日栋.中马两国双园互动发展亟待新突破[J].广西经济,2017(02):30-33.
[121] 李锋."一带一路"战略下云南"一心两区"金融创新发展研究——以普洱市为例[J].金融经济,2016(24):58-59.
[122] 广西中马钦州产业园区开发有限公司.公司大事记[EB/OL].http://www.cmqip.com.cn/,2015-01-04.

[123] 钦州港集装箱年吞吐量居北部湾之首 [EB/OL]. (2013-01-18) [2020-10-08]. http://qzbsgq.gxzf.gov.cn.

[124] 钦州港集装箱吞吐量雄居北部湾首位 [EB/OL]. (2014-01-10) [2020-10-08]. http://news.gxnews.com.cn/staticpages/20140110/newgx52cf280f-9423624.shtml.

[125] 钦州港集装箱吞吐量雄居北部湾首位 [EB/OL]. http://gx.people.com.cn/, 2014-04-18.

[126] 2020年广西钦州港集装箱吞吐量同比增长30.98% [EB/OL]. (2021-01-10) [2021-06-10]. https://xw.qq.com/cmsid/20210118A0127100.

[127] 区位交通 [EB/OL]. (2021-06-10) [2021-06-10]. http://zmqzcyyq.gxzf.gov.cn/tzzs/qwjt_53187/t3463141.shtml/ [EB/OL]. 2015-04-10.

[128] 殷畅. 产业经济园区对中国—东盟命运共同体建设的影响 [D]. 南宁: 广西民族大学, 2016.

[129] 李世泽, 程文豪, 甘日栋. 中马两国双园互动发展亟待新突破 [J]. 广西经济, 2017.

[130] 戴湘云. 工业园区核心竞争力建设实证研究——以南宁高新科技工业园为例 [J]. 改革与战略, 2008 (11): 136-140.

[131] 张西勇, 段玉恩. 推进政府与社会资本合作（PPP）模式的必要性及路径探析 [J]. 山东社会科学, 2017 (09): 95-100.

[132] 胡兴旺, 项勇, 李俊杰, 等. PPP项目实施中的难点与对策研究 [J]. 财政科学, 2016 (12): 117-133.

[133] 包惠玲. 中国生态工业园发展现状研究 [J]. 特区经济, 2019 (01): 59-61.

[134] 王维. 国内外生态工业园发展趋势研究 [J]. 环境与发展, 2018, 30 (08): 190-191.

[135] 闫二旺, 王雅利. 我国生态工业园区发展的新趋势 [J]. 科技创新与生产力, 2018 (02): 27-31.

[136] 鲍枫. 中国文化创意产业集群发展研究 [D]. 长春: 吉林大学, 2013.

[137] 陈小平. 地域中医药文化创意产业发展研究 [D]. 长沙: 湖南中医药大学, 2013.

[138] 花建. 文化创意产业与相关产业融合发展的四大路径 [J]. 上海财经大学学报, 2014, 16 (04): 26-35.